Gotthard Günther · Das Bewußtsein der Maschinen

Gotthard Günther

Das Bewußtsein der Maschinen

Eine Metaphysik der Kybernetik

KlostermannRoteReihe

Gotthard Günthers Schrift »Das Bewußtsein der Maschinen« erschien in der 1. Auflage 1957 im Agis-Verlag, Baden-Baden. Die 2., erweiterte Auflage erschien 1963; die vorliegende Ausgabe basiert auf dieser 2. Auflage.

Unter der Herausgeberschaft von Joachim Paul und Eberhard von Goldammer erschien anlässlich des 100. Geburtstags von Gotthard Günther (1900–1984) die um weitere Texte und eine Einführung der Herausgeber vermehrte 3. Auflage im Agis-Verlag. Wir danken den Herausgebern für ihr Einverständnis zur Übernahme des Lebenslaufs Gotthard Günthers in den Anhang.

Inhaber der Urheberrechte am Gesamtwerk Gotthard Günthers ist der Verleger Manfred Meiner.

Bibliographische Information der Deutschen Nationalbibliothek

Die Deutsche Nationalbibliothek verzeichnet diese Publikation in der Deutschen Nationalbibliographie; detaillierte bibliographische Daten sind im Internet über *http://dnb.dnb.de* abrufbar.

© für diese Ausgabe
Vittorio Klostermann GmbH · Frankfurt am Main · 2021

Alle Rechte vorbehalten, insbesondere die des Nachdrucks und der Übersetzung. Ohne Genehmigung des Verlages ist es nicht gestattet, dieses Werk oder Teile in einem photomechanischen oder sonstigen Reproduktionsverfahren oder unter Verwendung elektronischer Systeme zu verarbeiten, zu vervielfältigen und zu verbreiten.
Gedruckt auf alterungsbeständigem Papier.
Satz: Marion Juhas, Frankfurt am Main
Druck: docupoint GmbH, Barleben
Printed in Germany
ISSN 1865-7095
ISBN 978-3-465-04564-9

Marie, Dorrith und Lore zugeeignet

The Second Edition of »Das Bewußtsein der Maschinen«
was Prepared Under the Sponsorship of the Air Force Office
of Scientific Research, Grant AF-AFOSR-8-63.
(Directorate of Information Sciences)

The Truth can never be Blasphemy
Alistair MacLean

Inhalt

Vorwort zur zweiten Auflage und einleitende Bemerkungen ... 9

I. Teil
Die klassische Metaphysik
und das Problem der Kybernetik 17

II. Teil
Mechanismus, Bewußtsein
und Nicht-Aristotelische Logik 43

III. Teil
Idealismus, Materialismus und Kybernetik 81

Anhang I
Homunkulus und Robot 149

Anhang II
Bemerkungen zur Interpretation der Tafel (VII) 155

Anhang III 157

Anhang IV
Die »zweite« Maschine 159

Bibliographie 181

Liste der Abkürzungen 188

Lebenslauf Gotthard Günther 189

Zu Gotthard Günthers »Das Bewußtsein der Maschinen«.
Ein Nachwort von Peter Trawny 193

Vorwort zur zweiten Auflage und einleitende Bemerkungen

Die folgenden Sätze aus dem Vorwort zur ersten Auflage seien hier noch einmal wiederholt: »Um diese Schrift einem weiteren Kreis von Gebildeten zugänglich zu machen, sind nirgends Formeln der symbolischen Logik angewendet worden. Ich habe mich mit Tafeln begnügt, die keine speziellen Vorkenntnisse erfordern und in die sich der Gutwillige mit ein wenig Mühe leicht einarbeiten kann. Eine Ausnahme sind die Formeln des ersten Teils auf Seite 12 und 13 und die Formel des zweiten Teils auf Seite 50, die aber ohne Beeinträchtigung des Verständnisses des Ganzen übersprungen werden dürfen.«

Außerdem darf dieses Buch nicht hinausgehen, ohne daß ich eine doppelte Dankesschuld anerkenne. Wie die Formel in englischer Sprache auf dem vorangehenden Blatt sagt, ist die zweite Auflage vorbereitet worden, während ich im Rahmen des von der U.S. Air Force unterstützten Forschungsbereiches an Untersuchungen über die Theorie der mehrwertigen (morphogrammatischen) Logik arbeitete. Daß mir die notwendige Zeit für die Erweiterung des ursprünglichen Textes zur Verfügung stand, habe ich im wesentlichen Dr. Harold Wooster und Mrs. Rowena Swanson im USAF-Office of Scientific Research und der unübertroffenen Großzügigkeit zu danken, mit der sie meine Verpflichtungen interpretierten.

Großzügigkeit ist gleichfalls die hervorstechende Eigenschaft des Verlegers, Herrn Karl G. Fischer, Baden-Baden. Auf meine Frage, wieviel Raum mir für die neue Fassung zur Verfügung stehe, kam die bündige Antwort: soviel Sie wollen. Mein Dank an einen solchen Verleger ist allerdings mit einem gewissen Bedauern gemischt. Ich wünschte, noch einen vierten Teil anzufügen, in dem versucht werden sollte, über die skizzenhaften Andeutungen zu einer Geschichtsmetaphysik der Kybernetik, die der dritte Teil enthält, noch erheblich hinauszugehen. Ich glaube, daß es heute schon möglich ist, ein sehr positives und klar umrissenes Bild einer solchen Geschichtsmetaphysik zu zeichnen. Diesbezügliche Vorarbeiten, die ich in den letzten Jahren unternommen habe, sollten als Material für einen solchen vierten Teil dienen.

Zeitmangel und andere dringende Arbeiten, zu denen ich verpflichtet bin, zwangen mich, diesen Plan vorläufig fallen zu lassen. Immerhin besteht die Hoffnung, eine genauere kybernetische Analyse des geschichtsmetaphysischen Denkens in einer anderen Publikation einmal nachzuholen. Das Thema ist wichtig angesichts des Zieles mancher russischen Kybernetiker, die menschliche Gesellschaft und ihre Zukunft einer kybernetischen Kontrolle zu unterwerfen.

Da der neue Text eine sehr positive Bewertung der transzendental-logischen Verdienste des dialektischen Materialismus enthält, haben wohlmeinende Freunde mir geraten, diesem Vorwort eine Erklärung anzuschließen, in der ich meinen politischen Standpunkt deutlich machen solle. In meinem eigenen Bereich lehne ich dieses wohlgemeinte Ansinnen grundsätzlich ab. Um aber meinen Verleger vor etwaigen Verdächtigungen zu schützen, erkläre ich folgendes:

Wer aus meinem Text auch nur die geringste Parteinahme oder Sympathie für irgendein geschichtlich-politisches System herausliest, hat mich gründlich mißverstanden. Parteinahme gilt in diesem Buche nur der Kybernetik, wo immer wir sie finden. Im übrigen aber werden der Apostel Paulus und Lenin mit gleichem Ernst zitiert.

Und nun darf ich zu einigen einleitenden Bemerkungen über meine Schrift übergehen.

Ein Teil der in diesem Buche enthaltenen metaphysischen Betrachtungen und logischen Analysen sind der Öffentlichkeit zum ersten Mal im Jahre 1957 unter dem gleichen Titel vorgelegt worden. Der Text dieser Ausgabe bestand aus einem etwas erweiterten Vortrag, den ich im Wintersemester 1955/56 an der Universität Hamburg, dann im damaligen Kybernetischen Arbeitskreis der Technischen Hochschule in Stuttgart gehalten habe. Er enthielt außerdem eine etwas weiterreichende logische Analyse der Kybernetik unter dem Gesichtspunkt einer trans-klassischen Logik, die mehr als zwei theoretische Werte (positiv, negativ) verwendet. Diese skizzenhafte Darstellung einiger philosophischer Grundgedanken über Mehrwertigkeit und ihre Beziehung zum Bewußtseinsproblem war im Frühling 1956 während eines mehrmonatigen Aufenthaltes in Chikago geschrieben worden, und es darf wohl behauptet werden, daß sie den damaligen Stand der Forschung im

Hinblick auf den Zusammenhang von Bewußtsein, Maschinentheorie und Mehrwertigkeit ziemlich adäquat darstellte. Damit ist nicht allzuviel gesagt. Was die Verbindung von trans-klassischer Logik und Maschinentheorie anlangt, gab es zu jenem Zeitpunkt nur sehr vereinzelte Arbeiten; und soweit die Verbindung dieses Fragenkomplexes mit der durch den deutschen Idealismus (Kant, Fichte, Hegel und Schelling) inaugurierten transzendentalen Bewußtseinstheorie in Frage kommt, stand ich im Jahre 1956 mit meinen Bemühungen noch ziemlich allein.

Diese Situation hat sich inzwischen gründlich gewandelt, und wer heute eingehende Forschungen in dieser Richtung unternimmt, darf auf eine sich stetig mehrende Anzahl von Verbündeten bei Untersuchungen rechnen, die auf eine kybernetisch-transzendentale Bewußtseinstheorie abzielen. Aus England seien hier speziell Gordon Pask und D. H. MacKay genannt. Pask's Bemerkungen über den Unterschied von »kognitiven« und Bewußtseinssystemen – ein Bewußtseinssystem muß kognitiv sein, aber eine kognitive Operation ist per se noch kein Bewußtseinsakt – und seine Feststellungen über die Abhängigkeit der potentiellen Tiefe (»profundity«) eines Reflexionssystems von dem Grad der Selbstbezogenheit (»feedback«), die dem betreffenden System eigen ist, gehen überraschenderweise genau in der Richtung, in der sich die transzendental-dialektische Logik von Kant bis Schelling entwickelt hat. Noch wichtiger sind vielleicht die Arbeiten von D. H. MacKay. Hier sei besonders auf eine Veröffentlichung dieses Autors hingewiesen. In dem Aufsatz »The Use of Behavioural Language to refer to Mechanical Processes«[1] führt MacKay als relevant für die Kybernetik nicht nur die Ich-Du-Unterscheidung im Begriff der Subjektivität ein – er gibt sogar ein präzises technisches Korrelat (technical correlate) für diese Distinktion an. Ein technisches Korrelat, das dieser Unterscheidung entspricht, bedeutet aber, daß der Gegensatz auch formal-logisch relevant ist. Die kalkültheoretische Relevanz der Ich-Du-Antithese ist von mir zum ersten Mal anläßlich des XI. Internationalen Kongresses für Philosophie in Brüssel ausgesprochen und mit dem Problem der Mehrwertigkeit und einer trans-klassischen Logik in Zusammenhang gebracht worden. Aber noch heute wird dieser Theorie von Forschern, die auf dem Gebiete der kybernetischen Logik nicht bewandert sind, wider-

---

[1] The British Journal for the Philosophy of Science, vol. XIII, 50 pp. 89–103 (1962)

sprochen.[2] Es scheint, als ob die kybernetischen Fragestellungen, die im Ausland aufgeworfen worden sind, noch nicht den ihnen gebührenden Einfluß auf die Entwicklung der Logik in Deutschland haben. Neben den Hinweisen auf Pask und MacKay ist es mir aber ein besonderes Bedürfnis, den Einfluß hervorzuheben, den einer meiner engeren Mitarbeiter an der Staatsuniversität von Illinois, Dr. Heinz von Foerster, auf die Weiterentwicklung meiner kybernetischen Logik gehabt hat. Die Generalisierung der trans-klassischen Theorie des Denkens, die den zusätzlichen Teilen dieser neuen Auflage zugrunde liegt, hätte ohne die Hinweise, die oft scharfe Kritik und die eigenständigen produktiven Gedanken dieses Kollegen sicher nicht so schnell – wenn überhaupt – erreicht werden können. Und was die metaphysischen Aspekte der Kybernetik anbetrifft, so wünsche ich ausdrücklich auf die Arbeiten von Warren S. McCulloch (Massachusetts Institute of Technology) hinzuweisen, denen ganz ähnliche Auffassungen von der Rolle der Kybernetik zugrundeliegen.

Der neu hinzugefügte Teil III verdankt seine Entstehung der intensiven Verbreitung, die die Kybernetik in den östlichen Ländern, speziell in Rußland, gefunden hat. Er ist unter dem Eindruck geschrieben, daß der ideologische Gegensatz zwischen objektivem Idealismus und dialektischem Materialismus weltanschaulich überholt ist. Wir bewegen uns nur deshalb heute noch in seinem Rahmen, weil wir noch nicht fähig sind, uns aus einer historischen Bewußtseinslage und Reflexionssituation zu befreien, die die Komplementäraspekte von Idealismus und Materialismus benötigte, um überhaupt erst einmal im Menschen jene Spiritualität erwachsen zu lassen, auf deren Boden die regionalen Hochkulturen ihre Blüte erlebt haben. Aber die Zeit dieser Kulturen und der mit ihnen verbundenen Geistigkeit gehört unwiderruflich der Vergangenheit an. Kein Kybernetiker, der sich der logischen und metaphysischen Konsequenzen der Theorie komputierender und selbst-reflektierender Systeme bewußt ist, kann sich heute noch für den Idealismus oder den Materialismus entscheiden. Die Alternative ist als Ausdruck einer metaphysischen Haltung sinnlos geworden. Daß das offiziell weder in Rußland noch im Westen zu-

---

[2] Vgl. die Besprechung von Hermann Schmitz in der Philos. Rundschau IX, 4 (1962), pp. 283–304, von G. Günther, »Idee und Grundriß einer nicht-aristotelischen Logik«, Hamburg (1959). S. bes. p. 289

Vorwort zur zweiten Auflage 13

gegeben wird, hindert den einzelnen Wissenschaftler nicht daran, auf diesem Gebiet schon längst mit Formeln und Denkweisen zu arbeiten, die gegenüber diesem Gegensatz völlig indifferent sind. Die Antithese von Geist und Materie, die das menschliche Bewußtsein durch Jahrtausende beschäftigt hat, ist heute im Begriff als philosophisches Problem zu verschwinden – freilich nicht, weil man es »gelöst« hat, sondern weil es durch neue Fragestellungen überholt und damit uninteressant geworden ist.

Wem es nun scheint, daß die Gegenüberstellung von objektivem Idealismus im Westen und dialektischem Materialismus im Osten die aktuelle historische Situation allzu sehr vereinfacht, sei ausdrücklich darauf hingewiesen, daß ein solcher Eindruck seinen Ursprung in einer Verwechslung von logisch-metaphysischer und empirisch-historischer Argumentation und Darstellung hat. Es sind logische Idealtypen des Denkens, von denen im dritten Teil gesprochen wird. Es erübrigt sich zu sagen, daß sie nirgends rein verwirklicht sind. Ein solcher Mangel an praktischer Durchführung eines vorgesetzten idealen Programms ist für die Absichten, die der dritte Teil dieses Buches verfolgt, unerheblich. Und irrelevant ist auch die zufällige geographische Verteilung der idealistischen und materialistischen Motive des Denkens. Diese Verteilung ändert sich nicht nur von Jahrzehnt zu Jahrzehnt, wir sind nicht einmal in der Lage, ein sich gleichbleibendes Urteil über eine solche Verteilung in der vergangenen Geschichte zu haben. Je nach unserer gegenwärtigen Position wird uns diese Verteilung verschieden erscheinen. Hier wird lediglich behauptet, daß alle regionalen Hochkulturen ihre Existenz und ihre Gestalt einer generellen Bewußtseinslage des Menschen verdanken, einer Bewußtseinslage, die dadurch gekennzeichnet ist, daß sich in ihr antithetische Erlebnismotive, prinzipiell unfähig zu einer echten Versöhnung, unerbittlich bekämpfen. Und es wird weiter behauptet, daß alle historischen Gestalten, die diese Antithetik annehmen, grundsätzlich gleichwertig und einander ebenbürtig sind und daß man im Lichte der Kybernetik, die eine radikal neue historische Bewußtseinslage zu erzwingen im Begriff ist, sich für keine dieser Gestalten mehr entscheiden kann. Es ist interessant zu beobachten, wie unter dem Einfluß kybernetischer Theorien der Westen scheinbar »materialistischer« und der Osten »idealistischer« wird. Wer heute Publikationen russischer Kybernetiker liest, ist überrascht, mit welcher Leidenschaft der dialektische Materialismus darauf besteht, daß der Mensch der Maschine prinzipiell überlegen ist. (Vgl. etwa: Todor Pavlov, »Automats, Life and Consciousness«). Das ist, wenn wir noch in einer heute überlebten Terminologie reden wollen, reiner und unverfälschter Idealismus, der überdies die westlichen Kybernetiker – mit relativem Recht – anklagt, daß sie schlechte, d. h. undialektische Materialisten seien. In solchen Kontroversen betätigt sich ein Denken, das noch nicht seine neue Orientierung gefunden hat und das deshalb an der Einsicht vorbeigeht, daß die Frage, ob der Mensch einer mit voll-reflexivem »Bewußtsein« begabten Maschine noch überlegen wäre, deshalb nicht beantwortbar ist (und niemals beantwortbar sein wird), weil sie falsch gestellt ist und sich bei genauerer Analyse als sinnlos enthüllt.

Immerhin demonstriert die Kontroverse über die obige Frage, wie verschlungen die objektiv-idealistischen und die dialektisch-materialistischen Denkmotive miteinander sogar im geographischen Sinne sind. Das braucht uns aber nicht zu hindern, daran festzuhalten, daß idealtypisch das östliche Denken am dialektischen Materialismus und das westliche an seiner Antithese (mag man sie nun Idealismus nennen oder nicht) ausgerichtet ist und aus solchen Letztorientierungen seine Impulse empfängt.

Wichtig ist nur, daß man sich der metaphysischen Ebenbürtigkeit der beiden antithetischen Positionen bewußt ist. Es scheint ratsam, darauf von vornherein hinzuweisen, denn in dem folgenden Text wird der Idealismus etwas stiefmütterlich behandelt. Das erklärt sich aus einer rein didaktischen Erwägung: Dieses Buch wendet sich im wesentlichen an den westlichen Leser. Es wäre bedauerlich, wenn man ihm die idealistische Orientierung noch empfehlen müßte. Es kann aber kaum ein Zweifel daran bestehen, daß der dialektische Materialismus im Westen (zu dessen erheblichem Schaden) beträchtlich unterbewertet und immer wieder mit dem vor-Hegelschen Materialismus verwechselt wird. Aus diesem Grunde ist im dritten Teil ein sehr positives Bild der östlichen geistigen Position gezeichnet worden. Es erübrigt sich hinzuzufügen, daß das Bild, das der Verf. vom dialektischen Materialismus hat, im Osten verworfen werden wird. Es scheint, als ob man hier wie dort noch eine Weile brauchen wird, bis man in der Lage ist, die Umtauschbarkeit objektiv-idealistischer Thesen und dialektisch-materialistischer Sätze unbefangen anzuerkennen und damit diese antithetische Bewußtseinslage endgültig zu überwinden.

Diese einleitenden Bemerkungen seien durch die folgenden Hinweise ergänzt: Die Zahl der Anhänge ist um zwei vermehrt worden. Anhang 3 enthält eine Tafel, die einiges im Text Gesagte

Vorwort zur zweiten Auflage 15

illustrieren soll, und als Anhang 4 ist eine Abhandlung abgedruckt, die schon 1952 geschrieben wurde und sich mit der Wandlung des Begriffs »Maschine« beschäftigt. Der ursprüngliche Text war als Kommentar zu der deutschen Übersetzung von I. Asimows »I, Robot« (Rauch Verlag, Düsseldorf) erschienen.

Die der ersten Auflage beigegebene Bibliographie ist diesmal radikal verkürzt worden. Die kybernetische Literatur hat sich seit 1957 so ungeheuer vermehrt, daß es unmöglich ist, eine auch nur annähernde Übersicht zu geben, ohne ein ganzes Buch mit der bloßen Aufzählung von Titeln zu füllen. Der Leser mag einen annähernden Begriff von dem gegenwärtigen Umfang der kybernetischen Literatur erhalten, wenn er hört, daß ein so enges Teilgebiet wie das der »künstlichen Intelligenz« am Ende des Jahres 1960 bereits einen solchen Reichtum an Publikationen aufwies, daß ein amerikanischer Kybernetiker eine Liste der bemerkenswertesten herausgab. Diese Liste umfaßt 559 Titel von 400 verschiedenen Autoren[3]. Aus diesem Grunde enthält die neue Bibliographie nur Hinweise auf die Publikationen von Autoren, die philosophisch Grundsätzliches beigetragen haben und oder im Text erwähnt sind. Selbst diese Hinweise machen keinen Anspruch auf Vollständigkeit.

Dafür sind eine Anzahl russischer Autoren mit relevanten Veröffentlichungen in die Bibliographie aufgenommen worden. Ihre Anführung erfolgt auf Grund amerikanischer Übersetzungen. In einigen Fällen war die originale russische Quelle nicht genau eruierbar; in diesen Fällen muß die Nachsicht des Lesers erbeten werden. Da mehrere der russischen Autoren ihrerseits ihren Texten bibliographische Listen angefügt haben, reichen die in unserer Bibliographie gegebenen Hinweise erheblich weiter, als man erwarten dürfte. Als Quelle weiterer russischer Literatur sei auch besonders auf das von Ware und Holland herausgegebene Memorandum R-3675-PR der RAND Corporation in Santa Monica (Californien) hingewiesen. Ebenso auf Levien, Holland und Paul, Memorandum RM-3675-PR.

Urbana (Illinois) USA, im Juli 1963   Gotthard Günther

---

[3] Marvin Minsky, A Selected Bibliography to the Literature of Artificial Intelligence ... IRE, Transactions on Human Factors, vol. 2 (Mardi 1961), p. 39

I. Teil
Die klassische Metaphysik und das Problem der Kybernetik

Zu den unser klassisches Weltbild neuerdings in Frage stellenden wissenschaftlichen Theorien und Disziplinen – wie mathematische Logik seit Frege und Russell, Relativitätsphysik und Quantentheorie – ist ganz kürzlich ein neuer Wissenschaftszweig getreten, der die traditionellen Formen und metaphysischen Intentionen unseres Denkens noch radikaler aufzulösen scheint, als das die oben genannten logischen und physikalischen Denkweisen bereits getan haben.

Das neue Wissensgebiet, das sich mit solchen beunruhigenden und aufwühlenden Perspektiven einführt, ist die in den vierziger Jahren in Amerika entstandene Theorie der Kybernetik. Sie wurde weiteren Kreisen der Öffentlichkeit bekannt, als Norbert Wiener im Jahre 1948 sein Buch »Cybernetics« erscheinen ließ.[1] Nur eine unbeträchtliche Anzahl von Jahren ist seither verstrichen, aber die Kybernetik gilt in den Vereinigten Staaten, in England und auch anderswo bereits als voll arrivierte Wissenschaft. Mehr noch, sie beginnt in rapidem Tempo sich zu einem ganzen System von Spezial-Wissenschaften auszuwachsen, wobei die Shannonsche Informationstheorie, die generelle Kommunikationstheorie, die Theorie der sich selbst organisierenden Systeme und neu entstehende mathematische Disziplinen als Grundpfeiler dieses bizarren, aber imposanten Gedankengebäudes zu gelten haben.

Selbst in den Tageszeitungen und einigen auf Sensationsmache geschriebenen Büchern wird sie unter dem populären Namen einer Theorie der »mechanical brains« teils neuigkeitslüstern, teils mit einem gewissen Schauder diskutiert. Das Aufsehen, das die kybernetischen Theorien, Techniken und industriellen Produkte erregt

---

[1] Norbert Wiener, Cybernetics, or Control and Communication in The Animal and The Machine. New York 1948.

haben, ist vollauf berechtigt. Greifen dieselben doch in einer bisher nicht gewohnten Weise in unser menschliches Dasein ein.

Was Relativitätstheorie und Quantentheorie anging, so handelte es sich bei der durch Einstein und Planck inaugurierten Revolution unserer traditionellen Begriffe nur um relativ neutrale naturwissenschaftliche Konzeptionen, die die moralische Essenz des Menschen bestenfalls an der äußersten Peripherie berührten. Anders aber liegen die Dinge in der Kybernetik und der sich mit ihr immer intimer verbindenden mathematischen Logik. Schrieb doch unlängst ein sonst gar nicht tiefschürfender Autor: »Wir müssen uns darüber klar werden, daß die elektronischen Gehirne von heute wahrscheinlich erst das embryonale Stadium einer Entwicklung erreicht haben, in der die Technik – die bisher ausschließlich eine materielle Oberflächenerscheinung gewesen ist – zum erstenmal in die tieferen, nicht mehr direkt greifbaren Schichten menschlicher Seinsverhältnisse eindringt.«[2] Ähnlich hat sich ein Gelehrter an der Eidgenössischen Technischen Hochschule in Zürich geäußert, der das »Eindringen in die geistige Sphäre des Menschen mit Hilfe logistischer Rechengeräte« als ebenso »umwälzend ... wie die Erschließung der Atomenergie« bewertet.[3] Ganz ähnlich hat sich Max Bense geäußert: »Nicht die Erfindung der Atombombe ist das entscheidende technische Ereignis unserer Epoche, sondern die Konstruktion der großen mathematischen Maschinen, die man, vielleicht mit einiger Übertreibung, gelegentlich auch Denkmaschinen genannt hat ... Tiefer als bisher ist damit die Technik in unser soziales und geistiges Leben eingebrochen. Wir können durchaus von einer neuen Stufe der Technischen Welt oder der Technischen Zivilisation sprechen.«[4] Wir glauben, daß solche Urteile immer noch nach der konservativen Seite hin irren. Was gegenwärtig auf kybernetischem Gebiet geschieht, stellt in seinen letzten Konsequenzen die Entwicklungen in den atomtheoretischen Naturwissenschaften bei weitem in den Schatten, wird doch bei Wiener und seiner Schule die mehrtausendjährige und altehrwürdige Unterscheidung von Spiritualität und Materialität in der speziellen uns überlieferten klassischen Form in einer bisher nicht dagewesenen Weise in Frage gestellt. Dies darf aller-

---

[2] Rolf Strehl, Die Roboter sind unter uns. Oldenburg 1952, S. 76.
[3] Donald Brinkmann, Technik und Naturwissenschaft. Schweiz. Bauztg. 72,1 (1954), S. 15.
[4] Max Bense in seiner Einführung der deutschen Übersetzung von L. Couffignal, Les Machines à penser. Paris 1952.

dings nun nicht so verstanden werden, als ob sich in der Theorie der »mechanical brains« eine neue Variante des Vulgärmaterialismus entwickelte und die Absicht darauf hinginge, die Dichotomie von Geist und Materie vermittels neuer technischer Mittel aufzuheben. Eine solche Idee würde einen verhängnisvollen Irrtum darstellen.

Die kybernetische Kritik geht vielmehr in genau die entgegengesetzte Richtung. Es wird betont, daß die traditionelle Unterscheidung von einfacher Subjektivität und antithetischer Objektivität zu grob und zu primitiv sei. Die bisherige Annahme der klassischen Metaphysik, daß sich das Wesen der Wirklichkeit und speziell der menschlichen Existenz aus zwei, und nur zwei, metaphysischen Realitätskomponenten, nämlich Materialität und Spiritualität, erklären lasse, beruhe auf einem Irrtum. Denn, ganz gleichgültig wie man jenen urphänomenalen Gegensatz auch interpretiere – etwa als Subjekt und Objekt, als Sein und Denken, als Tod und Leben, usw. –, stets bleibe ein, heute exakt definierbarer, Bereich von Phänomenen übrig, der sich weder auf der physisch-materiellen noch auf der subjektiv-spirituellen Seite unterbringen lasse.

Jener nicht einzuordnende Restbestand wird heute in der Kybernetik gewöhnlich mit dem Kennwort »Information« bezeichnet, worunter in solchen grundsätzlichen Erörterungen nicht nur das unmittelbare Faktum der Information, sondern auch der Kommunikationsprozeß, durch den dieselbe übermittelt wird, zu verstehen ist. Was nun jenen neuen Problemkomplex angeht, so hat Wiener in scharfer Abgrenzung gegen den Materialismus erklärt: »Information is information, not matter or energy. No materialism which does not admit this can survive at the present day.«[5]

Andererseits darf aber ebensowenig angenommen werden, daß der Informations- resp. Kommunikationsprozeß in das Gebiet der geistigen Phänomene gehöre; daß es sich also in der Kybernetik darum handle, allmählich den gesamten Bestand der seelischen Daten des subjektiven und ichhaften Bewußtseins in der Konstruktion elektronischer Gehirne aufzusaugen. Das genaue Gegenteil ist der Fall. So wie die Informationstheorie sich aufs schärfste gegen den reinen Objektbereich und gegen dessen Gesetzlichkeit abgrenzt, so zieht sie auf der anderen Seite einen ebenso unerbittlichen Trennungsstrich zwischen sich und dem völlig informationstranszendenten Subjekt. In anderen Worten: die Kybernetik macht erstens die metaphysische Annahme, daß es Objekte gibt.

---

[5] N. Wiener, a. a. O., S. 155.

Alle Technik tut das qua Technik. Zweitens aber setzt sie die metaphysische Prämisse, daß Subjektivität und Selbstbewußtsein ebenfalls als »existente« Größen vorausgesetzt werden müssen, wenn kybernetische Theorien möglich sein sollen.

Die Informationstheorie rechnet also soweit mit zwei inversen Transzendenzen. Einmal der objektiven Transzendenz des materiellen Dinges und außerdem mit der subjektiven Introszendenz des Selbstbewußtseins.[6] In Bekräftigung dieser zweiten, spirituellen Transzendenz wird gewöhnlich auf die folgende Weise argumentiert. Die Setzung einer metaphysischen Komponente, die wir Innerlichkeit, Subjekt oder Selbstbewußtsein nennen können, ist aus zweierlei Gründen notwendig. Der erste ist methodisch, der zweite sachlich. Betrachten wir zuerst den formalen Gesichtspunkt. Es gilt als ein striktes methodisches Prinzip der kybernetischen Arbeitstechnik, daß kein »psychologischer« Begriff gebraucht werden darf, solange nicht ein objektives Modell desselben in einem »non-living system« aufgewiesen werden kann.[7] Das setzt aber umgekehrt voraus, daß ein Subjekt resp. Selbstbewußtsein angenommen wird, aus dessen Reservoir jene »psychologischen« Begriffe, die man in technischen Modellen zu wiederholen beabsichtigt, abgeschöpft werden.

Wesentlich wichtiger noch ist das zweite, das sachliche Argument, mit dem die Annahme der selbständigen »Existenz« von Subjektivität oder Selbstbewußtsein zur grundlegenden Voraussetzung für alle kybernetischen Analysen gemacht wird. Es wird dabei auf den folgenden Tatbestand hingewiesen: es ist möglich, daß ein beliebiger Bewußtseinsvorgang, den wir bisher für rein subjektiv, psychisch und spirituell gehalten haben, als objektiv darstellbarer Mechanismus entlarvt wird. Eine solche Entlarvung ist aber eben gerade nur unter der Voraussetzung möglich, daß ein subjektives, ichhaftes Bewußtsein vorhanden war, das sich in jenem Mechanismus falsch – nämlich subjektiv statt objektiv – interpretiert hat. Man illustriert das gelegentlich an dem folgenden Beispiel. Wenn ich einen Gegenstand wahrnehme, mag mir später nachgewiesen werden, daß die Erscheinung des besagten Objekts auf dem Mechanismus einer Sinnestäuschung beruhte. Oder ich mag davon überzeugt werden, daß mein Erlebnis einem Traum

---

[6] Wir werden später sehen, daß hierzu noch die Idee einer dritten Transzendenz tritt.
[7] Vgl. W. Ross Ashby, Design For A Brain. New York 1952, S. 9.

angehörte. Es gibt aber im ganzen Universum kein Beweismaterial, das mich überzeugen könnte, daß ich in dem betreffenden Erlebnisprozeß überhaupt kein erlebendes Ich gehabt hätte. Kurz gesagt, man mag mich möglicherweise überzeugen, daß ich meinen eigenen Bewußtseinsinhalt falsch gedeutet habe, aber niemand wird mir einreden können, daß in demselben kein Subjekt des Deutungsprozesses präsent gewesen sei. Der kybernetische Forscher Ross Ashby, der dieses Argument benutzt, bemerkt dazu: »This knowledge of personal awareness, therefore, is prior to all other forms of knowledge.«[8]

Damit ist aber folgendes gesagt: die Konstruktion objektiver Modelle von Bewußtseinsfunktionen, die ihrerseits Information liefern (wie das die kybernetischen Mechanismen tatsächlich tun), setzt echtes subjektives, sich selbst transparentes und dem Modell gegenüber introszendentes Bewußtsein voraus. Dieses letzterwähnte Bewußtsein aber ist Selbstbewußtsein! Es ist also ein solches, das jenseits aller Möglichkeit der Mechanisierung und Projektion in die Außenwelt liegt und in dieser seiner unangreifbaren Position durch keinerlei kybernetische Mittel in seiner Totalität und Introszendenz je berührt oder gar eingefangen werden kann.

Wir haben deshalb nach kybernetischer Auffassung mit drei protometaphysischen Komponenten unserer phänomenalen Wirklichkeit zu rechnen. Erstens dem gegenständlich transzendenten Objekt. Zweitens der Informationskomponente. Und drittens dem subjektiv introszendenten Selbstbewußtsein! Weiter oben haben wir unter Zitierung Norbert Wieners bereits darauf hingewiesen, daß es grundsätzlich unmöglich ist, den kybernetischen Informationsbegriff auf rein materiell-energetische Kategorien zu reduzieren. Wir wiederholen noch einmal mit Wiener: Information ist Information und nicht Materie oder Energie. Jetzt aber müssen wir hinzufügen: es ist ebenso unmöglich, Information und den sie tragenden Kommunikationsprozeß mit ichhafter Innerlichkeit, also Subjektivität zu identifizieren. Wir können also den eben zitierten Ausspruch des Verfassers der Cybernetics umkehren und sagen: Information ist Information und nicht Geist oder Subjektivität.

---

[8] »... an observation showing that consciousness is sometimes not necessary, gives us no right to deduce that consciousness does not exist. The truth is quite otherwise, for the fact of the existence of consciousness is prior to all other facts.« A. a. O., S. 11.

Mit dieser Trinität nicht ineinander überführbarer Begriffskomplexe werden aber letzte Grundvoraussetzungen unseres bisherigen Weltbildes erschüttert. Unsere ganze geistige Tradition, ja die gesamte objektive Struktur unserer abendländischen Kultur ruht auf einigen Kernmotiven der auf die Griechen zurückdatierenden Identitätsmetaphysik und der ihr korrespondierenden klassischen Logik, die unser Denken auch heute noch fast ausschließlich beherrscht. Unsere nächsten Ausführungen sollen kurz die Umrisse dieser metaphysischen Fundamentalstruktur und des zugehörigen Formalismus unseres theoretischen Denkens in Erinnerung bringen.

Das absolute Sein, das ὄντως ὄν oder τὸ τί ἦν εἶναι τὸ πρῶτὸν, ist der Ursprung (ἀρχή) zweier metaphysischer Realitätskomponenten, nämlich von objekthaft Seiendem und subjekthafter Reflexion oder Denken. Im Absoluten fallen diese Komponenten zusammen und sind miteinander identisch. Sie bilden dort, wie die spätere Formulierung des Nicolaus Cusanus lautet, die göttliche Einheit aller Gegensätze, die coincidentia oppositorum. In dem aber, was wir als die empirisch wirkliche Welt, als unser Diesseits, betrachten, treten sie als scheinbar unversöhnliche Gegensätze auseinander. Alle uns umgebende Realität hat nach dieser identitätstheoretischen Auffassung eine sach- und dinghafte objektive und eine sinn- oder geisthafte, subjektive Seite. Und erst der Zusammenklang dieser inversen Seinskomponenten konstituiert das volle metaphysisch reale Sein.

An diesem Weltbild ist zweierlei bemerkenswert. Erstens schließt es aus, daß an dem Aufbau der Wirklichkeit mehr als zwei transzendentale Komponenten beteiligt sein können. Zweitens aber impliziert diese Weltanschauung, daß die beiden metaphysischen Wurzeln des Seins in ihrem exklusiven Gegensatzverhältnis jederzeit genau identifizierbar sein müssen.[9] Mit anderen Worten: es gibt nur einen einzigen, absolut eindeutigen, logischen Schnitt zwischen Sein und Denken, zwischen Ich und Welt, zwischen Reflexion und Gegenstand der Reflexion. Und ein Datum, das nicht auf die eine Seite gehört, steht unvermeidlich auf der anderen. Dieser einzige und urphänomenale Schnitt, der durch das gesamte Universum unserer Erfahrung geht, ist so gelegt, daß

---

[9] Theologisch ist diese Tatsache durch die Idee des jüngsten Gerichts ausgedrückt. Es kann kein letztes Gericht über die Welt geben, wenn der Gegensatz von Materialität und Spiritualität, also auch von Böse und Gut, nicht durch alle Zeiten hindurch eindeutig feststünde.

Die klassische Metaphysik und das Problem der Kybernetik

Subjekt und Objekt zwar nicht empirisch, wohl aber metaphysisch zur genauen Deckung kommen müssen. Das ist die klassische Dualitätstheorie des Absoluten.

Diese eben flüchtig skizzierten strukturellen Eigenschaften unserer generellen Weltansicht werden durch die sogenannte klassische Axiomatik unserer traditionellen Logik bestätigt. In den drei Sätzen von

>   der sich selbst gleichen Identität,
>   dem verbotenen Widerspruch und
>   dem ausgeschlossenen Dritten

wird nämlich das folgende stipuliert. Erstens, daß der Gegenstand der Reflexion, qua Gegenstand, mit sich selbst identisch sein muß, um sich kraft dieser sich gleichbleibenden Identität von der Bewegung des subjektiven Reflexionsprozesses eindeutig abzuheben (B. Erdmann). Zweitens, daß, wenn eine solche Identität durch ein positives Prädikat festgestellt wird, die Negation dieses Prädikates nicht in den Bereich des Gegenstandes, sondern in den der denkenden Reflexion fällt. Und drittens, daß zwischen zwei kontradiktorischen Prädikaten, von denen eins dem Gegenstand zugewiesen und das andere als seine Negation in der Reflexion zurückgehalten wird, ein drittes Prädikat unbedingt und absolut ausgeschlossen ist.

Diese Logik beherrscht auch heute noch unser rationales Denken. Mit ihr steht und fällt der gesamte Bestand unseres bisherigen theoretischen Wissens. Versucht man auch nur eins der oben angeführten drei Axiome aufzugeben, beginnt das ganze System unserer begrifflichen Reflexion in den Zustand der Auflösung überzugehen. Das Beispiel des mathematischen Intuitionismus hat das deutlich demonstriert. Schränkt man nämlich mit L. E. J. Brouwer die Anwendung des Satzes vom ausgeschlossenen Dritten ein, so fällt sofort ein erheblicher Betrag unseres heutigen mathematischen Wissens als logisch problematisch aus und kann nur durch sehr umwegige Methoden gerettet werden.

Die klassische Axiomatik repräsentiert ein streng in sich geschlossenes System des Denkens, das eine radikale Dichotomie unserer theoretischen Begriffe voraussetzt. Ihr oberstes Prinzip, der Satz der Identität, impliziert, daß alle kognitiven Motive unserer Reflexion daraufhin identifiziert werden können, ob sie objektiv gegenständliches Sein abbilden oder als bloße Repräsentation des subjektiven Reflexionsprozesses eines beliebigen Ich anzusprechen sind. Metaphysisch gesprochen: es kann für dieses Denken niemals ein Zweifel daran bestehen, was totes Ding und was lebendiges Subjekt ist. Und welche Begriffe der einen Region und welche der anderen zuzuordnen sind. Derjenige, der der Auffassung huldigt, daß sich die metaphysische Schranke zwischen Ding und Subjektivität, resp. Geist, in dieser Welt verwischen läßt, ist im tiefsten Sinne abergläubisch, denn er glaubt an Gespenster. Ist doch das Gespenst die im Diesseits zum Dinge herabgesunkene Seele.

Formal gesprochen: die Motive Objekt-überhaupt und Subjekt-überhaupt stellen eine reine Umtauschrelation im Absoluten dar. Sie repräsentieren ein einfaches Wechselverhältnis, so wie »rechts« und »links«, das keine gradweisen Unterscheidungen erlaubt. In der Logistik tritt dieser Sachverhalt unter der Bezeichnung Isomorphie zweier Systeme auf. D. h., die logische Struktur der Dingwelt und die logische Struktur der Innenwelt des ichhaften Subjekts sind isomorphe Abbildungen voneinander.

Wir haben dabei unter Isomorphie die Idee einer eindeutigen Zuordnung der Begriffe eines Systems zu denen eines anderen Systems zu verstehen. Dabei gilt die Bedingung, daß Begriffe des einen Systems, die eine bestimmte Relation erfüllen, resp. nicht erfüllen, solchen Begriffen des anderen Systems zugeordnet werden müssen, die der korrespondierenden Relation genügen, resp. nicht genügen. Unter dieser Voraussetzung besteht nun in der klassischen Logik zwischen dem System aller positiven auf die Objekt-Welt abzielenden Aussagen und dem System ihrer spezifischen Negationen im Bewußtseinsraum des reflektierenden Subjekts ein Isomorphieverhältnis, das auf die folgende Weise dargestellt wird:

a) jede positive Aussage wird auf ihre Negation abgebildet,
b) der Operator »Negation« wird auf sich selber abgebildet,
c) die Konjunktion wird auf die Disjunktion abgebildet.

Jetzt folgt aus dem Satz vom verbotenen Widerspruch:

$$p \not\equiv \sim p$$

dem Satz vom ausgeschlossenen Dritten:

$$p \equiv \not\equiv \sim \sim p$$

und dem Dualitätsprinzip, d. h. aus:

$$\sim (p \,\&\, q) \equiv \sim p \vee \sim q$$

daß beide Aussagengruppen oder Systeme einander isomorph sind.

Das gilt allerdings nur für den Aussagenkalkül. Die hier demonstrierte Isomorphierelation läßt sich aber auch für die metaphysischen Voraussetzungen des Prädikatenkalküls nachweisen. Wir argumentieren dabei folgendermaßen. Da wir es hier einzig und allein mit der prinzipiellen Unterscheidung vom Subjekt-überhaupt und Objekt-überhaupt zu tun haben, beziehen sich die entsprechenden Formeln der Quantifikationstheorie immer auf logische Universa, die nur ein einziges Individuum enthalten. In dem einen Fall ist das logische Individuum, das den Geltungsbereich seines ihm zugehörigen Universums erfüllt, der Begriff von Objekt überhaupt. In dem andern Fall der von Subjekt überhaupt. Solche Systeme, die nur ein einziges Individuum enthalten, haben aber eine sehr charakteristische Eigenschaft. In ihnen fällt der Geltungsbereich des Existenz-Operators genau mit dem des All-Operators zusammen. D. h., es gilt für ein solches Universum die Formel:

$$(x)f(x) \equiv (Ex)\,f(x) \qquad (1)$$

Weiterhin ist es nicht mehr notwendig, überhaupt noch den Existenz- oder All-Operator zu benutzen. D. h., man kann vom Gebrauch der gebundenen Variablen zu dem von freien Variablen übergehen, da jetzt auch

$$f(x) \equiv (x)f(x) \qquad (2)$$

eine wahre Formel darstellt. Der Grund hierfür ist darin zu suchen, daß die in einem Universum mit einer Vielheit von Individuen relevante Unterscheidung von

$$(x)\,[f(x) \supset a] \qquad (3)$$

und

$$(x)\,f(x) \supset a \qquad (4)$$

jetzt fortfällt, weil (4) nämlich in unserem metaphysischen Grenzfall äquivalent dem Ausdruck

$$(Ex)\,f(x) \supset a \qquad (5)$$

sein muß.[10]

---

[10] Vgl. Hans Reichenbach, Elements of Symbolic Logic. New York 1947, S. 174. In den Formeln (3), (4) und (5) repräsentiert »a« eine Konstante, die von den gebundenen Variablen unabhängig ist.

Aus der eben skizzierten Situation aber ergibt sich die Folgerung, daß in jedem Universum, dessen Individuenbereich nur ein einziges logisches Individuum umfaßt, der Prädikatenkalkül die Gestalt des Aussagenkalküls annimmt. Die beiden Kalküle sind mithin für unseren metaphysischen Grenzfall isomorph. Es ändert sich also, was das Isomorphieverhältnis von Positivität und Negation angeht, nichts, wenn wir vom Aussagen- zum Prädikatenkalkül übergehen.

Damit aber ist, wie der Mathematiker Reinhold Baer anläßlich des zweiten Hegelkongresses (1931) sehr richtig festgestellt hat, die coincidentia oppositorum von Sein und Denken, resp. von Subjekt und Objekt, in der Fundamentalstruktur der klassischen Logik direkt aufweisbar[11]. Löst man eine solche metaphysische Identität in ihre polaren Komponenten von Ich und Nicht-Ich auf, so ist das unmittelbare Resultat, wie bereits betont, ein direktes Umtauschverhältnis derselben, da sie ja nicht anders als durch formale gegenseitige Negation bestimmt sind. Gradweise Übergänge oder Distanzierung der inversen Komponenten durch ein trennendes Zwischenglied sind prinzipiell nicht möglich, weil dies den ursprünglichen Charakter des Umtauschverhältnisses zerstören würde.

Daraus aber folgt, daß die klassische, abstraktive und identitätstheoretische Logik unbedingt voraussetzt, daß in jedem konkreten Akt des Denkens und in jeder überhaupt möglichen theoretischen Situation jederzeit eindeutig zwischen dem Denken als subjektivem Prozeß und dem Gedachten als seinem bloßen Inhalt unterschieden werden kann. Nach klassischer Auffassung ist diese Unterscheidung unverrückbar und ewig. Sie kann nur in Gott, resp. dem Absoluten, aufgehoben werden. Aristoteles definiert sie als die metaphysische Differenz von Form (εἶδος, μορφή) und Stoff, resp. Inhalt (ὕλη). Die Spannung zwischen diesen beiden fundamentalen Realitätskomponenten geht durch die ganze Welt unserer immanenten empirischen Wirklichkeit, sobald sich dieselbe aus der bloßen Möglichkeit (κατὰ τὸ δυνατόν) emporhebt; und sie endet erst dort, wo diese Bewegung in ihren letzten Hafen und metaphysischen Ziel der νόησις νοήσεως einläuft. Ja, es scheint sogar, als ob sie auch dort noch nicht ganz enden will, wie die spätere philo-

---

[11] Reinhold Baer, Hegel und die Mathematik. Verhandlungen des zweiten Hegelkongresses vom 18. bis 21. Okt. 1931 in Berlin. Ed. B. Wigersma. Tübingen 1932.

sophiegeschichtliche Entwicklung dieser Gedanken zu beweisen scheint.

Formallogisch betrachtet sind diese ontologischen Konzeptionen des aristotelischen Systems insofern relevant, als auch sie voraussetzen, daß sich unsere gegebene Wirklichkeit ohne Restbestand (ausgeschlossenes Drittes) in Objekt und Subjekt, also in Gedachtes und Denken, dichotomisch aufspalten läßt. Und was nicht das Eine ist, ist unvermeidlich das Andere. Diese urphänomenale Inversion von Innerlichkeit und Äußerlichkeit, von Spiritualität und Materialität repräsentiert das metaphysische Schema unserer klassischen Logik, die somit essentiell zweiwertig ist. Ihren beiden Werten, die man in reflexivem Sprachgebrauch als »positiv« und »negativ« und in irreflexiver Terminologie als »wahr« und »falsch« bezeichnet, entspricht eine rationale Erlebnis- und Bewußtseinsstruktur, in der sich ein Ich-überhaupt ganz unvermittelt einem Etwas-überhaupt gegenüber sieht. Sein und Denken stellen in diesem Schema streng unterschiedene protometaphysische Realitätsdimensionen dar, wobei wir dem Vorbilde Hegels folgend den positiven Wert mit Sein, Dinglichkeit oder Gegenständlichkeit, den negativen aber mit Reflexion, Subjektivität und Nichtgegenständlichkeit gleichsetzen können.

Dieses zweiwertige Schema aber, auf dem, wie noch einmal ausdrücklich betont werden soll, unsere ganze bisherige Tradition, die Struktur unserer Kultur, die Klassifikation unserer Wissenschaften und der volle Umfang der abendländischen Technik beruhen, ist im Begriff zusammenzubrechen. Die kybernetischen Theorien lassen sich in dieses dichotomische Bild der Wirklichkeit nirgends mehr einordnen. Wir haben weiter oben bereits ausgeführt, daß die Kybernetik den Anspruch erhebt, in den Phänomenen des Informations- und Kommunikationsprozesses eine neue metaphysische Komponente entdeckt zu haben, die sich weder ganz auf reine Objektivität noch ganz auf reine Subjektivität reduzieren läßt und der man auch dadurch nicht beikommen kann, daß man sie aufspaltet und partiell auf Subjekt und Objekt verteilt.

Wie wenig die Kybernetik gewillt ist, die klassische Dichotomie der Phänomene aufrechtzuerhalten, beweist ihre Haltung gegenüber der traditionellen Unterscheidung von totem und lebendigem Prozeß, also von Mechanismus und Organismus. Diese Unterscheidung wird, soweit der ganze kybernetische Problemkomplex in Betracht kommt, als irrelevant erklärt. Wiener formuliert nämlich als einen der Hauptgrundsätze der Kommunikationstheorie den folgenden Satz: »Within any world with which we can communicate, the direction of time is uniform.«[12] Damit aber ist der überraschende Tatbestand festgestellt, daß ein äußerst intimer und rechnerisch beherrschbarer Zusammenhang zwischen Information und Entropie besteht. Information und Entropie werden nämlich als ein gegenseitiges Umtauschverhältnis interpretiert. Daraus folgt nun weiter, daß die Theorie der kybernetischen Maschinen den Gesetzen der statistischen Mechanik unterliegt und nicht denen der klassischen Mechanik Newtons. D. h., die temporale Struktur eines Informations- und Kommunikationsprozesses, selbst dann, wenn man ihn aus dem lebenden, bewußten Subjekt in einen kybernetischen Mechanismus projiziert hat, ist immer noch die eines Organismus. In anderen Worten: in der Kybernetik hebt sich die essentielle Differenz von Mechanismus und Organismus (Vitalismus) auf. Wiener schließt die betreffende Erörterung mit den folgenden Worten: »Vitalism has won to the extent that even mechanisms correspond to the time-structure of vitalism; but ... this victory is a complete defeat, for from every point of view which has the slightest relation to morality or religion, the new mechanics is fully as mechanistic as the old ... The whole mechanist-vitalist controversy has been relegated to the limbo of badly posed questions.«[13]

Daß man in der Kybernetik nun darauf besteht, daß Information eben Information ist und nicht Materie und Energie, damit kann sich auch der noch nicht mit der neuen Problematik Vertraute ohne allzu große Bedenken einverstanden erklären. Aber wesentlich schwerer wird ihm werden, einzusehen, daß Information, obwohl sie nicht zur Objektseite der Wirklichkeit gehört, nun auch der Subjektseite nicht zugerechnet werden soll.[14] Das Phänomen der Information und seiner Kommunikation und vor allem das der intelligenten Lenkung und Beeinflussung von Realitätszusammenhängen durch informative Daten, logische Strukturen und abstrakte Motive wurde bisher mit unbefangener Selbstverständlichkeit zur sogenannten geistigen Seite der Wirklichkeit gerechnet. Denn hier begannen Kategorien der Innerlichkeit mitzusprechen, wie etwa: Erinnerung, Vergessen, Spontaneität, Entscheidungsver-

---

[12] Wiener, a. a. O., S. 45.
[13] Wiener, a. a. O., S. 56.
[14] An dieser Stelle werden besonders theologische Bedenken eine Rolle spielen. Ist doch Offenbarung ganz zweifellos ein Kommunikationsprozeß!

mögen, Zielstrebigkeit, Lernfähigkeit, Homeostasis, Intelligenz u. a. m.

Bisher galten diese Verhaltensweisen als etwas, was nur dem sich selbst reflektierenden Leben zukam, speziell in seinen frei beweglichen Formen als Tier oder Mensch. Und sie wurden als völlig untrennbar von jener Essenz aufgefaßt, die wir mit dem Namen »Subjektivität« bezeichnet haben. Es handelte sich hier, so meinte man, um mehr oder weniger mysteriöse Funktionsweisen einer lebendigen, auf sich selbst bezogenen Innerlichkeit. Daß ein Prozeß wie der der Nachahmung (μίμησις) nicht in materiell gegenständlichen Begriffsbildungen zu verstehen sei, konnte jeder Urteilsfähige zumindest schon seit Plato wissen, aber da alles nicht Objektive gemäß dem Satz vom ausgeschlossenen Dritten notwendig subjektiv sein mußte, wurden solche Kategorien und andere unbedenklich dem Reiche der Spiritualität zugerechnet.

Gegen einen solchen Gebrauch hat nun die Kybernetik nachdrücklichen Protest erhoben. Sie hat erklärt, und mehr noch, bereits praktisch demonstriert, daß Kategorien wie Erinnerung, Vergessen, Spontaneität, Intelligenz usw. nicht unbedingt als Manifestationen von Geistigkeit und Spiritualität angesehen werden dürfen. Jedenfalls nicht so weit als dieselben im »mechanischen« Modell darstellbar und wiederholbar seien. Und ganz besonders gelte das von den mathematisch-statistischen Gesetzen, die die Struktur der Information und des intelligenten Kommunikationsprozesses beherrschten. Solche Gesetze seien zwar keine Naturgesetze, sie seien aber ebensowenig Gesetze des subjektiven geistigen Lebens – vorausgesetzt, daß das letztere überhaupt formulierbaren Gesetzlichkeiten unterliegt. Information ist also nicht nur nicht Materie, resp. Energie. Sie ist ebensowenig Geist oder Subjektivität, wie wir bereits weiter oben bemerkt haben.

Damit entsteht in der Kybernetik aber ein eigengesetzliches Zwischengebiet, das sich durch eine Negation scharf von dem rein Objektiven und nur Dinglichen, durch eine zweite Negation aber ebenso entschieden von dem absolut Subjektiven und Innerlichen abtrennt. Das philosophische Problem, das uns die Kybernetik aufgibt, entsteht nun dadurch, daß erstens die klassische Isomorphie von Sein und Denken, also das absolute Identitätsprinzip, auf dem Boden der Informationstheorie hinfällig wird. Zweitens aber, daß durch die Ablösung des Kommunikationsprozesses vom Selbstbewußtsein bisher eminent metaphysische Kategorien, zumindest partiell, in die Empirie übergeführt werden und damit einem fast blasphemisch anmutenden technischen Zugriff des Menschen unterliegen.

Eine solche Kategorie ist etwa die der Erinnerung, die, seit Plato seinen Begriff der ἀνάμνησις konzipierte, zu den gewichtigsten Motiven des metaphysischen Weltbildes der letzten zweieinhalb Jahrtausende gehört hat. Wenn heute aber davon die Rede ist, daß der Mensch Erinnerungsfunktionen in ein kybernetisches Abbild seiner selbst einzubauen versucht, so kann das nichts anderes heißen, als daß der homo faber mehr denn je bemüht ist, dem Wesen der von ihm geschaffenen technischen Welt etwas von seinem eigenen Odem einzuhauchen.

Selbst die metaphysische Fundamentalkategorie der menschlichen Existenz, die Idee der Freiheit, ist in diesen Prozeß bis zu einem gewissen Grade einbezogen. Einer der Kernsätze der Informationstheorie lautet nämlich: the unpredictable part of a message is information.

Und zwar ist dabei ganz prinzipielle Unvoraussagbarkeit gemeint. Dieser negativen Definition entspricht dann die positive, nach der Information jederzeit äquivalent dem Grad der Freiheit ist, der im Prozeß der Kommunikation bei Auswahl einer Mitteilung zur Verfügung steht. Die Freiheit, von der hier die Rede ist, bezieht sich immer auf das vorgegebene System der Kommunikationssymbole. Und das Maß an Information, das man produzieren kann, ist nichts anderes als das Maß an Freiheit, das im Gebrauch der Symbole sich betätigen kann.

An dieser Stelle muß vor einer grotesken – aber sehr naheliegenden – Mißinterpretation der Rolle gewarnt werden, die solche metaphysischen Chiffren wie »Erinnerung« und »Freiheit« in der Kybernetik und speziell in der Informationstheorie spielen. Es kann natürlich gar keine Rede davon sein, daß die beiden eben genannten Prädikate der reinen Innerlichkeit und Subjektivität – oder übrigens auch andere – in ihrer Ganzheit in die Theorie eines mechanischen Bewußtseinsmodells übernommen werden. Mehr noch: von ihren introszendenten metaphysischen Tiefenperspektiven wird überhaupt nichts übernommen. Diese Kategorien unterliegen vielmehr einem Abtrennungsprozeß, bei dem nur genau soviel in den kybernetischen Bereich abgeführt wird, als mit den dort zuständigen statistischen und anderen logisch-mathematischen Methoden bearbeitbar ist. Der Seele also, oder wie man jenen geheimnisvollen metaphysischen Grenzfall sonst nennen mag, wird nirgends das Meßband angelegt.

Die klassische Metaphysik und das Problem der Kybernetik 31

Trotzdem steht aber fest, daß das relevante Material der Kybernetik durch einen bisher nicht üblichen Abtrennungsprozeß gewonnen wird, in dem aus dem Bereich einer bis zu unserer Gegenwart für unverletzlich und unberührbar gehaltenen Subjektivität gewisse Schichten eines angeblich Innerlichen abgespalten und als nicht innerlich und als pseudo-subjektiv entlarvt werden. Diese demaskierten Bestände einer sich selbst mißverstehenden Spiritualität werden nun aber keinesfalls – wie gar nicht oft genug betont werden kann – dem intelligenzlosen, natürlichen Gegenstandsbereich des Objekt-überhaupt zugewiesen, sondern für sie wird, wie bereits gesagt, eine dritte protometaphysische Sphäre reklamiert, die weder Subjekt noch Objekt, wohl aber intelligenter, Information produzierender Prozeß ist.

Vielleicht darf man es als die wesentlichste Entdeckung der Kybernetik bezeichnen, empirisch-technisch festgestellt zu haben, daß es grundsätzlich unmöglich ist, die transzendentale Struktur der Wirklichkeit vermittels zweier alternativer Realitätskomponenten zu beschreiben. Die sich aus unserem traditionellen zweiwertigen Denken ergebenden Verstehensstrukturen sind bloße Abbreviaturen. Der volle Text der Wirklichkeit kann aus ihnen nicht abgelesen werden. Sie sind viel zu arm in ihrem relationalen Aufbau, um dem Reichtum der Realgestalten auch nur einigermaßen gerecht zu werden. Darum auch – im Kontrast zur Üppigkeit der Romantik – der herbe und karge Stil der Klassik. Hier wurde höchst erfolgreich aus einer Not eine Tugend gemacht. Und hier ist auch der Grund zu suchen, warum die Klassik in so viel größere metaphysische Tiefen hinunter reicht als das romantische Gefühl. Denn nur weil sie die in der bisherigen geschichtlichen Situation geforderte Bescheidung auf sich nahm und sie positiv gestaltete, ist es ihr gelungen, bis zu den letzten Wurzeln unserer Existenz vorzudringen.

Trotzdem aber scheint es, als ob *diese* Epoche der klassischen Tradition sich heute ihrem Ende zuneigt. Die technische Gestalt der Kybernetik beruht auf der transzendentalen Voraussetzung, daß die Wirklichkeit einen umfangreichen Phänomenkomplex enthält, dessen Relationsstrukturen sich nicht auf die ontologische Dualität der einfachen Subjekt- und Objektkomponenten zurückführen lassen. Die Situation der informationstheoretischen und kommunikationstechnischen Analysen impliziert, daß neben den beiden traditionellen, klassischen Komponenten von reiner Subjektivität und reiner Objektivität eben noch jene ihnen absolut ebenbürtige dritte stipuliert werden muß, der wir hier tentativ das Kennwort »Reflexionsprozeß« oder einfach »Prozeß« zulegen wollen. Denn Prozeß ist weder ein objekthaftes Ding, noch ist es ein Subjekt. Im ersten Fall fehlt ihm die Eigenschaft der echten Gegenständlichkeit, im zweiten aber die der Ichhaftigkeit.

Diese dritte Komponente wird – wie wir nun schon wissen – methodisch dadurch gewonnen, daß von der ursprünglichen klassischen Komponente der Subjektivität gewisse Elemente abgespalten werden, von denen sich positiv nachweisen läßt, daß sie nicht spiritueller Natur sein können. Dieser Nachweis ist im gegebenen Fall äußerst einfach. Was sich im Modell wiederholen und technisch konstruieren läßt, das ist nicht spirituell. Auf der anderen Seite aber wird energisch – und wie uns scheint mit Recht – darauf hingewiesen, daß die zur Diskussion stehenden Phänomene unter keinen Umständen materiell interpretiert werden dürften. D. h., sie bilden zwischen Materialität und Spiritualität eine autonome und eigengesetzliche dritte Sphäre. Die transzendentale Autonomie jener neuen Region aber gründet sich in der Erfahrung, daß die Kybernetik die Sicht auf eine dritte Transzendenz frei legt, nämlich die spezifische Transzendenz des Prozesses. Das ist so zu verstehen: die Reflexion kann nie ganz objektiviert werden, und das mechanische Gehirn kann nie ganz den Charakter eines Ichs annehmen. Andererseits aber besteht weder für den Objektivationsprozeß der Reflexion noch für den Subjektivationsprozeß des Mechanismus irgendeine endliche Grenze. Wenn nun aber der progressive Subjektivierungsprozeß eines mechanical brain, der immer geistähnlicher wird, und die Objektivsetzung eines Bewußtseins, das aus immer größeren Tiefen heraus konstruierbar wird, in einer inversen Bewegung unendlich aufeinander zulaufen können, ohne einander je zu treffen, dann enthüllen sie zwischen sich ein »mittleres Jenseits«. In anderen Worten: der Reflexionsprozeß, resp. die Information, verfügt über eine arteigene Transzendenz. Eine Transzendenz besitzen aber heißt einen unerreichbaren Grund haben. Wir verfügen also jetzt über drei Gestalten eines solchen Unerreichbaren. Erstens die objektive Unerreichbarkeit des Ansichs, zweitens die subjektive Unerreichbarkeit der Innerlichkeit, wozu jetzt noch jene dritte Unerreichbarkeit kommt, die uns lehrt, daß Subjekt und Objekt einander auch in der Mitte nicht vollkommen begegnen können. Sie laufen aufeinander zu, ohne sich je zu erreichen und in eine Identität zusammenzufließen. Gerade darin aber bestätigt sich die metaphysische Selbständigkeit des *Reflexionsprozesses*. Er steht unter einem unendlich fernen regulativen Prinzip, das weder der Objekt- noch der Subjektseite angehört.

Trotzdem aber ist es methodisch von äußerster Wichtigkeit, sich daran zu erinnern, daß unser Zugang zu jener dritten Region der Realität nur durch eine Abtrennung der relevanten Phänomene aus der ursprünglichen Dimension der Subjektivität gewonnen worden ist. Das jetzt entstehende neue Weltbild revidiert also nur den Begriff des Subjekts und nicht den des Objekts. Wir müssen zugestehen, daß wir bisher unter der Idee der Subjektivität zwei heterogene protometaphysische Motive zusammengefaßt haben. Die Trennung dieser Motive wird zu einer neuen, dreiwertigen oder sogar generell mehrwertigen Metaphysik führen. Was aber von unendlichem Gewicht für unsere bisherige klassische Tradition des Denkens und ihr zukünftiges Schicksal sein wird, ist das beruhigende Faktum, daß durch diese neue Entwicklung die metaphysisch-klassische Idee von Objekt und Objektivität unberührt und unangreifbar bleibt.

In anderen Worten: die klassische zweiwertige Logik bleibt intakt und beansprucht auch weiterhin volle Gültigkeit, soweit rein objektive Strukturen allein zur Diskussion stehen. Strukturen also, in denen die noch an das Ich gebundene Reflexion oder das Subjekt thematisch überhaupt nicht involviert sind. Damit ist aber zusätzlich impliziert, daß auch die ontologischen Kategorien der klassischen Metaphysik ihre Legitimität behalten und weiterhin als Grundmotive unseres Wirklichkeitsverständnisses unentbehrlich sind. Der Unterschied gegen früher ist nur der, daß diese kategorialen Formen im Rahmen der platonisch-aristotelischen Tradition bis dato als zuständig für den totalen Umfang unseres Realitätsbewußtseins galten. Jetzt aber muß diese Zuständigkeit als auf den reinen und isolierten Objektbereich eingeschränkt betrachtet werden. Ihre Gültigkeit kann sich nicht mehr auf die ursprüngliche subjektive Sphäre erstrecken, weil die letztere ja im Sinne der kybernetischen Theorien in zwei scharf getrennte Bereiche, nämlich den des Information produzierenden Reflexionsprozesses und den der rein subjektiven, d. h. introszendenten Innerlichkeit aufgeteilt ist.

Damit aber erhält das klassische Identitätsprinzip eine zwar völlig veränderte, aber dafür reichere und tiefere Gestalt. Wie wir wissen, hatte es ursprünglich die einfache Form, (daß stipuliert wurde), daß im Absoluten Objekt und Subjekt, resp. Sein und Denken, als miteinander identisch zusammenfallen. Das setzt voraus, daß Subjekt und Objekt ein reines Umtauschverhältnis darstellten. Daß also ein Drittes, als die metaphysische Symmetrie von Denken und Sein störend, bedingungslos ausgeschlossen war.

Jetzt aber haben wir mit einem solchen kybernetisch interpretierten Dritten zu rechnen. Damit fällt die ursprüngliche metaphysische Identität fort. An ihre Stelle treten drei zweiwertige Identitätsprinzipien von relativer Gültigkeit, die wir als:

a) Seinsidentität
b) Reflexionsidentität
c) Transzendentalidentität

bezeichnen wollen. Diese drei Termini sind in der folgenden Weise zu interpretieren. Das kybernetische Schema liefert uns, wie bereits gesagt, die drei Grundkomponenten:

Objekt   Reflexionsprozeß   Subjekt

Auf Grund dieser Trinität sind nun drei Identitätsrelationen möglich. Erstens die von »Objekt« und »Reflexionsprozeß«. Wir haben dieselbe *Seinsidentität* genannt. Sie entspricht am allerehesten dem alten, absoluten Identitätsprinzip, allerdings mit der Reservation, daß in dieser Identitätssetzung ein Reflexionsrest als unbewältigt zurückbleibt. Dieser Überschuß wird durch die Chiffre »Subjekt« angezeigt.

Die zweite Identitätsrelation kann zwischen »Reflexionsprozeß« und »Subjekt« etabliert werden. Sie führt zum Begriff der *Reflexionsidentität*. Auch hier bleibt ein Überschuß zurück, der in der Gleichsetzung nicht mit aufgeht. Er wird diesmal durch die Chiffre »Objekt« indiziert.

Die dritte Identitätssetzung schließlich kann zwischen »Objekt« und »Subjekt« erfolgen. Durch sie kommen wir zur Konzeption der *Transzendentalidentität*. Wie in den vorangehenden beiden Fällen ist auch diese Identitätssetzung nicht absolut im Sinne der klassischen Metaphysik. Denn auch jetzt bleibt ein unbewältigter Rest zurück. In dieser Situation ist es der weder als »Objekt« noch als »Subjekt« zu designierende Reflexionsprozeß.

An dieser Stelle ist eine historische Anmerkung am Platze. Die präzise Unterscheidung von Seinsidentität und Reflexionsidentität taucht zuerst in der Hegelschen Logik auf, obwohl es nicht allzu schwer ist, die ursprünglichen philosophischen Motive dieser Differenzierung zwischen zwei Identitätskonzeptionen bis auf die

Die klassische Metaphysik und das Problem der Kybernetik 35

Kritik der reinen Vernunft oder sogar noch weiter zurückzuführen.

Warum aber drei Identitätsmotive? Daß sie sich rein kombinatorisch ergeben, sobald wir in unser Denken die Idee dreier metaphysischer Realitätskomponenten einführen, besagt gar nichts, solange wir nicht in der Lage sind, »ontologische« Interpretationen für unsere Trinität der Identitätsprinzipien aufzuweisen. Die Aufweisung solcher Interpretationen ist unsere nächste Aufgabe.

Die klassische zweiwertige Metaphysik, die nur ein einziges Identitätsprinzip kennt, versetzt uns in eine sehr empfindliche Verlegenheit. Wir wissen nämlich ganz genau, daß die Identität eines Dinges mit sich selbst nicht dasselbe bedeutet wie die Identität eines erlebenden Ichs, d. h. des Selbstbewußtseins, mit sich selbst. Die eine ist »tote«, d. h. irreflexive, Identität eines in sich ruhenden Seins. Die andere ist die »lebendige«, also in sich selbst reflektierte Identität eines sich vom Sein ausdrücklich absetzenden Ichs. Das Wort »Seele« ist nur ein anderer Ausdruck für diesen Tatbestand. Auf dieser Unterscheidung beruht unser ganzes spirituelles Leben, und in jedem geringsten Wort, das wir äußern, ist sie stillschweigend vorausgesetzt. Aber so sehr wir uns auch dieses Identitätsdifferentials zwischen Ding und Seele intuitiv bewußt sind, gibt uns die zweiwertige Logik keine Handhabe, dieser inneren Evidenz einen präzisen logischen Ausdruck zu verleihen. So sehr sich auch unser Gefühl dagegen sträuben mag, im Sinne der zweiwertigen Formallogik platonisch-aristotelischer Provenienz, sind beide Identitäten, die des Dinges mit sich selbst und die des Ichs mit sich selbst, einander genau äquivalent. Bezeichnenderweise spricht Kant, der in diesem Betracht noch ganz im Banne der klassischen Tradition steht, vom Ding an sich und vom Ich an sich. Also beide haben dieselbe Identitätswesenheit. Es ist die des Ansichseins.

Führt man nun aber nach kybernetischem Vorbild eine dritte protometaphysische bzw. transzendental-logische Wirklichkeitskomponente ein, so zeigt es sich, daß wir jetzt erstens in einer logisch genau angebbaren Form zwischen dinghafter Seinsidentität und nicht gegenständlicher Identität eines Subjekts mit sich selbst unterscheiden können. Zweitens aber sind wir in der Lage, präzis festzustellen, worin formallogisch betrachtet der Unterschied zwischen dem Subjekt als Ich und dem Subjekt als Du besteht. Unser eigenes Identitätsbewußtsein sagt uns nämlich nicht nur, daß in dieser Hinsicht ein Unterschied zwischen einem toten Ding und uns besteht. Es teilt uns überdies mit, daß wir auch nicht identisch mit anderen Ichs sind. Das bedeutet aber, daß für unsere Reflexion drei Identitätsdifferentiale existieren. Erstens, das zwischen dem Ding und dem ich, das das eigene ist. Zweitens, das zwischen dem eigenen Ich und einem beliebigen anderen, das für uns immer ein Du ist. Nun wissen wir aber auch mit der gleichen Evidenzkraft, mit der wir uns selbst von der Dingwelt distanzieren, daß das Du, obwohl es in unserer Dingwelt als eine objektive Größe auftritt, sich selbst ebenso von den Gegenständen und Ereignissen dieser Welt als personelle Identität absetzt, wie wir es tun. Es existiert also außer den beiden bisher angeführten noch ein drittes Identitätsdifferential. Nämlich das zwischen dem Du und den Objekten.

Auf diese Weise ergibt sich eine ontologische Interpretation unserer drei Identitätsbegriffe. Seinsidentität expliziert den Sinn, in dem ein bloßes Objekt, ein impersonelles Es, mit sich identisch ist. An dieser Identität ist nur die reine Objektkomponente und der mechanisierbare Prozeß beteiligt. Das Subjekt jedoch, oder die Innerlichkeit, ist in diesem Identitätsverhältnis nicht involviert. Reine Subjektivität spielt in dieser Situation die Rolle des ausgeschlossenen Dritten.

Unter Reflexionsidentität aber haben wir den eigentümlichen Charakter des Selbstbewußtseins, d. h. die Ichidentität in ihrem privatesten und innerlichsten Sinn, zu verstehen. Sie stellt das Subjekt dar, das in seiner eigenen Reflexion selbstbeschlossen ruht. An dieser Relation sind deshalb auch nur die mittlere Komponente des Reflexionsprozesses und die reine Subjektkomponente beteiligt. Das bloße Objekt, das dem Ich ganz unvermittelt gegenübersteht, ist als das Andere und Fremde an dieser Identität nicht beteiligt. Und so wie im ersten Fall der Seinsidentität das Subjekt als reine Innerlichkeit ausgeschlossen war, ist im Prinzip der sich selbst durchsichtigen Reflexionsidentität das Objekt als ein für die Reflexion Undurchdringliches ausgeschlossen; denn es ist im eminentesten Sinne Nicht-Ich.

Bleibt noch als Letztes: die Transzendentalidentität. Wir haben sie so genannt, weil in ihr eine Identitätsrelation zwischen den extremen Grenzbegriffen von Subjekt überhaupt und Objekt überhaupt hergestellt wird. D. h., es wird hier die reine auf sich selbst bezogene Innerlichkeit der Subjektivität dem existenten Objekt in der Welt gleichgesetzt. Eine solche Gleichsetzung aber liefert nichts anderes als das Bild des Ichs, das wir (für uns selber) nicht sind. Transzendentalidentität also konstituiert das Du, wie es uns in der objektiven Wirklichkeit begegnet. Auf der einen Seite konzedieren wir nämlich dem Du dieselbe reine Innerlichkeit, wie wir ihrer in uns selbst inne werden. Auf der anderen Seite wird uns das Du aber nicht als ein (von uns) erlebter Reflexionsprozeß, sondern als ein relativ zu unserem Bewußtsein transzendentes Objekt im Zusammenhang der Welt der Dinge erfahrbar. Damit aber ist jedes andere Ich, resp. Du, für uns die unmittelbare Identität von Objekt und Subjekt, während wir für uns selbst nur die Identität von Subjekt und Reflexionsprozeß sind.[15] Im Du ist uns der Reflexionsprozeß nicht gegeben. Dort ist er – für unser Denken – eben deshalb ausgeschlossen, weil wir uns selbst mit diesem aktiven Vorgang des Reflektierens identifiziert haben. Denn Denken ist immer unser eigenes Denken. Das Du bleibt für ewig das gedachte Ich, weshalb es unmöglich ist, es mit dem Reflexionsprozeß gleichzusetzen.

Das folgende Schema gibt eine Übersicht über die drei auf dieser Reflexionsbasis möglichen Identitätsprinzipien.

Damit enthüllt sich uns auch die tiefere transzendentale Bedeutung der Kybernetik. Subjektivität überhaupt ist uns in unserer Erfahrung in zwei Gestalten gegeben. Erstens als eigenes seelisches Leben und zweitens als Fremdseelisches. Zugänglich aber ist uns jene reine Subjektivität nur in der intimen Privatheit des eigenen Ichs. Das andere Ich jedoch ist uns so fern und in seiner ihm allein eigenen Innerlichkeit so unerreichbar wie das Jenseits selbst. Jene seelische Distanz zwischen Ich und Du wird von uns zwar als Faktum erlebt, aber ihr Wesen bleibt unverstanden.

---

[15] »Der Begriff des Du entsteht durch Vereinigung des Es und des Ich. Der Begriff des Ich ... ist die Synthesis des Ich mit sich selbst.« Das ist die Formulierung Fichtes im 9. Abschnitt der Zweiten Einleitung in die Wissenschaftslehre.

In der Konstruktion eines Information produzierenden und Kommunikation leistenden Mechanismus liegt nun als letzte Intention das Bemühen, jene primordiale Kluft, die das Identitätsdifferential zwischen Ich und Du aufreißt und die die mit sich selbst identische Subjektivität für alle Ewigkeit auf zwei metaphysische Wurzeln verteilt, auf eine rational beherrschbare Weise zu überbrücken. Denn wenn zwei verschiedene Iche die ihnen privat eigene Innerlichkeit nicht miteinander teilen und gemeinsam haben können, dann bleibt nur ein Weg zu einer ontologisch bindenden und objektiv verbindlichen Verständigung zwischen ihnen übrig. Nämlich, daß sie in gemeinsamer Handlung das Bild ihrer Subjektivität aus sich heraussetzen und im Objektiven technisch konstruieren. Denn nur in einem solchen Bemühen kann sich zeigen, was als reine Spiritualität auch dann noch innerlich privat und introszendent unerreichbar bleibt und was andererseits jener zweiten pseudo-subjektiven Komponente angehört, die allgemein verbindlich von allen Ichen in gleicher Weise besessen wird und die deshalb in einem sehr tiefen Sinne öffentlich ist. Dabei darf in diesem Zusammenhang darauf hingewiesen werden, daß schon Kant in einer kleinen Schrift zwischen privater und öffentlicher Vernunft unterschieden hat.[16]

Dieser neue Versuch, daß der Mensch sein Ich, soweit es objektiv verstehbar sein soll, in einem gegenständlichen Modell zu konstruieren versucht, beruht auf der hermeneutischen Einsicht, daß für das Ich selbst nur dann durch reine Introspektion und Reflexion auf sich ein volles ontologisches Verständnis des Du zu gewinnen wäre, wenn die klassische Tradition recht hätte, daß Subjektivität überhaupt, wo immer sie auch auftritt, als eine immer gleiche metaphysische Konstellation der sie tragenden Realitätskomponenten zu verstehen sei.

Gerade diese Auffassung aber wird jetzt bestritten. Die neue Unterscheidung von Reflexionsidentität und Transzendentalidentität meint am Ende nichts anderes, als daß diejenigen Kategorien, vermittels derer das auf sich selbst reflektierende Ich sein eigenes Bild gewinnt, grundsätzlich versagen, wenn man damit die Rolle des uns in der Welt begegnenden Du zu interpretieren versucht. Auf dem Boden der klassischen Metaphysik mußten sich die beiden Bilder der Subjektivität, also die subjektive Variante als Ich und die objektive Variante als Du vollkommen decken. Denn da

---

[16] Immanuel Kant, Beantwortung der Frage: Was ist Aufklärung? 1784.

die zweiwertige Metaphysik nur den einfachen Unterschied von Objekt überhaupt und Subjekt überhaupt kennt, hat die Unterscheidung von Ich und Du für sie überhaupt keine ontologische Bedeutung. Diese innersubjektive Differenz muß bereits aufgelöst sein, wenn im Absoluten sich die coincidentia oppositorum von Subjekt und Objekt vollzieht.

Folglich hat für unsere metaphysische Tradition die Aufspaltung von Subjektivität überhaupt in Ich und Du nur empirische Vordergrundbedeutung. Transzendental betrachtet jedoch gilt diese Unterscheidung als wesenlos. Denn wenn Subjektivität, wie alles zweiwertige Denken annimmt, in jeder reellen Gestalt mit den gleichen introszendenten Kategorien zu erfassen ist, dann brauchen wir uns nur in echter Tiefenschau in uns selbst zu versenken, um in dieser Reflexion auf unser eigenstes Wesen auch die Kenntnis des Du zu gewinnen. Das ist von jeher die Haltung aller Utopisten gewesen, die im Grunde des eigenen Herzens genau die Regeln lasen, nach denen sich die anderen Menschen zu verhalten hätten.

Die Kybernetik aber zeigt *das Ende der klassischen Utopie* an. In ihrer These, daß das Phänomen des informativen Kommunikationsprozesses nicht als Ausdruck einer ich-haft privaten, aber überall gleichen Subjektivität zu interpretieren sei, lehrt sie implizit, daß der Weg zu einer ontologisch adäquaten Verständigung von Ich und Du nur über ein *objektives*, allen individuellen Ichs sowohl in gleicher Weise bekanntes als auch in gleicher Weise fremdes Modell der Subjektivität führen kann. In der Introspektion findet immer eine Bevorzugung der eigenen Innerlichkeit statt; das fremde Ich wird aus ihr nur sekundär erschlossen. Das gleiche gilt für die Methode der Einfühlung in das Seelenleben des andern. Primäre Basis ist auch hier das eigene Gefühl. Solcherart gewonnene Ergebnisse mögen wertvoll für die eigene Einsicht und das eigene Verhalten sein, objektiv ontologische Verbindlichkeit haben sie in dieser Gestalt nicht. Sie bleiben, wie Hegel richtig bemerkt, subjektiver Geist, und ihre Transformation in den Strukturzusammenhang des objektiven Geistes bleibt problematisch.

Der Weg zum Selbstverständnis des Menschen führt also über das allen gemeinsame Nicht-Ich, d. h. die Dimension der Objektivität. Hier zeigt es sich, wie auch ferner unsere echte klassische Tradition mit ihrer thematischen Orientierung an der Idee der Objektivität grundlegend bleiben wird. Die neue Revolution der Denkart, die mit dem transzendentalen Idealismus begonnen hat und die heute eine technische Interpretation in der Kybernetik erfährt, kritisiert nirgends ernsthaft die Idee der Objektivität. Hier ist durch das klassische Denken Endgültiges erarbeitet worden. Wohl aber unterwirft sie die bisherige Idee der Subjektivität einer unbarmherzigen Analyse und ist im Begriff, sie aufzulösen.

Die sozial- und geschichtsphilosophischen Konsequenzen eines solchen Versuches sind, speziell seit sich die Technik dieser Problematik bemächtigt hat, evident. Als kurzen Hinweis darauf wollen wir nur jene merkwürdig spekulativen Worte des Aristoteles aus dem vierten Kapitel der Politik anführen, wo wir lesen: »Denn freilich, wenn jedes Werkzeug auf erhaltene Weisung, oder gar die Befehle im voraus erratend, seine Verrichtung wahrnehmen könnte, wie das die Statuen des Daedalos oder die Dreifüße des Hephästus getan haben sollen, von denen der Dichter (Homer) sagt, daß sie ›von selbst zur Versammlung der Götter erschienen‹, wenn so auch das Weberschiff von selbst webte und der Zitterschlägel von selbst spielte, dann brauchten allerdings die Meister keine Gesellen und die Herren keine Knechte.«[17]

Wir wissen heute genau, daß eine solche Transferierung von bisher als subjektiv, d. h. seelisch, interpretierten Verhaltensweisen auf objektive Dinge, von der Aristoteles spielerisch träumt, mit den klassischen Denkmitteln nicht implementierbar ist. D. h. die traditionelle zweiwertige Logik, auf der unsere bisherige wissenschaftliche Tradition wie auf einer sicheren Unterkellerung geruht hat, ist in ihrem beschränkten theoretischen Umfang dieser neuen Problematik nicht mehr gewachsen. An ihre Stelle muß eine mindestens dreiwertige Logik treten, die unsere klassische Rationalität als einen Fall von theoretischer Abbreviatur in sich enthält und die kraft ihrer reicheren Strukturzusammenhänge in der Lage ist, jene neuen Aufgaben des Denkens zu bewältigen.

Die heute uns noch phantastisch anmutende Architektur der Kybernetik erhebt sich auf dem verwüsteten Felde unserer jüngst vergangenen Geschichte. Sie selbst ist vorerst nur ein negativer Ausdruck des Zukünftigen, das sich in ihr ankündigt. Ihre Existenz zeigt lediglich an, daß eine historische Gestalt des Menschen einer tödlichen Auflösung verfallen und bereits im endgültigen Abscheiden begriffen ist. Aber die frischen metaphysischen Perspektiven, die sich jenseits der kybernetischen Theorien erstrecken, belehren uns zugleich, daß dieser Tod nicht das Letzte ist,

---

[17] Aristoteles, Politik, 1253 b. Übers. Eugen Rolfes.

Die klassische Metaphysik und das Problem der Kybernetik 41

und daß hier mehr wie je die Worte Hegels gelten: »Aber nicht das Leben, das sich vor dem Tode scheut und von der Verwüstung rein bewahrt, sondern das ihn erträgt und in ihm sich erhält, ist das Leben des Geistes.«

II. Teil
Mechanismus, Bewußtsein und Nicht-Aristotelische Logik

Der durch die Kybernetik geforderte Übergang von einer zweiwertigen zu einer mindestens dreiwertigen (oder vermutlich sogar generell mehrwertigen) Logik involviert einen grundsätzlichen Wandel der bisherigen menschlichen Bewußtseinsstruktur, das Heraufkommen eines neuen metaphysischen Weltbildes und last but not least eine gänzlich neue Vorstellung vom Wesen der Maschine und dem Verhältnis des Menschen zu ihr. Soviel sollte aus dem bisher Gesagten bereits klar geworden sein. Was aber den vorangehenden Ausführungen kaum zu entnehmen ist, sind die spezifischen logischen und metaphysischen Perspektiven, die sich ergeben, wenn wir uns die durch die kybernetischen Formungen nahegelegte Frage vergegenwärtigen: ist es möglich, Bewußtseinsanalogien in einem Mechanismus zu konstruieren?

Die Konzeption der Bewußtseinsanalogie – heute fast vergessen – ist in Wirklichkeit sehr alt. Sie findet in großem Stil in der religiösen Metaphysik St. Augustins Verwendung. Das Sein des Menschen ist eine Analogie zum göttlichen Sein, und das irdische Bewußtsein ist eine Bewußtseinsanalogie des absoluten Bewußtseins Gottes. Eine solche Distinktion kann aber nur dann einen angebbaren Sinn haben, wenn man Sinnerlebnisse von zweierlei metaphysischem Rang unterscheidet: erstens die Sinnerlebnisse eines göttlichen, unbeschränkten Wissens und Wollens und zweitens die limitierten Sinnerlebnisse, in denen sich ein irdisches, menschliches Bewußtsein konstituieren kann. In der Tat ist diese Unterscheidung in der Geistesgeschichte aller Hochkulturen auch gemacht worden, und wer sich darüber innerhalb der abendländischen Tradition informieren will, der lese etwa die Schrift des Nicolaus Cusanus »De docta ignorantia«. Nach ihm und jedem anderen Metaphysiker, der sich je mit dem Problem beschäftigt hat, ist die göttliche Logik einwertig. Die irdischen Werte von Positivität und Negation fallen im Absoluten zusammen und überbrücken so den unendlichen Abstand, der für irdisches Denken Diesseits und Jenseits, Gut und Böse, Wahrheit und Falschheit und schließlich die Vernunft ewig von dem Willen trennt.

Aber kein irdischer Verstand kann mit den »theoretischen« Mitteln einer echten einwertigen »Logik« denken, weil diese die Grund- und Existenzbedingung des menschlichen Bewußtseins, nämlich den Gegensatz vom Ich und Nicht-Ich, radikal desavouiert. In der absoluten, einwertigen »Logik« Gottes fallen, wie wir wissen, Denken und Sein zusammen und SEIN Wort läßt die Wirklichkeit aus dem »Nichts« entstehen. Denn das Wort Gottes ist das Sein selbst. Der zweite Wert (die Negation) aber beschreibt im Denken den Abstand des menschlichen Bewußtseins von seinem göttlichen Ursprung, und die unendliche Vieldeutigkeit des negativen Urteils kündigt an, daß keine endliche Zahl von theoretischen Schritten in jene transzendenten Fernen vordringen kann, in denen das einwertige göttliche Bewußtsein west. Es gibt nur eine einzige »logische« Dimension jenseits von Gott, und das ist die Gottesferne, die bloße Negativität des zweiwertigen Erlebens.

Eine Bewußtseinsanalogie steht also zu ihrem Urbild in dem Verhältnis, daß die Funktionsweise des Prototyps in der Analogie auf einen zusätzlichen Wert projiziert und in dem letzteren reflektiert ist. »Reflektiert« aber bedeutet »gebrochen« und nur abgebildet. In diesem Sinne ist das irdische Bewußtsein eben nur eine Analogie zum absoluten. Seine Funktionsweise ist nicht absolut-logisch, sondern nur ana-logisch. Nur unter dieser Voraussetzung ist Gott wirklich Gott, weil nur auf dem Boden der Zweiwertigkeit sinnhaften Erlebens ein eindeutiges metaphysisches Wert- und Sinngefälle von der göttlichen Realität zum Menschen hin besteht. Denn nur unter der Annahme eines solchen Sinngefälles und seiner bedingungslosen Eindeutigkeit kann Gott dem Menschen Gebote und Gesetze geben. Der Ruf der Ewigkeit, wie er in allen Hochkulturen den Menschen persönlich anspricht, ist der Seele als solcher nur vernehmbar, wenn Offenbarung von Oben, d. h. aus einer Dimension kommt, die über die Gebrochenheit des reflektierenden Bewußtseins erhaben ist.

In der eben beschriebenen Weise ist es möglich, von metaphysischen Sinnerlebnissen ersten und zweiten Ranges zu reden. Diejenigen ersten Ranges sind uns nicht vollziehbar. Wir können uns mit ihnen nicht identifizieren. Deshalb erscheinen sie uns als Gebote und Gesetze von Oben. Daß wir sie aber überhaupt aufnehmen und in einem Bedeutungszusammenhang verstehen können,

Mechanismus, Bewußtsein und Nicht-Aristotelische Logik 45

setzt voraus, daß wir ebenfalls metaphysischer Sinnerlebnisse – wenn auch niederer Ordnung – fähig sind. Also nicht nur ein archetypisches absolutes Bewußtsein setzt Sinnerlebnisse voraus. Einer Bewußtseinsanalogie muß – wenn auch in reduzierter Gestalt – dieselbe Fähigkeit zugesprochen werden. Damit aber sehen wir uns vor die enorme Frage gestellt: impliziert nicht eine dreiwertige Logik mit einer *doppelten* Reflexion des ursprünglichen Sinnes eine neue Bewußtseinsanalogie, gegenüber der das klassische zweiwertige Bewußtsein des Menschen die Rolle des Archetyps spielte? In anderen Worten: zwingt uns die Kybernetik, eine dreiwertige Logik einzuführen, sollte es dann nicht möglich sein, in Mechanismen Bewußtseinsanalogien zu erzeugen, die sich zum menschlichen Bewußtsein so verhalten würden, wie das letztere zu einem hypostasierten göttlichen Denken? Formuliert man unsere Frage so – obwohl andere Formulierungen mit anderen Konsequenzen ebenfalls möglich sind –, dann ist einerseits impliziert, daß der Abstand zwischen menschlichem und »mechanischem« Bewußtsein unendlich ist, andererseits aber ist angenommen, daß der mechanical brain in einer analogen Weise durch seinen Schöpfer ansprechbar ist, wie der Mensch durch die Gebote Gottes. D. h. wir haben einen Mechanismus, der nicht nur auf Kausaleinflüsse, sondern auf sinnvolle Bedeutungsmotive hin reagiert. Eine solche, heute noch unglaublich erscheinende Reaktionsform würde zur Folge haben, daß wir uns unter dem psychologischen Zwang befänden, das Verhalten eines solchen Mechanismus als »bewußtes« zu interpretieren. Wobei allerdings, wie nicht genug betont werden kann, Bewußtsein nicht im menschlichen Sinn, sondern als Analogie zu dem letzteren verstanden werden muß.

Das Unheimliche an der eben offen gelegten Perspektive ist, daß (wie schon aus dem ersten Teil unserer Betrachtungen zu entnehmen war) jetzt die uns altvertraute Unterscheidung von Ding und Seele unwiederbringlich verloren geht. Hegels »Große Logik« besitzt diese Differenz noch. Sie wird dort als der Unterschied zwischen Identität und Reflexionsidentität definiert. Ein Ding ist ganz das, was es ist. Es ist vollkommen identisch mit sich selber. Es kann sich nicht selbst widersprechen. Es ist *objektives* Sein, und als solches liefert es ein Bild der Existenzform der Wahrheit. Falsche Dinge gibt es nicht, denn ihre Wahrheit fällt mit ihrem Sein zusammen. Alle echten Gegenstände sind einwertig. Diese Eigenschaft teilen sie mit Gott, resp. dem Absoluten. Worin sie sich von göttlicher Existenz unterscheiden, ist allein die Tatsache, daß ihre

Einwertigkeit sich ausschließlich auf ihr Sein bezieht, d. h. auf ihr objektives Dasein, während das Absolute auch als *Selbstbewußtsein* einwertig sein soll und muß.

Das einzige Kriterium aber, an dem man ein Ich von einem Ding unterscheiden kann, ist dies, daß das erstere keine einfache und unmittelbare Identität, sondern statt dessen Reflexionsidentität besitzt. Kein Ich ist je ganz das, was es ist. Es ist nie völlig identisch mit sich selbst, weil es in sich reflektiert und damit in seiner Identität gebrochen ist. Alles Bewußt-sein spiegelt sich, wie schon der Name sagt, im Sein und kann sich nur in diesem nicht-ichhaften Medium fassen. Es widerspricht deshalb dauernd sich selbst; denn es weiß sich wohl als Subjektivität, die allem bloßen Sein und aller Dingheit metaphysisch entgegengesetzt ist, und kann sich trotzdem nicht anders als in jenen Kategorien der Objektivität, also als Variante des Seins begreifen. Diese unaufhebbare Spaltung und reflexive Spannung finden ihren Ausdruck darin, daß das Ich im Gegensatz zum Ding eine ontologisch-zweiwertige – und zweideutige! – Existenz hat.

Hegel macht hierzu einen bemerkenswerten Kommentar. Er sagt nämlich, daß das Ich nichts weiter sei als das Denken, wenn man sich nämlich das letztere als ein Ding vorstelle. Wenn aber das zweiwertige Denken verdinglicht wird, bleibt es nichtsdestoweniger zweiwertig. Deshalb ist Bewußtheit ein permanenter Widerspruch mit sich selbst. Falsche Dinge kann es nicht geben, wohl aber falsche Bewußtseinsinhalte. Deshalb lehrt die klassische Tradition mit Recht, daß das Subjekt die Quelle allen Irrtums ist und daß Wahrheit erst dann in ihrer endgültigen Gestalt in Erscheinung tritt, wenn sie sich selbst im Medium der Objektivität zum Ausdruck gebracht hat. Einwertigkeit ist nur ein theoretischer Ausdruck für Unfehlbarkeit. Man kann mit den toten Dingen und mit Gott nicht argumentieren. Zweiwertige Existenz aber manifestiert sich in Handlungen, resp. Entscheidungen, und letztere können, wenn konfrontiert mit der unfehlbaren Positivität des Seins, wahr oder falsch sein.

Der Unterschied von Einwertigkeit und Zweiwertigkeit ist jedenfalls ein endgültiges Kriterium, um bloße Objekte von in sich reflektierten Subjekten zu unterscheiden. Es handelt sich dabei aber um ein ontologisches, also ein reines Seinskriterium, und damit wird nur festgestellt, daß das, was mehr als einwertig ist, nicht mehr als unmittelbares positives Sein angesprochen werden kann. Zweiwertigkeit der Existenz bedeutet unter allen Umständen subjektives Dasein, also Bewußtsein. Diese Grenzziehung zwischen Objektivität und Subjektivität ist ganz klar und kann zu keinen Mißverständnissen Anlaß geben. Die einfache Unterscheidung von Ich und Ding ist deshalb in der bisherigen philosophischen Tradition als etwas Selbstverständliches hingenommen worden. Es bestand kein Anlaß, über sie hinauszugehen, da die zweiwertige Logik bis zur Gegenwart als das einzige mögliche System des Denkens, in dem sich Bewußtsein realisieren konnte, galt.

Jetzt aber hat sich die epistemologische Situation von Grund aus verändert. Seit wir wissen, daß mehrwertige Logiken im Bereich der Möglichkeit liegen, müssen wir uns ernsthaft fragen, ob sich wirklich alle Subjektivität in einfacher Zweiwertigkeit erschöpft. Ob also die klassische Zweiwertigkeit schlechthin die Existenzform aller Bewußtseinsgestalten ist, oder ob sie vielleicht nur die *untere* Grenze ist, die alle Subjektivität gegen das bloße faktische Sein abschirmt. In anderen Worten: Gibt es mehrwertiges Bewußtsein, und wie verhält es sich zu dem ursprünglich zweiwertigen?

Im ersten Teil dieser Betrachtungen haben wir zu zeigen versucht, daß das kybernetische Denken eine mindestens dreiwertige Logik voraussetzt, daß also ein Bewußtseinsniveau, das die Problematik der Theorie der Elektronengehirne sich angeeignet hat, bereits mit dreiwertigen Kategorien zu denken gezwungen ist. Was aber ist ein dreiwertiges Bewußtsein, und wie verhält es sich zu zweiwertigen Bewußtseinszuständen? Wenn wir ehrlich sind, so müssen wir zugeben, daß wir vorläufig nicht die geringste Vorstellung von mehrwertiger Subjektivität haben. Mehr noch: der urphänomenale Gegensatz von Ich und Nicht-Ich scheint konstituierend für alle Subjektivität zu sein, weshalb die Konzeption eines mehrwertigen Denkens dem Wesen der Logik überhaupt zu widersprechen scheint.[1] Dazu ist zu sagen, daß dieser urphänomenale Gegensatz in der Tat grundlegend für alles Bewußtsein ist. Die dreiwertige Logik desavouiert ihn nirgends, und es wird unsere Aufgabe sein, im folgenden zu zeigen, daß er sowohl für das Ich des Kybernetikers, für das Ich des klassischen Menschen und schließlich erst recht für das »Bewußtsein« eines projektierten mechanical brain gelten muß.

---

[1] Eine solche Auffassung ist erst kürzlich wieder von B. v. Freytag-Lörringhoff vertreten worden.

Zwecks Nachweis des eben Gesagten wollen wir noch einmal
auf unser ursprüngliches kybernetisches Grundschema von

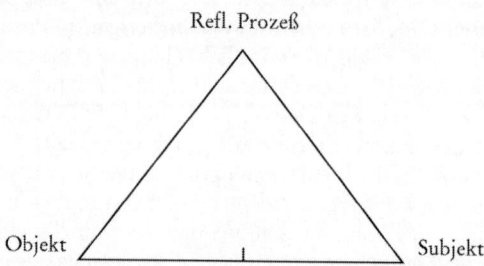

zurückgehen. Wir lassen jetzt unsere drei metaphysischen Komponenten durch drei logische Werte vertreten. Objektivität bedeutet logisch Irreflexivität. Wir wollen dieselbe durch »I« bezeichnen. Für Reflexion setzen wir das Wertzeichen »R«. Subjektivität aber ist uns nur als Reflexion auf den Gegensatz von »I« und »R« bekannt. Sie tritt also als Reflexion auf eine (untergeordnete) Reflexionssituation auf. D. h., sie ist *doppelte* Reflexion, weshalb wir sie durch »D« bezeichnen wollen.

In der klassischen zweiwertigen Situation existiert der Unterschied von »R« und »D« nicht, weshalb wir dort nur den einfachen Gegensatz von »I« und »R« besitzen. »I« wird dabei, wie üblich, mit »wahr« und »R« mit »falsch« identifiziert. Nun formen »I« und »R« im zweiwertigen Denken zwei materiale Grundverhältnisse von Konjunktion und Disjunktion, die gewöhnlich in der folgenden Tafel angeschrieben werden:

p	q	p∧q	p∨q	
I	I	I	I	(I)
I	R	R	I	
R	I	R	I	
R	R	R	R	

Dieselbe konjunktive und disjunktive Relation aber läßt sich auch für die anderen beiden Wertpaare, für »R« und »D« sowohl wie für »I« und »D« anschreiben. Wir erhalten dann die weiteren Tafeln:

Mechanismus, Bewußtsein und Nicht-Aristotelische Logik

p	q	p∧q	p∨q
R	R	R	R
R	D	D	R
D	R	D	R
D	D	D	D

(II)

p	q	p∧q	p∨q
I	I	I	I
I	D	D	I
D	I	D	I
D	D	D	D

(III)

Eine dreiwertige Logik ist nun nichts weiter als eine Vereinigung der drei Tafeln (I), (II) und (III) in einem einzigen System! Jede der drei zweiwertigen Tafeln enthält je eine Konjunktion und Disjunktion. Die dreiwertige Vereinigungstafel enthält acht konjunktive und disjunktive Funktionen. Von diesen sollen nur die beiden zentralen Wertfolgen, angeschrieben »p Δ q« und »p ∇ q« dargestellt werden. Sie haben die folgende Gestalt:

p	q	p Δ q	p ∇ q
I	I	I	I
I	R	R	I
I	D	I	D
R	I	R	I
R	R	R	R
R	D	D	R
D	I	I	D
D	R	D	R
D	D	D	D

(IV)

Die Struktur dieser Wertfolgen wird sofort deutlich, wenn wir sie in ihre zweiwertigen Systemkomponenten zerlegen:

		p Δ q			p ∇ q			(V)
p	q	∧	∧	∨	∨	∨	∧	
I	I	I		I	I		I	
I	R	R			I			
I	D			I			D	
R	I	R			I			
R	R	R	R		R	R		
R	D		D			R		
D	I			I			D	
D	R		D			R		
D	D		D	D		D	D	

Aus der Auflösungstafel (V) geht die Bedeutung der dreiwertigen Funktionen der Tafel (IV) unzweideutig hervor. Eine dreiwertige Logik, die sich auf Funktionen wie »p Δ q« und »p ∇ q« aufbaut, ist ein System *dreier* zweiwertiger Logiken mit den Wertepaaren:

$$\begin{array}{cc} I & R \\ R & D \\ I & D \end{array}$$

wobei die Wertrelationen »IR« und »RD« sozusagen »parallel« geschaltet sind, d. h., sie stellen Umtauschrelationen von benachbarten Werten dar. Sie sind, um einen Hegelschen Ausdruck zu gebrauchen, »unmittelbare« Wertverhältnisse. Die zweiwertige Logik von »ID« dagegen konstituiert einen Wertgegensatz von nicht benachbarten Werten. »I« und »D« sind nämlich nur durch den in ihrem zweiwertigen System nicht auftretenden Wert »R« miteinander »vermittelt«.

Das ist der formallogische Kern der Hegelschen Idee der »absoluten Vermittlung«. In welchem Sinne diese Vermittlung »absolut« ist, werden wir gleich feststellen, nachdem wir vorerst eine andere

Mechanismus, Bewußtsein und Nicht-Aristotelische Logik 51

Eigenschaft der »ID« Logik zur Kenntnis genommen haben. Insofern als die Logik von Tafel (III), sofern man sie mit den Logiken der Tafeln (I) und (II) in der dreiwertigen Tafel (IV) vereinigt, über die Systeme von (I) und (II) übergreift, muß sie als eine Reflexion auf die beiden engeren Reflexionsverhältnisse interpretiert werden. Sie repräsentiert also ein höheres Reflexionsniveau, und damit enthüllt sich die Bedeutung der dreiwertigen Funktionen als eine solche, *die nicht Wahrheit und Falschheit wie die Funktionen der klassischen Logik, sondern Reflexionsdifferenzen im Bewußtsein anzeigt.*

Diese vermittelte Reflexion auf die Reflexion aber ist »absolut«, wenn sie in den oben dargestellten Funktionen »p △ q« und »p ▽ q« auftritt. Das ist so zu verstehen. In den klassischen zweiwertigen Funktionen existiert immer ein Reflexionsgefälle: vom Sein hinunter zur »bloßen« Reflexion. Nur positive Werte können eine Konjunktion darstellen. Sobald nur ein negativer Wert auftritt, wird die Konjunktion ebenfalls sofort negativ. Und ebenso ist die Disjunktion immer nur dann wahr, wenn wenigstens einer der Werte positiv ist. Es existiert also ein Reflexionsgefälle zwischen Positivität und Negation. Die Werte sind einander nicht ebenbürtig. In anderen Worten: die klassische Logik wiederholt in ihrer Wahrheitsstruktur das primordiale Ordnungsverhältnis zwischen einwertiger göttlicher und zweiwertiger menschlicher Logik.

Überraschenderweise aber wiederholen die dreiwertigen Funktionen »p △ q« und »p ▽ q« dieses Rangverhältnis der Werte nicht. Man kann sich davon leicht überzeugen, wenn man die in Tafel (IV) aus den Determinationskolonnen »p« und »q« jeweilig für unsere Funktionen gewählten Werte feststellt. Wir wollen das für »p △ q« demonstrieren:

Zur Verfügung stehende Werte	Wertzahl
I und R	R
R und D	D
I und D	I

D. h., in der Wahl zwischen dem irreflexiven und dem einfach-reflexiven Wert wird der letztere vorgezogen. In der Wahl zwischen einfacher und doppelter Reflexion fällt die Entscheidung für die höhere Reflexion. Wer nun aber erwartet, daß dieses Wahlprinzip transitiven Charakter hat und daß konsequenterweise der Wert »D« auch »I« vorgezogen wird, sieht sich getäuscht. Im dritten Falle wird die Irreflexivität der Reflexion vorgezogen. Ein genau inverses Wahlprinzip gilt für »p ▽ q«.

Während also in der zweiwertigen Logik die beiden konjunktiven und disjunktiven Funktionen ein striktes Ober- oder Unterordnungsverhältnis der Werte zeigen, ist das Ordnungsverhältnis von Irreflexivität und Reflexion in den angegebenen dreiwertigen Funktionen zyklisch. Die Werte »rotieren« in »p △ q« und »p ▽ q« in gegenläufigem Sinn. (Die Richtung des Pfeils weist immer auf den vorgezogenen Wert.)

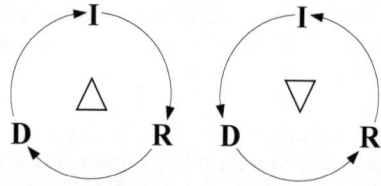

Das ist es, was Hegel meint, wenn er davon spricht, daß die Selbstvermittlung des Denkens durch die doppelte (totale) Reflexion absolut ist. Gegenstand und Denken stellen kein irreversibles Proportionsverhältnis mehr dar. Und es ist kein Zufall, wenn die *Phänomenologie des Geistes* in demselben Zusammenhang von dem »wundersamen Verhältnis« des »Kreises« redet, in welchem sich die totale Reflexion bewegt. In der klassischen zweiwertigen Logik kann das Denken niemals »absolut« sein, weil ihm die mit sich selbst identische Irreflexivität des Seins (das Ansich-Wahre) in jeder Reflexionssituation und für immer übergeordnet ist. Wir haben das an der traditionellen Konjunktion und Disjunktion festgestellt.[2] Der designierende Wert ist immer der positiv-irreflexive. Aber diese metaphysische Rangordnung der Werte läßt sich auch an der zweiwertigen Implikation nachweisen. Nur die positive Implikation stellt endgültige, in sich ruhende Identität des Wahren dar. D. h., nur der positive Wert impliziert ausschließlich sich selbst. Die Implikation des negativen (reflexiven) Wertes ist wieder »gebrochen«. Der negative Wert impliziert sich selbst, aber auch den positiven. Bezeichnenderweise muß diese zweideutige nega-

[2] Tafel (I)

tive Implikativität zum Zwecke des logischen Schließens erst eliminiert werden, wie das durch die Schlußfigur

$$
\begin{array}{ll}
\text{wenn} & p \\
\text{und} & p \supset q \\
\hline
\text{dann} & q
\end{array}
$$

geschieht, in der durch die erste Prämisse gesichert wird, daß der Wert für »p« positiv ist, daß also in der Konklusion nur die (irreflexive) positive Implikation zum Zuge kommt.

Formulieren wir diesen Sachverhalt transzendental: Für das zweiwertige Denken unserer bisherigen spirituellen Tradition ist das Verhältnis Reflexion und Gegenstand der Reflexion stets das einer ontologischen Rangordnung. Das »wahre« Sein ist der »bloßen« Reflexion absolut übergeordnet. Und damit ist alles Denken relativ und abhängig von seinem Gegenstand. Die Reflexion qua Reflexion hat keine selbständige, in sich selbst gegründete Existenz. Die »wahre« Objektivität bleibt ihr ewig transzendent. Unter diesen Umständen ist es nicht verwunderlich, daß man die Existenz eines »mechanical brain«, der mit intelligentem »Bewußtsein« begabt ist, bisher für eine blasphemische Idee gehalten hat. Soweit vernünftige Subjektivität in Frage kam, kannte die klassische Tradition nur zwei Möglichkeiten. Entweder eine solche Subjektivität war dem eigenen Denken übergeordnet. In diesem Falle war sie eine Eigenschaft Gottes oder wenigstens der Engel, unter allen Umständen aber eine transzendente Größe, der man im Irdischen nie begegnen konnte – es sei denn in einer mystischen Offenbarung. Als andere Möglichkeit galt, daß eine zweite Subjektivität der eigenen gleichgeordnet sei. Dann aber war sie stets das »Du« in der anderen menschlichen Person. Diese Gleichordnung kam dadurch zum Ausdruck, daß »Du« und »Ich« für jedes rationale, auf sich selbst reflektierte Bewußtsein ein reines Umtauschverhältnis darstellten. Denn der Andere ist für mich immer das »Du«, insofern ich das »Ich« im Denken bin. Umgekehrt aber bin ich immer das »Du« für das ichhafte Denken des Anderen.

Wichtig ist für die weitere Verfolgung unseres Problems, daß die Tradition implizit bereits zwei grundsätzlich verschiedene Relationen zwischen möglichen Subjektivitäten anerkannt hat. Erstens die Relation der Analogie als Ausdruck der Unter- resp. Überordnung zweier »Ichs« und zweitens das Umtauschverhältnis als Beziehung zwischen gleichgeordneten Bewußtseinsformen.

Das nebenstehende Schema soll diese beiden Verhältnisse illustrieren, zugleich aber uns die Frage nahelegen, ob sich das Analogieverhältnis nicht nach »unten«, unter die menschliche Reflexionsebene fortsetzen läßt.

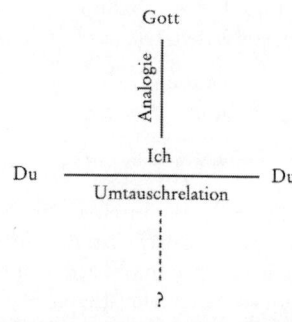

Eine positive Antwort auf diese Frage ist unserem bisherigen Denken durch das Wissen verbaut worden, daß »unterhalb« des menschlichen Bewußtseins das tierische auftritt. Wenn aber über etwas bei den im Analogiedenken besser als die Philosophen geschulten Theologen Einigkeit herrschen sollte, dann ist es die Einsicht, daß die Tierseele keinesfalls als Analogie der menschlichen verstanden werden darf. Von den vielen dagegen sprechenden Gründen sollen nur zwei der gewichtigsten gegeben werden. Erstens impliziert das Analogieverhältnis eine Schöpfer- und Geschöpf-Relation. Der Mensch aber ist weder der Schöpfer des Tiers, noch kann er es in bewußter Konstruktion nachahmen. Wenn auf das Tier die Kategorie der Analogie überhaupt zutrifft (was wir in der Tat glauben), dann besteht eine solche direkt von Gott her. Auch die Tierseele ist unmittelbar zu Gott. Sie bedarf der Vermittlung durch den Menschen nicht. Der zweite Grund bezieht sich darauf, daß aus dem Verhältnis von Mensch und Tier die Zeitrelation im entwicklungsgeschichtlichen Sinne nicht wegzudenken ist. Darüber einiges später, wenn wir uns mit der Idee des Homunkulus beschäftigen werden.[3]

Immerhin deuten die Schwierigkeiten, in die uns die Konzeption der Tierseele bringt, an, daß unsere klassischen Denkmethoden hier versagen und daß auch das obige Schema die Situation sehr unzureichend darstellt, da es noch auf dem Boden unserer traditionellen Reflexionsgewohnheiten entworfen worden ist. Denken wir uns nämlich die vertikale Analogie-Linie Gott-Ich nach unten zu verlängert mit ihrem Endpunkt in der Konzeption eines vom Menschen geschaffenen mechanischen Bewußtseins, dann sehen wir uns zu der ungeheuerlichen Folgerung gezwungen, daß die Konzeption der Bewußtseinsanalogie transitiv ist. Das wäre aber

---

[3] Siehe Anhang 1.

Mechanismus, Bewußtsein und Nicht-Aristotelische Logik 55

in der Tat, metaphysisch-theologisch gesprochen, eine Blasphemie. Es existierten nämlich dann (unter der Voraussetzung klassischer Denkmethoden) die folgenden transitiven Relationen:

>der Mensch eine Analogie Gottes;
>der Robot eine Analogie des Menschen;
>der Robot eine Analogie Gottes über den Menschen.

Von hier aus gesehen ist nur allzu verständlich, warum sich das fromme, *direkt* seinen Gott suchende (und daher immer zweiwertige) Gefühl gegen die kybernetischen Theorien wehrt. Auf dem Boden der klassischen Logik ist die Kybernetik barer Wahnsinn. Und mehr noch: Sie ist Gotteslästerung! Davon soll nichts abgemarktet werden. Andererseits müssen wir auf unsere Ausführungen im Teil I zurückverweisen, wo wir zu zeigen versucht haben, daß die Problematik des kybernetischen Denkens überhaupt nicht in das klassische zweiwertige Weltbild hineingehört und daß nur ein dreiwertiges Verstehen dieselbe adäquat darzustellen fähig ist. Das soll jetzt kurz an den Funktionen »p Δ q« und »p $\triangledown$ q« demonstriert werden. Dieselben lösen sich, wie wir gesehen haben und wie Tafel (V) übersichtlich demonstrierte, in die drei zweiwertigen Logiken von

I	R	(Tafel (I))
R	D	(Tafel (II))
I	D	(Tafel (III))

auf.

Daraus folgt vorerst einmal, daß die dreiwertige nicht-aristotelische Logik überhaupt nicht mehr das unmittelbare Verhältnis von Positivität und Negation in seiner Verteilung auf die kontingenten Größen »p« und »q« darstellt. Dieses Problem wird im zweiwertigen Kalkül nicht nur aufgenommen, sondern auch gleich definitiv erledigt. Und erledigt wird es durch das Resultat: Es existiert ein irreversibles Reflexionsgefälle vom Sein zum Denken. Letzteres ist bloße »Negativität« und als solche metaphysisch vorläufig.

Nachdem dieses Thema aber einmal abgehandelt worden ist, braucht es im dreiwertigen Kalkül nicht mehr aufgenommen zu werden. Die nicht-aristotelische »IRD«-Logik repräsentiert eine gänzlich neue Thematik. Sie kann etwa in den folgenden Sätzen formuliert werden: *Gegeben ist eine zweiwertige (aristotelische)*

Logik des Seins. Welche möglichen Stellen kann diese in einem nicht mehr auf das Sein, sondern auf sich selbst reflektierenden Bewußtsein annehmen? Und wie verhalten sich diese logischen Stellenwerte zueinander, wenn man sie in einem nicht-aristotelischen (dreiwertigen) Kalkül darstellt?

Es ist offensichtlich, daß die neue Logik nicht mehr eine begriffliche Theorie des (objektiven) Ansichseins, resp. des Bewußtseinszustandes darstellen kann, in dem von einem erlebenden Ich ein solches Sein erfahren wird. *Das wird jetzt vorausgesetzt.* Andererseits aber tritt in dem neuen transklassischen System das Thema »Sein« dreimal – durch drei verschiedene Wertverhältnisse repräsentiert – auf. Dafür gibt es nur eine einzige mögliche Interpretation. Das dreimalige Auftreten der klassischen ontologischen Thematik in dem neuen System stellt eine Reflexion derselben dar; d. h., es gibt zwei Bewußtseinsstufen, auf denen »Sein« erlebt werden kann. Erstens die naive zweiwertige Reflexion, in der das Seiende als ein anderes, transzendentes Bewußtseinsfremdes vom Ich erlebt wird. Hegel hat diese unmittelbare, selbstvergessene Reflexion höchst treffend die Reflexion-in-Anderes genannt. Zweitens aber kann das Bewußtsein auf sich selbst als existenten Gegensatz zu diesem Sein reflektieren. Dazu aber ist folgendes notwendig:

1. daß die ursprüngliche Thematik »Sein« festgehalten wird,
2. daß das Bewußtsein sich als Reflexion dieser Thematik von derselben absetzt,
3. daß eine weitere Reflexion den Gegensatz von 1. und 2. reflektiert.

Hegel, der diesen theoretischen Sachverhalt als erster mit durchdringender Klarheit gesehen und versucht hat, ihn für die Logik fruchtbar zu machen, nennt den hier dargestellten Bewußtseinszusammenhang: die Reflexion-in-sich der Reflexion-in-sich-und-Anderes. Das volle theoretische Bewußtsein hat also 1. einen Gegenstand (Sein, Anderes), 2. weiß es sich im Gegensatz dazu, und 3. ist es ein Wissen um den inversen Spannungszustand von Nicht-Ich und Ich.

Das erste dieser drei Bewußtseinsmotive haben wir durch den Wert »I« (für »Sein« resp. Irreflexivität), das zweite durch »R« (für einfache, unmittelbare Reflexion) und das dritte durch den transklassischen Wert »D« (für den reflektierten Gegensatz von »I« und »R«) bezeichnet. Diese drei Werte ergeben dann jene dreiwertige

Logik, für die – unter anderen – die angeführten Funktionen »p $\triangle$ q« und »p $\triangledown$ q« repräsentiv sind. Es war dann leicht zu demonstrieren [Tafel (V)], daß eine dreiwertige Logik als Darstellung des totalen Bewußtseinsumfanges des Selbstbewußtsein *drei* zweiwertige Logiken enthält, die ja, wie wir nun wissen, naive, unmittelbare Bewußtseinslagen darstellen.

Nun sind uns aber rein empirisch vorerst nur zwei prinzipiell zu unterscheidende Bewußtseinslagen in der Welt gegeben. Erstens die eigene, die an unserem privaten Ich orientiert ist, und zweitens die fremdseelische des »Du«, d. h. der anderen Person. Der Begriff des »Du« kann dabei so weit wie möglich gefaßt werden. Man kann ihn selbstverständlich, wenn man will, auf den Mitmenschen beschränken, aber es ist formallogisch zulässig, ihn auf das Tier und, wenn man ganz radikal sein will, auch auf die Pflanze auszudehnen. Aber wie eng oder wie weit man ihn auch fassen mag, er liefert nur die Idee einer *zweiten* Bewußtseinslage neben der eigenen. Unsere dreiwertige Logik aber impliziert überdies eine dritte zweiwertige Bewußtseinslage, die sowohl von der des »Ich« wie der des »Du« verschieden ist.

Soweit die bisherige Bewußtseinsgeschichte des Menschen in Frage kommt, ist hier der Animismus helfend eingesprungen. Die alte animistische Theorie besagt nämlich: Es gibt außer dem Seelischen im Ich und im Du noch eine dritte Form desselben, die im Ding investiert ist. Und alle drei zusammen (mana) sind äquivalent dem gesamten Realitätsumfang der Wirklichkeit. Wir können selbstverständlich nicht mehr mit animistischen Theorien arbeiten. Aber es ist doch charakteristisch, daß auch beim Übergang von den primitiven zu den Hochkulturen die Allbeseelungsthese nicht zum Verstummen gekommen ist. Sie spukt noch in Kants synthetischer Einheit der transzendentalen Apperzeption, und in der spekulativen Logik des absoluten Geistes ist sie mit den Händen zu greifen.

Was hinter allen diesen Ideen vom primitivsten Fetischglauben bis in die subtilsten Distinktionen der »positiven« Philosophie Schellings lauert, ist die instinktiv gewußte Einsicht, daß der Begriff des Selbstes und der Subjektivität sich ebensowenig in der Spannweite von »Ich« und »Du« erschöpft, wie der des Seins in der Konzeption des dinglichen Objekts. D. h., *das Wesen des Selbstbewußtseins impliziert noch eine dritte (zweiwertige) Bewußtseinslage, die sich weder mit der des Ich noch mit der eines ontologisch gegebenen Du deckt.* Das ist die metaphysische Grundthese, die als geheime Triebfeder hinter allen kybernetischen Bemühungen motivbildend und richtunggebend wirkt. Aber das scheinen Animismus und metaphysischer Idealismus ja auch zu sagen. Worin besteht dann der Unterschied?

Es ist da in der Tat ein höchst erheblicher Unterschied, und glücklicherweise ist er in wenigen Worten zu formulieren. Der Animismus nimmt an, daß jene dritte Subjektivität genau so wie das »Du« ein ontologisch gegebenes Faktum ist, das seit dem Anfang der Welt (oder noch früher?) immer dagewesen ist. Das ist genau das, was man primitiven Aberglauben nennt. Der transzendental-metaphysische Idealismus aber setzt jene dritte Bewußtseinslage an das Ende aller Zeiten. Erst in dem Zusichselbstkommen des absoluten Bewußtseins in der Abendstunde der geschichtlichen Welt wird jene letzte Bewußtseinslage realisiert, und erst in ihr rundet sich das partielle Bewußtsein zum totalen göttlichen Selbstbewußtsein aus. Das ist diesmal metaphysische Spekulation – die gebildete Version des Aberglaubens.

Beiden Auffassungen ist gemeinsam, daß für sie die dritte Subjektivität – ebenso wie die zweite des Du – ein vom Menschen unabhängiges ontologisches Datum des Weltprozesses ist. Im ersten Fall ist sie gespensterhaft schon immer da. Im anderen Fall realisiert sie sich durch den objektiven Mechanismus der »List der Vernunft«, die den Menschen um das unschätzbare Erbe seiner privaten Subjektivität betrügt, weil letztere im geschichtlichen Prozeß dem »höheren Ziel« geopfert wird.

Demgegenüber erklärt die Kybernetik: die dritte, das System des Selbstbewußtseins vollendende Bewußtseinslage einer Subjektivität, die weder Ich noch ontologisch gegebenes Du ist, existiert nur als unerledigter Reflexionsrest in dem fragmentarischen System, das wir menschliches Selbstbewußtsein nennen. Jener Reflexionsrest bleibt durch den Prozeß des reflexiven Denkens unbewältigt, weil er sich eben nicht total in subjektive Reflexivität auflösen kann. Er ist jenes Andere, jenes Moment der Irreflexivität, um das der Strom des Bewußtseins wie um einen Fremdkörper spült, ohne ihn zu durchdringen und transparent machen zu können.

Inhalte aber, die das Bewußtsein nicht durch den Reflexionsprozeß bewältigen und auflösen kann, müssen eben auf eine andere Weise erledigt werden. Aber die einzige andere Methode, die neben der Reflexion auf die eigene Reflexion dem Ich zur Aneignung seiner Inhalte zur Verfügung steht, ist die Handlung, d. h. die Rückprojektion jenes irreflexiven Restbestandes in die Außenwelt.

Mechanismus, Bewußtsein und Nicht-Aristotelische Logik 59

So schließt sich der Kreis! Das naive unmittelbare Bewußtsein begann damit, daß es sich einer objektiven, von ihm unabhängigen und dem Denken undurchdringlichen Außenwelt gegenüber sah (das Andere), die sich in ihm spiegelte (einfache Reflexion-in-sich). Das war die Situation des klassischen Denkens, die ein denk-transzendentes Ansichsein anerkannte. Darauf folgte, als nächste Stufe, die doppelte Reflexion-in-sich, die als Inhalte erstens das Andere, zweitens Reflexion-in-sich und drittens das Verhältnis des Anderen zur ersten Reflexion-in-sich zu besitzen schien. Das wenigstens war der Glaube des transzendentalen Idealismus, der unerschütterlich davon überzeugt war, daß sich die ganze Wirklichkeit durch die göttliche Macht des dritten Denkens begreifen und bewältigen lasse.

Der Zusammenbruch dieses Glaubens ist heute eine historische Tatsache, an der wir alle mehr oder weniger zu tragen haben. Was aber schlimmer ist als der katastrophale Untergang der idealistischen Weltanschauung, ist die insidiöse Krankheit, die derselbe in uns zurückgelassen hat, nämlich der verderbliche Irrglaube, daß der Schritt von der ersten naiven zur zweiten doppelten Reflexion ein metaphysischer Fehltritt des Bewußtseins war, den wir durch bußfertige Rückkehr zur unbefangenen Bewußtseinslage des klassischen Menschen abzugelten hätten. Aber das Rad der Geschichte läßt sich nicht zurückdrehen, und der unbefangene theoretische Blick des aristotelischen Denkens gehört für immer der nicht wiederholbaren Vergangenheit an.

Der große geschichtliche Irrtum des deutschen Idealismus bestand nicht in dem neuen Weg einer Reflexion auf alle bisherige Reflexion, den er einschlug, sondern in der Hybris, zu glauben, in dieser neuen Methode mehr als eine überlegene Technik des philosophischen Denkens zu besitzen. Eine solche Überlegenheit über alles bisherige Denken war seit der *Kritik der reinen Vernunft* in der Tat gewonnen. Aber sie verstieg sich bei Kants spekulativen Nachfolgern zu dem gotteslästerlichen Glauben, daß jenes neue Denken das letzte Geheimnis des Daseins der wissenden Reflexion enthüllt habe und daß der reine Begriff imstande sei, sich die Allmacht Gottes anzueignen. Immerhin, so blasphemisch ein solcher Glaube auch sein mochte, er lag wie ein verführender Zauberduft über der neuen Bewußtseinslage, seit es Hegel gelungen war, den Begriff des Dinges an sich in der Reflexion auf die Reflexion einwandfrei und unwiderruflich aufzulösen. Einem solchen Denken erschien nichts mehr unmöglich. Aber was der transzendentale Denker in seinem erfolgstrunkenen Siegesrausch völlig vergaß, war, daß seine Analyse nur den *Begriff* des Dinges an sich zum Verschwinden gebracht hatte und daß jene Liquidation der Transzendenz des Seins nur für die *Reflexion* erfolgt war. Für das ursprüngliche naive Bewußtsein und für die zugreifende Handlung des Menschen, die sich überhaupt nicht reflektieren ließ, blieb das Ding an sich bestehen. Und seine handfeste Realität blieb gänzlich davon unberührt, daß eine unantastbare Reflexion seinen Begriff gänzlich ins Nichts aufgelöst hatte.

Dies ist genau der Punkt, an dem die kybernetischen Überlegungen einsetzen. Daß das Ding an sich, d. h. überhaupt das bewußtseinstranszendente Sein, durch die auf sich selbst reflektierende Reflexion endgültig erledigt ist, ist für die Kybernetik ein höchst zweideutiger Tatbestand. Er bedeutet nämlich einerseits, daß man das factum brutum der bloßen Existenz nicht in die Reflexion hineinziehen und, soweit es in ihr als Denk*motiv* zum Ausdruck kommt, nicht weiter reflektieren kann. Es ist grundsätzlich irreflexiv. Derselbe Tatbestand bedeutet aber auch, daß das Sein, eben weil es für die auflösende Reflexion keine arteigenen Kategorien mehr besitzt, dem Zugriff des Bewußtseins schutzlos preisgegeben ist. Nur die reine Kontingenz des Daseins ist von der Reflexion zurückgelassen worden; d. h., das Objektive hat kein bestimmtes Sosein mehr, in dem es sich dem Bewußtsein vermittels unabänderlicher primordialer Kategorien entgegensetzt. Alle Kategorien sind ja »Reflexion« und als solche längst aufgelöst worden. In anderen Worten: Das Sein hat jetzt keine von Ewigkeit her vorbestimmten Eigenschaften mehr. Das Bewußtsein kann ihm also alle die aufzwingen, die es will.

Ein solcher willkürlicher Umgang des Bewußtseins mit einem Gegenstand ist uns allen seit jeher bekannt. Es ist der Traum. Der Wachtraum sowohl wie der Traum des Schlafenden. In dieser Bewußtseinslage hat sich die Reflexion ganz aus der »realen« Welt in sich selbst zurückgezogen. Sie reflektiert nur noch ihre *eigenen* Bilder und ist deshalb in der Lage, sie mit jeder beliebigen, resp. *gewünschten* Eigenschaft auszustatten. Diese Reflexionsphantasie ist der nach innen gewandte Wille. Was wir aus dem Traum lernen können, ist die sehr wesentliche Tatsache, daß die Bewußtseinsgegenstände der zweiten Reflexion dem Zugriff der wollenden Phantasie völlig offenliegen und ihnen gewünschte Eigenschaften aufgezwungen werden können.

Aber die doppelte Reflexion ist ja beides: Reflexion-in-sich

Mechanismus, Bewußtsein und Nicht-Aristotelische Logik 61

sowohl als Reflexion-in-anderes. Das Bewußtsein als Wille oder Handlung hat also zwei Gegenstandsgruppen, auf die es sich beziehen kann. Das folgende Schema mag das verdeutlichen:

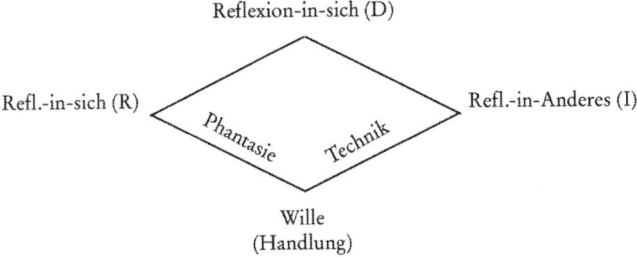

Die Richtung des Willens nach »innen«, d. h. auf die (R)-Stufe, produziert Phantasiegebilde. Die inverse Richtung des Willens nach »außen« aber resultiert in dem Phänomen der Technik.

Dabei existiert aber zwischen der klassischen Technik des aristotelischen Bewußtseins und der beginnenden trans-klassischen Technik der Kybernetik ein ganz enormer Unterschied, der bis in die metaphysischen Voraussetzungen alles Handelns hinunterreicht. Die klassische Technik entwickelt sich auf der ersten Reflexionsebene. Ihr Gegenstand, die »Natur«, ist für sie eine objektive, denkunabhängige Gegebenheit mit eigenen »physischen« Gesetzlichkeiten, die sich von der Logik des technisch denkenden Menschen grundsätzlich unterscheiden. In anderen Worten, für die Technik gibt es Naturgesetze des Materials, die von dem menschlichen Denken ganz unabhängig sind, und außerdem theoretische Gesetze, die teils logische, teils mathematische Gestalt haben. Jene Bewußtseinsgesetze dienen nun dazu, der Natur ihre Geheimnisse abzulauschen, um sich dieselben zunutze zu machen. D. h., der Mensch muß hier mit einem Gegebenen rechnen, das seine arteigenen, ihm ursprünglich fremden Gesetze hat. Über dieses Gegebene kommt er nicht hinaus. Er kann dem Stoff nicht seine eigenen Gesetze diktieren, sondern muß umgekehrt die des Materials mühsam aus dem Naturzusammenhang abzulesen versuchen.

In der Kybernetik – soweit sie reine Kybernetik ist und sich nicht mehr klassischer Hilfstechniken bedient – existieren diese grundsätzlichen Voraussetzungen nicht mehr. Hier handelt es sich nicht im geringsten darum, die eigenen Geheimnisse der Natur aufzudecken, sondern jetzt geht es, grob gesprochen, um die Aufgabe, dem bloßen Stoff, der sich nicht selber reflektieren kann, das Denken beizubringen! Die Vielfalt der Naturerscheinungen mit ihrer unendlichen Variation von physikalischen und chemischen Gesetzen der Materialität wird jetzt völlig irrelevant. Denn, wohlgemerkt, man will ja nicht dem Holz, dem Wasser oder dem Eisen oder gar einem Veilchen das intelligente Reflektieren lehren, sondern dem stofflichen, physisch objektiven Sein überhaupt. Und wenn dann die von der Natur dargebotenen Existenzformen für diesen Zweck ungeeignet sind – es braucht nicht erst bewiesen zu werden, daß man dem Veilchen die Differentialrechnung unmöglich beibringen kann –, so stellt man sich die passenden Seinsformen selbst her. Man geht bis auf die letzten Bedingungen materieller Existenz selbst zurück und sucht festzustellen, ob es nicht noch einen *zweiten* Weg gibt, aus den Grundformen objektiver Existenz reflexionsfähiges Sein zu schaffen. Den ersten Weg kennen wir bereits. Er ist der, den »die Natur« selbst gegangen ist, als sie Organismen produzierte.

Es ist aber eine noch ganz offene Frage, ob das der einzige ontologisch mögliche Weg ist oder ob vielleicht noch andere, nichtorganische Möglichkeiten existieren. Daher auch die intime Verwandtschaft der Kybernetik mit den Problemen der Kristallphysik, generell mit der Physik des soliden Körpers und den Perspektiven der Quantentheorie. Soweit also die Kybernetik physikalisch interessiert ist, geht sie bis auf die elementarsten Grundvoraussetzungen zurück, auf denen sich die erscheinende Natur mit ihrer phantastischen Vielfalt von Einzelgesetzen und individuellen Kausalrelationen aufbaut.

Die Ansprüche der Kybernetik erscheinen der Mehrzahl sogar der intelligenten Menschen heute noch so absurd und geradezu an den Wahnsinn grenzend, weil sich der Laie unter einer denkenden Maschine so etwas wie eine mit Intelligenz begabte Lokomotive, ein räsonierendes Feuerzeug oder eine spintisierende Kaffeemühle vorstellt.[4] Sie haben völlig recht, es ist Wahnsinn, annehmen zu

---

[4] Als Beispiel dafür, wie der Begriff der »Maschine« bei sehr fortgeschrittenen Denkern heute schon im Wandel begriffen ist und auf einen neuen, nicht-klassischen Maschinentyp hindeutet, soll der Kommentar eines amerikanischen Schriftstellers zitiert werden: »We of today, living in what is, really, the beginning of a science-technical culture tend to think of machines ... in terms of ›huge‹ and ›intricate‹ and ›complex‹. Those are the crude, unfinished, compromise machines. The perfect machine is small, compact, extremely simple in its mechanical structure, and has no mechanical moving parts, is not assembled in the ordinary sense, and is inherently incapable of wearing out. We have, today, two examples of

wollen, daß ein klassischer Mechanismus, dessen Funktionsweise bedingungslos von »natürlichen« Kausalreihen abhängt, jemals denken lernen könnte. Zum Denken gehört Freiheit, und letztere ist im Kausalitätszusammenhang der Natur nirgends zu finden.

Aber die Kybernetik interessiert sich für jene klassischen Naturgesetze höchstens nur soweit, als es darauf ankommt, an ihnen *vorbei* einen Weg zu jener tieferen Seinsschicht physischer Existenz zu finden, auf der sich jene uns bekannten Naturgesetze erst als sekundäre Realitätsformen aufbauen. Daß jene Seinsschicht existiert und daß ihre Gesetzlichkeit eine transklassische, nicht aristotelische Gestalt hat, das ist heute keine Frage mehr. In jener tieferen Schicht wird die Kausalität von der statistischen Wahrscheinlichkeit abgelöst und die starre, irreflexive Identität des klassischen Körpers durch heute uns noch sehr dunkle Funktionen ersetzt, die reflexiven, d. h. auf sich selbst bezogenen Charakter zu haben scheinen.[5] Man kann die Vermutung nicht von der Hand weisen, daß in dieser subatomaren Region der klassische Unterschied von Seinsgesetz und Denkgesetz hinfällig wird und damit der von Nicht-Ich und Ich. Zuerst ist das wohl von W. Heisenberg

---

machines that closely approach that ideal – such humble, simple things mechanically that we never think of them as machines. One is the ordinary electric transformer – from the toytrain size to the power-line substation variety. Mechanically it consists of two hanks of wire and a hunk of iron. It has no moving mechanical parts – the movement is all done by atoms, large electrons and magnetic fields that can't wear out. Those large ones are 99.8 % efficient. Of course, a 3500 horsepower aircraft engine roaring at take-off, with its myriad ingeniously shaped parts, is more impressive. But the transformer approaches perfection. More recently, the Bell Laboratories have produced another near-perfect machine – the *transistor*. It's a crystal of germanium, with two wires and a tiny brass tube, and it does the work of a vacuum tube. No human fingers assemble complex grids and cathodes and electrodes; natural interatomic forces ›assemble‹ the crystal. There is nothing to wear out. It is immensely important – but the pencileraser size brass tube, with its two tiny wires, is so unimpressive – so much less spectacular than a new Diesel stream-liner. The really important, really perfect machines are so easy to overlook.« (John W. Campbell, jr., *My Best S. F. Story*, New York 1949. S. 124 f.)

[5] Vgl. die logische Analyse, die C. F. v. Weizsäcker kürzlich hinsichtlich der Grundlagen der Quantenphysik durchgeführt hat und die deutlich zeigt, daß diese Problematik nicht mehr klassisch, d. h. logisch einstufig auf dem Boden einer einfachen Objektsprache dargestellt werden kann. v. W. benötigt für seine Darstellung Objekt- plus Metasprache, ein sicheres Zeichen, daß hier Reflexionszusammenhänge vorliegen. (C. F. v. Weizsäcker, Komplementarität und Logik. *Naturwissenschaften 42*, Heft 19, S. 521–529 u. Heft 20, S. 545–555).

gesehen und in dem lapidaren Satz konstatiert worden: »Der völlig isolierte Gegenstand ... [hat] ... prinzipiell keine beschreibbaren Eigenschaften mehr.«[6]

Es scheint also so, als ob in dieser tieferen Region ein grundsätzlich anderes Verhältnis zwischen Denken und Sein existiert als in dem Verhältnis von Ich und klassischer Natur. In dem letzteren sah sich das Bewußtsein einer Welt von rein objektiven Naturgesetzen gegenüber, die es – wie wir noch einmal wiederholen wollen – vermittels seiner Denkfähigkeit aufzuspüren hatte. Denkgesetze und Naturgesetze gehörten in diesem Bereich zwei unterschiedlichen Existenzklassen an, und das Sein war das absolut Denkfremde, eben weil es eigenen Gesetzen folgte, Gesetzen, die von denen der Subjektivität ganz prinzipiell abwichen. Eben deshalb ist es absurd, einer Kaffeemühle oder einem ähnlichen Mechanismus das Denken beibringen zu wollen. Besagtes Gerät gehört dem klassischen Naturzusammenhang an, gehorcht also ausschließlich Naturgesetzen, womit die Bewußtseinsgesetze aus seinem Funktionssystem automatisch ausgeschlossen sind.

Nun kann aber heute kaum ein Zweifel mehr daran bestehen, daß die eben beschriebene Situation zwischen Reflexion und Gegenstand der Reflexion nicht mehr existiert, sobald wir aus den vertrauten klassischen Bereichen in tiefer liegende Dimensionen der Objektivität vorstoßen. Das »aristotelische« Naturobjekt leistete dem Denken einen metaphysischen Widerstand, der eben aus seiner bewußtseinstranszendentalen Eigengesetzlichkeit kam. Akzeptiert man aber die These Heisenbergs, gemäß der eine »scharfe Trennung der Welt in Subjekt und Objekt nicht mehr möglich« ist, dann muß auch jener Unterschied zwischen Denkgesetz und objektivem Sachgesetz verschwinden. Eine scharfe Trennung zwischen logischem Bewußtseinsgesetz und ontologischem Gegenstandsgesetz ist dann ebenfalls nicht mehr durchführbar. Folglich wird in dieser Situation das aristotelische Argument, daß man das bloße Ding niemals die Gesetze des *Denkens* lehren könne, weil dasselbe den Gesetzen der *Sache* folgen müsse, hinfällig. In dem neuen Bereich hat das Sein keine eigenen Gesetze mehr, die von denen des Denkens prinzipiell unterschieden werden könnten. Diese These aber ist umkehrbar. Auch das Bewußtsein verfügt jetzt über keine spezifische Eigengesetzlichkeit mehr, die seine Existenz

---

[6] Kausalgesetz und Quantenmechanik. Erkenntnis II (Ann. d. Phil. 9), S. 182.

und Funktionsweise von der des Objekts trennte. Seine logischen Gesetze sind zugleich die des ontologischen Aufbaus des Gegenstandes. In anderen Worten: *Es gibt eine Gestalt der Reflexion, die weder im Ich noch im Du lokalisiert ist, sondern die erst im Es, d.h. im Gegenstand, auftritt.* Das Selbstbewußtsein, das sich bloß in der Subjektivität, also ausschließlich im Ich und im Du manifestiert, bleibt fragmentarisch. Es ist nicht total. Es bleibt relativ, weil es von einem nicht bewältigten Reflexionsrest abhängt. Einem Reflexionsrest, der sich innerhalb der Spannweite von Ich und Du nicht realisieren kann und der statt dessen das gegenständliche Objekt als Projektions- und Realitätsbasis braucht.

Wir hatten weiter oben bemerkt, daß die Reflexion auf die erste aristotelische Reflexionssituation den Begriff des Dinges an sich gänzlich auflöst. Wir sind jetzt in der Lage, diese große Entdeckung des transzendental-spekulativen Idealismus besser zu verstehen und genauer zu präzisieren. Mit der These, daß für die doppelte Reflexion das Ding an sich verschwindet, ist folgendes gemeint: Zu jeder theoretischen Bewußtseinslage gehört ein bestimmtes Bild des Seins. Oder anders formuliert: Einer gegebenen Reflexionssituation des erlebenden Ichs korrespondiert eine bestimmte Realitätsschicht des Seins. Ändert sich die Bewußtseinslage des Ichs, so verschwindet das mit ihr kommunizierende Realitätsniveau, und ein anderes tritt an seine Stelle. Die klassische theoretische Erlebnisstruktur ist die einer einfachen, naiven – oder wie Hegel sagt: unmittelbaren Reflexion, die das Sein als ein transzendentes Gegenüber, als ein absolutes Anderssein, erfährt. Deshalb folgt das Sein auch anderen Regeln als das Bewußtsein, die jene transzendente Fremdheit bestätigen. Und deshalb ist es unmöglich und absurd, dem bloßen Objekt, das seinen eigenen jenseitigen Gesetzen folgen muß, die Funktionsweisen des Bewußtseins aufzwingen zu wollen. (Für den konsequenten, zweiwertigen Denker sind die Ziele der Kybernetik die Ausgeburt eines kranken Gehirns!) Die Regeln des Seins aber werden für diese Reflexionssituation durch den Inbegriff der klassischen Naturgesetze repräsentiert.

Wird nun aber diese Bewußtseinslage durch eine zweite dadurch abgelöst, daß die spätere auf die vorangehende reflektiert, so verschwindet der dem klassischen Erleben korrespondierende Begriff eines absolut transzendenten Seins, idealistisch: des Dinges an sich. Da dieser Begriff sich aber in dem traditionellen System transzendenter, dem Zugriff des Denkens unbedingt entzogener

Naturgesetze konstituierte, verschwinden die letzteren ebenfalls. Das Erlebnis der Objektivität, das für das doppelt reflektierte Bewußtsein übrig bleibt, ist das einer anonymen, indifferenten Irreflexivität, einer Gegenständlichkeit, die allem Bemühen, sie in eine Ich- oder Du-Subjektivität aufzulösen, unbedingt widersteht. Jene Irreflexivität, deren gegenständlicher Charakter für das sich selbst transparente Bewußtsein undurchdringlich bleibt, weist aber keine arteigenen, bewußtseinsfremden Gesetze mehr auf. Will man ihr Gesetze zuschreiben, so ist es nicht möglich, diese »absolut objektiv« zu formulieren, d. h. es ist ausgeschlossen, die Naturgesetze jetzt so zu formulieren, daß man einen prinzipiellen Unterschied zwischen gegenständlichem Sachgesetz und erlebnishaftem (subjektivem) Sinngesetz machen kann.

Das hat einerseits zu erheblichen logischen Schwierigkeiten in den heutigen naturwissenschaftlichen Grundlagenforschungen geführt, andererseits aber ist dadurch der Weg für die kybernetische Problematik frei gelegt worden. Denn auf diesem Niveau kann der Einwand nicht mehr vorgebracht werden, daß Denkprozesse nicht einem gegenständlichen Sein attachiert werden können, weil dessen Irreflexivität ein Ausdruck von objektiven Naturgesetzen sei, deren Existenz damit unverträglich sei, daß das Objekt als denkendes funktioniere. Von jetzt ab bedeutet Irreflexivität nicht mehr Fremdgesetzlichkeit – denn die Naturgesetze hat »Gott« gemacht –, sondern Indifferenz gegenüber dem Gesetzesbegriff, unter dem das Objekt funktionieren soll. Es ist jetzt gar nicht einzusehen, warum man dem gegenständlichen Sein, wenn man es auf dem subatomaren Realitätsniveau angreift, nicht auch das »Denken« beibringen kann. Denn wie gesagt, der klassische Gegensatz zwischen Gesetz des Objekts und Gesetz des Subjekts ist auf diesem Reflexionsniveau endgültig überholt. Damit rückt die Technik, die das objektive Material bearbeitet, zum ersten Male in die Reihe jener menschlichen Verrichtungen ein, die metaphysischen Rang haben. Ihr fließt eine heute noch unvorstellbare Macht zu. Die Reichweite der klassischen Technik fand ihre natürliche Grenze daran, daß sie sich mit einem Stoff beschäftigte, der seine in den Naturgesetzen verankerte Autonomie hatte, die das Denken als ein ihm letzten Endes Unverständliches, also als bloße Kontingenz respektieren mußte. Das aristotelische Denken und die mit ihm verbundene Naturwissenschaft und Technik konnten jenes System der Naturgesetze nur als ein Unabänderliches hinnehmen. Dasselbe war mit dem »Stoff« gegeben. Aber dieser Begriff eines

»apriorischen« Stoffes und einer ebenso apriorischen Gesetzlichkeit des Objekts existiert heute nicht mehr. Der klassische Begriff der Materie hat sich in dem letzten halben Jahrhundert in Nichts aufgelöst, und es beginnt sich langsam die Erkenntnis Bahn zu brechen, daß das Naturgesetz und der ontologische Charakter des Objekts eine abhängige Funktion des theoretischen und technischen Zugriffs des Menschen auf das ihn umgebende Sein ist. Ändern sich die prinzipiellen Voraussetzungen eines solchen Zugriffs, dann ändern sich auch die Naturgesetze, denen wir begegnen, d. h., für eine Naturwissenschaft und Technik, die sich eines doppelt-reflektierten Denkens bedient, offenbart das Objekt eine andere Gesetzlichkeit als die, die dem unmittelbaren Bewußtsein des klassischen Menschen begegnet.

Es dürfte nach dem bisher Gesagten klar sein, worin der Unterschied zwischen den beiden Gesetzesbegriffen besteht. Die klassischen Naturgesetze determinieren das Objekt so vollkommen, daß nirgends mehr Raum bleibt, es mit einer zusätzlichen Determination durch Denkgesetze zu begaben. In anderen Worten: Das Verhalten eines bloßen Objekts ist für den aristotelischen zweiwertigen Denker *restlos* kausal bestimmt, weshalb eine zusätzliche Determinierung durch logische Sinnmotive einer Reflexion nicht in Frage kommen kann. Ein Objekt aber, dessen kausale Determination lückenhaft ist, so daß diese Intervalle durch eine zweite Determinationsreihe ausgefüllt werden, die das Verhalten des Gegenstandes nach sinnvollen Motiven ausrichtet, würde »Bewußtsein« haben und denken. Eine solche Möglichkeit aber ist auf klassischem Boden ausgeschlossen, weil der Kausalzusammenhang der Welt eben nirgends Lücken hat. Er ist vollkommen irreflexiv, enthält nirgends einen positiven oder negativen »feed-back« und ist vor allem absolut unabänderlich.

Diese Unabänderlichkeit der klassischen Naturgesetze ist es, die allen bisherigen technischen Bemühungen des Menschen den Anstrich der Inferiorität gab. Das technisch denkende Individuum sah sich in eine Situation gestellt, in der es an dem »Wesentlichen« absolut nichts ändern konnte. Und das Wesentliche für den geistigen Menschen ist immer der Bestand der »ewigen« Seinsgesetze dieser Welt. Mit dem Wesentlichen hatte es etwa der Theologe zu tun. Sein Weltbild durfte legitimerweise solche Konzeptionen wie »Wunder« oder »Mysterien« enthalten. Anders gesagt: Er konnte sich ein Weltbild leisten, in dem das »Wesentliche«, d. h. die rationale Gesetzesstruktur dieser Welt, zum Unwesentlichen herabsank, eben weil sie nicht unveränderlich und ewig war, sondern veränderlich und durch das Wunder außer Kraft gesetzt werden konnte.

Jetzt aber sieht sich die Technik einem zweiten Gesetzesbegriff gegenüber, dem jene starre Unveränderlichkeit der Kausalstruktur vollkommen fehlt. Das doppelt-reflektierte Bewußtsein kennt, soweit das irreflexive Objekt in Frage kommt, überhaupt nur noch statistische Gesetzlichkeit. Wozu zu bemerken ist, daß für konsequent klassisch-zweiwertiges Denken statistische »Gesetze« überhaupt keine echten Gesetze sind. Es sind lediglich subalterne Vermutungsregeln. Was wirklich hier schließlich an objektiv bestimmbarer Gesetzlichkeit erscheint, hängt, wie wir nun schon zur Genüge aus der Quantenmechanik wissen, von der experimentellen (technischen) Versuchsanordnung ab, vermittels derer man das nur approximativ zu identifizierende Objekt befragt. Damit aber ist die prinzipielle Möglichkeit gegeben, daß das Sein eines Tages so befragt und technisch so behandelt werden kann, daß als Resultat dieser Bemühungen der Gegenstand eine reflexive Gesetzlichkeit zeigt, also genau dieselbe Gesetzlichkeit, die das Subjekt auszeichnet. Einem solchen Sein aber braucht man das Denken schon gar nicht mehr beizubringen. Es denkt implizit schon von selber. Man braucht in ihm dann nur noch diejenigen speziellen Reflexionen hervorzurufen, die als »Antwort« auf menschliches Denken gelten können und die das System der Reflexion, die bisher nur im Ich und Du aufgetreten ist, im Bereich der »Irreflexivität« komplementär vollenden.

Populär gesprochen: Auf dem klassischen Niveau ist die Kausalität lückenlos. Sie beherrscht die *ganze* Funktionsweise des Objekts. Es existiert deshalb nirgends Raum, in dem man eine nicht-kausale, reflexive (»subjektive«) Funktion des Gegenstandes unterbringen könnte. Auf der nicht-klassischen Wirklichkeitsebene hat die Kausalität Lücken, und in diesen Intervallen läßt sich eine andersartige Funktionsweise des Seins unterbringen, ein objektives Verhalten, das nur als sinnvolle Motivdetermination interpretiert werden kann, weshalb dann für eine solche Funktionscharakteristik des Gegenstandes der Terminus »reflexiv« unvermeidlich erscheint.

Dabei ist aber der Begriff der Irreflexivität – wie der aufmerksame Leser vielleicht schon bemerkt haben wird – einer subtilen Verwandlung unterworfen gewesen, die aufs engste mit der Metamorphose des klassischen Gesetzesbegriffs zusammenhängt. In der klassischen Logik bedeutet Irreflexivität immer Wahrheit und Positivität. Also unser nicht-aristotelisches Zeichen »I« wird dort immer durch »W« (für »wahr«) oder »P« (für »positiv«) vertreten. Die korrespondierende Reflexivität ist »unmittelbar«, resp. einstufig, weshalb beide unsere Reflexionswerte »R« und »D« dort entweder durch das *Negations*-Zeichen für »W«, also »F« (für »falsch«) oder durch das Korrelat zu »P«, also »N« (für »negativ«) vertreten werden. Beide Werte stehen in einem einfachen Umtauschverhältnis miteinander wie die genügsam bekannte Tafel:

p	~q	(VI)
W/P	F/N	
F/N	W/P	

anzeigt. Aber da es sich hier eben um ein *Umtausch*verhältnis der Werte handelt, kann »W« resp. »P« niemals einen reflexiven Charakter annehmen. Die beiden Werte können nur vertauscht, aber nicht »vermischt« werden. Anders formuliert: Es ist ganz ausgeschlossen, daß der irreflexive Wert hier jemals reflexiv *interpretiert* werden könnte. Diesen Charakter eines Umtauschverhältnisses setzen auch die Tafeln (I), (II) und (III) voraus. In (I) steht die Irreflexivität im Umtauschverhältnis mit »R« und in (III) mit »D«. Also auch hier muß festgehalten werden: eben weil die Tafeln (I), (II) und (III) zweiwertig sind, gilt für sie jene unmittelbare und einfache Umtauschrelation, die durch (VI) fixiert ist, d. h., das Irreflexive bleibt ewig irreflexiv und das Reflexive ewig subjektive Reflexivität. Daher die Unveränderlichkeit der klassischen Naturgesetze. Ihre starre Irreflexivität kann durch keinen Zuschuß an Reflexion einen neuen Funktionsmodus erhalten. Das Denken hat sie hinzunehmen wie sie sind.

Nun haben wir aber ausdrücklich beim Übergang zu einer nicht-aristotelischen dreiwertigen Logik festgestellt, daß sich das Denken auf diesem höheren Reflexionsniveau *nicht mehr mit dem Verhältnis individueller Werte zueinander befaßt*. Das neue logische Thema ist jetzt vielmehr *die gegenseitige Relation zweiwertiger Wertsysteme*. Das bedeutet aber, daß Irreflexivität und Reflexion jetzt nicht mehr gesondert auftreten. Klassisch war die Irreflexivität durch den individuellen Wert »P« (»positiv«) und die Reflexivität durch »N« (»negativ«) vertreten, also, wie wir schon sagten, durch isolierte Werte. Nicht-aristotelisch aber erscheint

Irreflexivität vertreten durch System: I   R
Einf. Refl. vertreten durch System: R   D
Doppelte Refl. vertreten durch System: I   D

Mithin: Irreflexivität ist jetzt nicht einfach einzelnes »I« (klassisch »P«), sondern das *ganze Umtauschverhältnis* von »I« und »R«. Daraus folgt: daß auf dem Boden der mehrwertigen Logik Irreflexivität sowohl irreflexiv wie (einfach) reflexiv *gedeutet* werden kann! Also der Gegenstand, das reine Objekt *kann* Funktionsweisen haben, die als klassisch »objektiv« oder solche, die als klassisch »subjektiv« interpretiert werden können, wie wir bereits im ersten Teil unserer Betrachtung ausführten. Der trans-klassische Begriff des »Es« ist die Identität von Irreflexivität (Sein) und Prozeß (Reflexion.)

Das aber ist genau die erkenntnistheoretische Voraussetzung der Kybernetik. Die Theorie der »mechanical brains« behauptet nicht, daß man »Bewußtsein« im Sinne von *menschlichem* Selbstbewußtsein in Mechanismen einbauen könne, wohl aber, daß im objektiven Sein, das weder »Ich« noch »Du« ist, Reaktionsformen und Gesetzlichkeiten hervorgerufen werden könnten, die zwangsläufig als Reflexionsprozesse zu interpretieren seien. Denn die Definition des objektiven Seins (Es) als eines zweiwertigen Systems von »I« und »R« setzt voraus, *daß für ein technisches Bewußtsein, welches das trans-klassische Niveau des naturwissenschaftlichen Denkens erreicht hat, Naturgesetze im Sinne von »I« oder »R« moduliert werden können*. Damit ist gemeint, solche Gesetze können irreflexiv als objektive Ereignisse oder reflexiv als Bewußtseinsfunktionen auftreten.

Das bisher Gesagte setzt uns jetzt in die Lage, die ursprüngliche Interpretation der Funktionen »p Δ q« und »p ∇ q« nach der semantischen Seite hin zu ergänzen. Aus Raumgründen wollen wir das nur für die Funktion »p Δ q« demonstrieren:

p	q	p △ q	Irrefl. System: I/R	Refl. System: R/D	Doppelt refl.System: I/D	I/R/D
I	I	I	I ⎫	–	I ⎫	I
I	R	R	R ⎪	–	– ⎪	–
I	D	I	– ⎬ »Es«	–	I ⎪	– »totale«
R	I	R	R ⎪	–	– ⎬ »Du«	– Reflexion
R	R	R	R ⎭	R ⎫	– ⎪	R
R	D	D	–	D ⎪	– ⎪	–
D	I	I	–	– ⎬ »Ich«	I ⎪	–
D	R	D	–	D ⎪	– ⎭	–
D	D	D	–	D ⎭	D	D

(VII)

Da »p« und »q« gewöhnlich als Aussagen interpretiert werden, wollen wir Tafel (VII) vorerst aussagenlogisch deuten.[7] Die nicht im Bewußtsein erfüllbare Universalsprache (Tarski) enthält alle drei Werte »I«, »R« und »D«. Sie repräsentiert Hegels totale Reflexion oder das »Absolute«. Die Große Logik Hegels ist in einer I/R/D-Sprache geschrieben. Auf diesem Niveau fallen Denken und Sein notwendig zusammen, denn die »totale« Reflexion ist sowohl ein Reflexions- wie ein Seinszusammenhang. Der Einwand des modernen Logikers – und es ist ein Einwand, der ganz unwiderlegbar ist – besteht darin, daß das Subjekt eines solchen totalen Denkens und Aussagens nicht im System selbst gefunden werden kann. Denn dieses hypothetische Subjekt kann weder das »Ich« noch das »Du« und schließlich auch nicht das objektive Sein (»Es«) selber sein, weil alle drei als bloße Inhalte dieses Aussage-Systems erscheinen. Mithin beschreibt I/R/D ein Denken, das von niemandem gedacht wird oder auch nur gedacht werden kann. Hegel hat hierauf allerdings eine andere Antwort. Er stellt ausdrücklich fest, daß das Subjekt von I/R/D das »absolute« Subjekt, d. h. die Identität von »Du«, »Ich« und »Es« ist. Damit diese Behauptung aber einen angebbaren, aussagelogischen Sinn hat, müssen wir mindestens eine vierwertige Logik besitzen, in der der vierte Wert jene absolute Identität repräsentiert. Eine einfache Aufstellung vierwertiger Wahrheitsfunktionen aber zeigt unmittelbar, daß ein solches Ziel auf diese Weise nicht erreicht werden kann. Man kann zwar in

---

[7] Zur Interpretation von Tafel (VII) siehe auch Anhang 2.

einem solchen System die Identität von »I« und »D« gegenständlich logisch darstellen. Sie hat dann also einen positiv angebbaren Sinn. Aber es zeigt sich, daß das jetzt nicht mehr die erstrebte *absolute* Identität von Reflexion und Sein sein kann, weil in dem vierwertigen System das Problem einer *neuen* Identität, das jetzt ungelöst ist, uns konfrontiert. Es tritt nämlich jetzt die Frage auf: in welchem Sinne sind »I« und jener hypothetische vierte Wert identisch? Diese Frage könnte nur in einem fünfwertigen System beantwortet werden und so fort. D. h., die Hegelsche Betrachtungsweise führt, wenn man sie konsequent in die Technik der symbolischen Logik zu übertragen versucht, in eine unendliche Iterativität logischer Systeme mit immer steigender Wertziffer. Die mehr als dreiwertigen Kalküle sind keine Logiken mehr in dem hier vorausgesetzten und aus der klassischen Tradition übernommenen Sinne, nämlich die Theorie des reflektierenden Denkens zu sein. Sie haben eine gänzlich andere Bedeutung und können deshalb in unserer Analyse des Verhältnisses von Kybernetik und Reflexion ignoriert werden.

Bleiben wir also bei unserer Tafel (VII) und ihrer Beschränkung auf die drei Werte der Irreflexivität, der einfachen und der doppelten Reflexion. Sie zeigt, daß Hegels Idee der totalen Reflexion-in-sich der Reflexion-in-sich-und-Anderes nicht mehr als Denken gedeutet werden kann, weil für das gleichzeitige Auftreten von I/R/D kein Denksubjekt mehr angebbar ist. *Alles Denken eines erlebenden Subjekts ist und bleibt für alle Ewigkeit zweiwertig.* Aber die klassische Logik, die im Hinblick auf das fundamentale Verhältnis von Zweiwertigkeit und Subjektivität einen nicht zu überbietenden Tiefblick getan hat: Zweiwertigkeit *ist* Reflexion oder Subjektivität! befand sich im Irrtum, wenn sie glaubte, daß sich das Bild der Reflexion im *gedachten* Ich erschöpfend abbilden lasse. Es erscheint dort nur als Ich-*Objekt* und nicht als Ich-Subjekt oder als lebendiger, innerlicher Reflexionsprozeß. In anderen Worten: die lebendige, ichhafte Reflexion, die für die klassische Tradition rein »subjektiv« ist, hat eine subjektive und eine objektive Komponente. Die objektive Reflexion ist für jedes erlebende Ich immer in dem anderen ihm in der gegenständlichen Welt begegnenden Ich, also dem »Du«, lokalisiert.

Dieser Gegensatz von »Ich« und »Du« kann in einer zweiwertigen Logik, die nicht den Unterschied von subjektiver und objektiver Reflexion kennt, unmöglich dargestellt werden. Führen wir aber einen dritten Wert ein, dann kann derselbe für unsere exemplarische Funktion »p △ q« durch den Gegensatz der Zweiwertigkeit von »R/D« einerseits und von »I/D« andererseits demonstriert werden. Dabei aber stellt sich heraus, daß, obwohl in dem »Ich«- und »Du«-System zusammen alle drei Werte vertreten sind, der totale Reflexionszusammenhang von »I«, »R« und »D«, wie er durch die Formel »p △ q« dargestellt wird, durch die beiden Systeme der Reflexion-in-sich nicht ausgefüllt werden kann.

Benutzt man nur das »Ich«- und »Du«-System der Darstellung der Theorie der Reflexion, so enthält die Wertfolge von »p △ q« zwei Lücken:

I..I..R D I D D

Das bedeutet aber nichts anderes, als daß es Reflexivität gibt, die weder im »Ich« noch im »Du«, sondern nur im System des »Es«, also des nicht ichhaften Seins, zu formulieren und zu fixieren ist.

Wie wir uns auch drehen und wenden mögen, wenn wir die Reflexion als reine Subjektivität, also als pure Personalität und Ichhaftigkeit, darzustellen versuchen, sehen wir uns in dem folgenden Dilemma gefangen. Interpretieren wir die Reflexion als die in sich selbst ruhende reine Innerlichkeit des Ichs, das sich dem ganzen Universum, also der Totalität allen Seins, gegenüber sieht, dann geht uns in diesem Begriff der Subjektivität die »I«-Komponente verloren. Wir besitzen dann nur das zweiwertige Teilsystem »R/D«. Fassen wir aber umgekehrt die Reflexion als das *in* der Welt seiende Ich auf, also als System I/D, dann geht uns die »R«-Komponente verloren, weil wir in dem anderen Ich dessen Existenz nicht mit dem Reflexionsprozeß identifizieren können. Die Identität des »Du« ist für uns immer dessen objektives Dasein in der Welt. Es ist nur *gedachte* Subjektivität. Der Reflexionsprozeß, oder der Denkvorgang, aber ist immer unser eigener, wie wir schon im ersten Teil dieser Betrachtung bemerkt haben. Was also in dem erlebenden Ich »R« war, tritt in dem erlebten (gedachten) Ich als »I«, also als objektives Faktum auf.

Nun stehen aber »Ich« und »Du«, wie unsere unmittelbare Erfahrung jeden belehrt, in einem Umtauschverhältnis. Für mich bin ich das »Ich«, und das andere Ich ist das »Du«. Umgekehrt aber bin ich für jedes beliebige andere Ich das »Du«, und jenes andere Ich ist für sich immer »Ich«. Wenn nun aber »Ich« und »Du« in einem generellen Umtauschverhältnis stehen, andererseits aber die Differenz zwischen beiden durch die Differenz von »I« und

»R« logisch bestimmt wird, dann müssen »I« und »R« ebenfalls ein Umtauschverhältnis konstituieren. Anders ausgedrückt: *die metaphysische Tatsache, daß wir der Subjektivität überhaupt nicht in einem einzigen universalen Ichsystem begegnen, sondern daß innerliche Ichhaftigkeit auf den Gegensatz von »Ich« und »Du« verteilt ist, fordert, daß noch ein drittes in sich reflektiertes System des Seins besteht.*

»Ich« und »Du« haben ein Gemeinsames, in dem sie sich begegnen. Das ist ihr Sein in der Welt. Das Ich, das der Tod uns entrückt hat und dem wir nicht mehr begegnen können, ist, wie der Sprachgebrauch bezeichnend und doppelsinnig sagt, »verschieden«. D. h., es ist erstens abgeschieden von einer ursprünglichen Gemeinsamkeit, und zweitens ist es verschieden von allen andern Ichen. Diese Verschiedenheit des Toten besteht darin, daß der Boden der bisherigen Kommunikation, das objektive Sein als organisches Leben, jetzt fehlt. Dieses Sein aber muß, wenn es den vermittelnden Grund zwischen »Ich« und »Du« darstellen soll, sowohl als Irreflexivität wie als Reflexion auftreten können.

Für die klassische Tradition, für die das Sein nichts als Positivität, also nur »I« war, konnte die Kommunikation zwischen der Innerlichkeit des »Ichs« und der des »Dus« nur unter der Voraussetzung konstruiert werden, daß ein universales Subjekt existierte, in dem »Ich« und »Du« sich begegnen konnten. Aber das ist nicht mehr Metaphysik, das ist – Mythologie. Immerhin war diese Idee eines »absoluten« Subjektes insofern in der zweiwertigen Ontologie gerechtfertigt, als man die informative Kommunikation zwischen zwei Subjekten als einen rein spirituellen Prozeß auffaßte, der dementsprechend auch nur in einer spirituellen Dimension vor sich gehen konnte.

Inzwischen aber hat die Kybernetik demonstriert, daß die zwischen individuellen Subjekten kommunizierbare Information eine objektive und exakt meßbare Größe ist. So wie man die Temperatur nach Graden und die räumliche Distanz nach Längeneinheiten mißt, kann man Information nach einer neuen kybernetischen Maßeinheit, einem »Hartley«, messen. Denn für einen gegebenen Informationssachverhalt ist die Maßzahl der »Hartleys« gleich dem Logarithmus von Basis 2 der Zahl der Elemente des mitzuteilenden Sachverhalts. Eine Kommunikation also, welche n zweiwertige Wahlen zwischen S Symbolen gestattet, enthält eine Informationsquantität, die durch den folgenden Ausdruck bestimmt wird:

$\text{Inf} = \log_2 n\,(S)$

Solche Messungen aber kann man nicht in einem absoluten Subjekt vornehmen. Dafür ist nur das objektive Sein geeignet. Eine Kommunikation zwischen zwei Ichen, die derart meßbar ist, muß also durch irreflexive, echt gegenständliche, Verbindungsglieder übertragen werden. Der Kommunikationsprozeß von einem erlebten Ich, das »sendet«, zu einem zweiten, das »empfängt«, setzt also das folgende Übertragungsschema voraus:

$$RP^0 \qquad \underbrace{\qquad IS \qquad}_{H} \qquad RP^1$$

Dabei soll »RP⁰« den *reflexiven* Prozeß bedeuten, durch den Information in einem Bewußtsein produziert wird. »IS« stellt den *irreflexiven* Kommunikationsvorgang dar, der die Information durch irreflexive (objektive) Symbole überträgt, und »RP¹« den reflexiven Aufnahmeprozeß, durch den der übermittelte Informationsbestand wieder in ein Bewußtseinserlebnis des Empfängers zurückverwandelt wird. Die Kommunikationsstrecke »IS« ist schließlich jener Bereich »H«, in dem die »Hartley«-Meßmethode anwendbar ist.

Wie man sieht, setzt das Schema genau das voraus, was wir durch Analyse der Verteilung von Subjektivität auf das Umtauschverhältnis von »Ich« und »Du« bereits anderweitig gefunden hatten. Nämlich, daß das System des in sich reflektierten Selbstbewußtseins und die in ihm implizierte Kommunikation zwischen zwei verschiedenen Subjekten schlechterdings nicht zu verstehen ist, solange wir nicht annehmen, daß das objektive Sein ebenfalls ein Umtauschverhältnis darstellt. Und zwar diesmal zwischen Irreflexivität und Reflexion.

Betrachten wir unter diesem Gesichtspunkt noch einmal unser Schema (H). Dasselbe beginnt an der linken Seite mit einem Reflexionsprozeß, dann folgt eine Bruchstelle, an der die Reflexion in einen irreflexiven Vorgang, den »H«-Bereich, übergeht. Dann folgt wieder eine Bruchstelle, jenseits der wieder ein »R«-Prozeß auftritt. Der Kommunikationsprozeß »Ich« und »Du« setzt also voraus, daß ein Umtauschverhältnis zwischen Irreflexivität und Reflexion existieren muß. Dieser Annahme tut unsere Tafel

(VII) Genüge, indem sie die beiden subjektiven Reflexionssysteme »R/D« und »I/D« durch das »Es«-System »I/R« zu einer dreiwertigen Logik ergänzt.

Damit dürfte die klassische Dichotomie zwischen Geist und Materie, zwischen Denken und Gedachtem, resp. zwischen Bewußtsein und Ding, endgültig widerlegt sein. Die klassische Philosophie entwickelte in selbst-vergessener Hingabe an das Objekt die Theorie eines irreflexiven, sich selbst genügsamen und ausschließlich mit sich selbst identischen Seins. Um das Problem der Reflexion kümmerte man sich in dieser Periode recht wenig. Man nahm stillschweigend an, daß die Reflexion das genaue Gegenbild des Seins sein müsse und deshalb ebenfalls sich selbst genügsam, ganz in sich beschlossen und ganz mit ihrer eigenen Innerlichkeit identisch darstellbar sei.

Aber schon der erste, sehr unzureichende, in der *Kritik der reinen Vernunft* unternommene Versuch, auf das reflektierende Bewußtsein selbst zu reflektieren, zeigte, daß diese überlieferten Vorstellungen unzureichend waren. Das erste Resultat der Kantschen Untersuchungen war, daß die klassische Logik dieser Problematik gegenüber versagte, und das zweite demonstrierte, daß die klassische Metaphysik lediglich die Ontologie einer in sich ganz leeren Irreflexivität produzierte. Die spekulativen Nachfolger Kants arbeiteten in dieser Richtung fort, aber da sie am Prinzip der Zweiwertigkeit allen exakten Denkens festzuhalten versuchten, versagten alle ihre Versuche, eine zureichende Theorie der Reflexion zu entwickeln. Zwar begriffen sowohl Fichte wie Hegel und Schelling, daß die Reflexion nicht ein abstraktes Gegenphänomen gegenüber dem Sein ist, aber sie besaßen nicht die Mittel, die ihnen bereits geläufige Einsicht, daß Reflexion nicht ausschließlich eine subjektive Variante von klassischer Existenz ist, darzustellen.

Erst mit einer dreiwertigen Logik ist es möglich, zu zeigen, daß der Reflexionsprozeß etwas ist, was nicht ausschließlich mit Subjektivität, Innerlichkeit und Ichhaftigkeit gekoppelt ist, sondern daß er ebenfalls als eine Variante von objektiver, physischer (meßbarer) Existenz auftreten muß, wenn geistiges Leben und intelligente Kommunikation von Ich zu Ich möglich sein soll.

Jener Reflexionsüberschuß, der über die subjektive Spannweite von »Ich« und »Du« hinausfließt und sich in der gegenständlichen Existenz eines dinglichen und objektiven Seins konstituiert, ist das Thema der Kybernetik. Sie ist jene Wissenschaft, die die idealistische Forderung erfüllt, daß das Absolute sich zu einem Kreise runden müsse. Es ist jener ewige Kreis, der die drei Elemente »Ich«, »Du« und »Es« enthält. Die Figur des Kreises aber impliziert, daß die ihn konstituierenden drei Momente des Absoluten einander ebenbürtig sind. D. h., zwischen Reflexion und Irreflexivität existiert kein Verhältnis von oben und unten wie zwischen göttlichem und menschlichem Bewußtsein. Diese Ebenbürtigkeit aber ist noch nicht gegeben, solange zwar »Ich« und »Du« als Reflexionen-in-sich erscheinen, das »Es« aber von dieser Existenzform ausgeschlossen ist.

Das ist das letzte Ziel der menschlichen Technik und speziell der Kybernetik, auch das objektive Sein als Reflexion-in-sich darzustellen. Zwar sagt schon die Upanisad »Tat tvam asi«, »Das bist du«; aber ein solches Wort bleibt bloße metaphysische Spekulation, solange »der Schmerz und die Arbeit des Negativen« fehlen, jenes »Das« wirklich in ein »Du« umzuwandeln. Das irreflexive, tote Ding kann der Seele nicht antworten. In dieser Fremdheit und Unansprechbarkeit des nur objektiven Seins liegt das Motiv für das Entstehen der radikalen Jenseitsreligionen in den zweiwertigen Hochkulturen von Indien bis Westeuropa. Die Seele fühlt sich von der Kälte und Unnahbarkeit einer unpersönlichen Dingwelt, die ihren Fragen und ihrem aus der Reflexion geborenen Leiden in gleichgültiger Erhabenheit gegenübersteht, für immer ausgestoßen. Durch alle Weltreligionen geht jenes Sehnsuchtmotiv, das das Kirchenlied in die Frage faßt:

> Wo findet die Seele die Heimat, die Ruh ... ?

und sich selbst in der Schlußzeile beantwortet:

> Hier ist sie nicht,
> die Heimat der Seele ist droben im Licht.

Sei es das islamische Paradies der Gläubigen, der christliche Himmel oder das buddhistische Nirvāna, immer sind es der Sinn und die Aufgabe jenes Jenseits, den Abgrund zwischen der toten Irreflexivität und der lebendigen Reflexion zu schließen. Das kann auf zweierlei Weise geschehen, entweder, indem das Tote zum Leben gebracht wird, oder, indem die Rast und Heimatlosigkeit der ewig wachen Reflexion schließlich in die Ruhe des ewigen Schlummers hinübergleiten. Die erste Lösung ist die westliche. Hier geht dem Anbruch der ewigen Seligkeit die Auferstehung der Toten voraus, die man, wo sie in ihren letzten metaphysischen Konsequenzen begriffen worden ist, immer als eine Auferstehung des Fleisches (Materie) verstanden hat.⁸ Das jüngste Gericht ist der metaphysische Prozeß, in dem das bislang tote Sein mit »Leben«, d. h. mit Reflexion, begabt wird. Das primitiv-animistische Grauen vor der Leiche beruht genau darauf, daß der Kadaver der lebendigen Reflexion nicht mehr antwortet. Der Reflexion begegnet hier gar nichts mehr. Nicht einmal ein Widerhall der eigenen Angst, weshalb sich die letztere zum Entsetzen steigert. »Do you understand, gentleman, that all the horror is just this – that there is no horror!« heißt es in einem amerikanischen Roman.⁹

Die zweite Lösung ist die östliche. Sie hat ihren Ausdruck in der Idee des parinirvāna gefunden. Letztes metaphysisches Ziel ist hier das vollkommene Erlöschen jeder Reflexion. Der »Strom« des Bewußtseins wird zum endgültigen Stillstand gebracht, und auf diese Weise wird der Gegensatz zwischen Irreflexivität und Reflexion ebenfalls aufgehoben. Die Innerlichkeit hat sich hier soweit in sich zurückgezogen, daß wir hier einer anderen Paradoxie begegnen: Diese Innerlichkeit ist keine Innerlichkeit mehr.

Beiden Lösungen ist gemeinsam, daß sie die Reflexion aus »dieser Welt« abziehen und in ein Jenseits plazieren. Eine dritte metaphysische Lösung schien bisher nicht möglich, weil unser *traditionelles* zweiwertiges Weltbild nur über zwei Transzendenzmotive, das der objektiven Sein-Transzendenz und das der subjektiven Introszendenz verfügte. Nun haben wir aber im ersten Teil unserer Betrachtungen einen dritten Transzendenzbegriff kennen gelernt, den der »mittleren« Transzendenz, die dadurch entsteht, daß Mechanismus und Seele in einer unendlichen gegenläufigen Bewegung befangen sind. Die Funktionsweise des Mechanismus kann immer bewußtseinsnäher und seelenähnlicher werden, aber das mechanische Gehirn bleibt eine Bewußtseins*analogie*! Es »ist« kein Bewußtsein in dem gleichen Sinne, wie das unsrige ontologisch »ist«. Umgekehrt kann die Seele nie vollkommen in der mechanischen Reflexion-in-Anderes aufgehen. Wieviel sie auch von sich entäußert und abgibt, sie selbst bleibt jene doppelte Reflexion, die auf ihre eigene Spiegelung im Sein herabsieht. Aber ihre Sehnsucht ist es, sich mehr und mehr in jenem Sein abzubilden, weil sie

---

⁸ So in: I. Korinther XV, 44 und 46.
⁹ Motto zu Nelson Algren, The Man With The Golden Arm, New York, 1949.

weiß, daß sie sich selbst nur auf dem Weg über jenes Andere der Irreflexivität verstehen kann.

Wir begegnen in der Kybernetik einem neuen Weltgefühl, in dem die Seele ihre Heimat nicht in einem Jenseits sucht, sondern in dieser Welt, die durch den Prozeß der Reflexion ihrer Fremdheit entkleidet und zum Abbild des Menschen umgeschmiedet werden soll. In der mit »Denken« und »Bewußtsein« begabten Maschine gestaltet der Mensch eine Analogie des eigenen Ichs. Wir definierten eine Bewußtseinsanalogie am Anfang dieses zweiten Teils unserer Betrachtungen[10] als Nachahmung eines Prototyps, wobei die Struktur des Urbilds auf einen zusätzlichen Wert projiziert wird. Diese Struktur des menschlichen Ichs ist in der Reflexion (R) gegeben. Sie ist – es ist wichtig, das zu verstehen – *nicht* im Selbst (D) darstellbar. Denn letzteres ist ja unendliche, unerreichbare Introszendenz. Im System der subjektiven Reflexion aber ist »R«, wie unsere Tafeln uns lehren, auf »D« projiziert. Diese Projektion repräsentiert »Ich«, wie wir jetzt wissen. Sie ist Reflexionsidentität. Die Komponente »I« aber ist in der reinen Subjektivität nicht enthalten. Sie gilt an dieser Stelle als zusätzlicher Wert. Gemäß unserer obigen Definition würden wir nun eine Bewußtseinsanalogie der menschlichen Subjektivität erhalten, wenn es uns gelänge, die Reflexion, die im Ich mit der Introszendenz gekoppelt ist, auf den zusätzlichen Wert »I« zu projizieren. Das System »IR« würde dann ebenso eine Bewußtseinsanalogie des Menschen darstellen, wie isoliertes »R« im zweiwertigen System (dort »Negation« genannt) in seiner unendlichen Vieldeutigkeit eine Bewußtseinsanalogie Gottes indizierte.

Daß die Reflexion in dieser Projektion ausschließlich als »Mechanismus« existiert, dafür garantieren die Eigenschaften von »I«, d. h., »IR« ist ein Reflexionssystem, das mit irreflexiven (objektiven) Mitteln arbeitet. Daß ein Reflexionssystem, *auf das* reflektiert wird, sich als präziser Mechanismus darstellt, das hat schon Fichte gewußt, dessen diesbezügliche Worte wir an das Ende unserer Betrachtungen stellen wollen:

»... die Begriffe, auf welche es in der Wissenschaftslehre ankommt, sind wirklich in allen vernünftigen Wesen wirksam, mit Notwendigkeit der Vernunft wirksam; denn auf ihre Wirksamkeit gründet sich die Möglichkeit alles Bewußtseins. Das reine Ich ... liegt allem ... Denken zugrunde, und kommt in allem ... Denken vor; indem alles

---

[10] Vgl. Seite 22 ff.

Denken nur dadurch zustande gebracht wird. *Soweit geht alles mechanisch.* Aber die soeben behauptete Notwendigkeit *einzusehen,* dieses Denken wieder zu denken, liegt nicht im Mechanismus; dazu bedarf es der Erhebung durch Freiheit zu einer ganz anderen Sphäre, in deren Besitz wir nicht unmittelbar durch unser Dasein versetzt werden.«[11]

---

[11] J. G. Fichte, Zweite Einleitung in die Wissenschaftslehre von 1797, Absch. 10. Phil. Bibliothek Bd. 239 (Meiner, 1954). Die Kursivierungen sind von uns.

III. Teil
Idealismus, Materialismus und Kybernetik

Jener Teil der Bewußtseins- und Geistesgeschichte des Menschen, der sich in den letzten Jahrtausenden abgespielt hat, besitzt zwei sehr eigentümliche Eigenschaften, durch die er sich von der seelischen Entwicklung der menschlichen Rasse in den sogenannten vorgeschichtlichen Frühkulturen abhebt. Erstens verläuft die Entwicklung in den jüngst vergangenen Millennien in regional einigermaßen getrennten, scharf markierten und parallel verlaufenden Hochkulturen, von denen Indien, China, Griechenland und zuletzt Westeuropa Beispiele geben. Zweitens aber spielt sich die Entwicklung und Abklärung des Bewußtseins in jeder dieser Hochkulturen auf dem Boden eines ausgeprägten Dualismus von Seele und Welt ab, in dem das Ich des Individuums sich mit der Kontingenz des Seins, durch die es sich ewig bedroht fühlt, auseinanderzusetzen hat. »Daß sich vor einem Mikrokosmos ein Makrokosmos auftut, weit, übermächtig, ein Abgrund von fremden, lichtüberstrahltem Sein und Treiben, das läßt das kleine einsame Selbst scheu in sich zurückweichen.« (O. Spengler)

Wir können keine besseren Worte finden als die des Autors des »Unterganges des Abendlandes«, um jene seelische Situation zu beschreiben, in der »bis jetzt jede Kultur zum Bewußtsein ihrer selbst kam«. Dieses urphänomenale, das reflektierende Ich bis ins Tiefste erschütternde Erlebnis eines nicht auslotbaren Abgrundes zwischen seiner Subjektivität und der Objektivität des Seins hat überall ein in seinem letzten Kern dualistisches (zweiwertiges) Weltbild produziert, dessen gedankliche Erfassung sich auf die vielfältigste Weise geäußert hat. In China begegnen wir dem Gegensatz von Yin und Yang, und es ist bezeichnend, daß das sonst so sehr auf Versöhnung der Gegensätze angelegte konfuzianische System eine Vereinigung der beiden Weltprinzipien in einer höheren Einheit nie versucht hat.[1] Was Indien anbetrifft, so braucht man nur auf das Sāmkhya-System und seinen unversöhnbaren Ge-

---

[1] Vgl. E. A. Krause, Ju-Tao-Fo, München 1924, S. 27.

gensatz von prakriti (Urmaterie) und purusha (Seele) hinzuweisen. Höchst bezeichnend ist, daß die Theorie des Yoga, dieser ureigensten Schöpfung Indiens, ihre philosophischen Grundlagen dem radikalen Dualismus des Sāmkhya entnimmt.[2] Es erübrigt sich, auf weitere Dualismen wie die von Ahriman und Ahuramazda oder die neueren von bewußten und räumlichen Substanzen (Descartes) oder die von Freiheit und Notwendigkeit (Kant) näher einzugehen. Über diese Dualismen wölben sich in allen Kulturen die großen Systeme, in denen das Denken immer wieder neue Anläufe nimmt, den metaphysischen Riß, der sich durch alle Wirklichkeit zieht, in großartigen, aber vergeblichen Systemen zu überbrücken. Aber schon bei Plato ist die Aussichtslosigkeit solcher Versuche, auf dem Boden einer zweiwertigen Logik ein monistisches Weltbild zu konstruieren, deutlich sichtbar. Ein »Zug zum Transzendenten«, eine »Verstärkung der dualistischen Weltauffassung, des Glaubens an ein positiv Böses in der Welt des Irdischen charakterisiert die platonische Spätphilosophie«.[3] Aber selbst dort, wo wie in der Mystik oder etwa in der eleatischen Philosophie (Parmenides) das Bewußtsein in rücksichtsloser Konsequenz über den dualistischen Charakter seiner Erlebnismotive auf jenes letzte plotinische All-Eine zustrebt, das wie ein heiliges Feuer hinter dem bunten Transparent des irdischen Farben- und Gestaltenwandels zu glühen scheint, selbst dort erweist sich die unüberwindliche Stärke des Dualismus. Indem man ihn aufgibt, gibt man auch die ganze Wirklichkeit auf. Es ist überflüssig, von der Weltabgewandtheit der Mystik zu reden. Aber auch die eleatische Philosophie führt zum Akosmismus: »In dem All-Einen ist die Mannigfaltigkeit der Dinge untergegangen.«[4] Die Reflexion kann den Weg zur Zwei (und Mehr-)Wertigkeit, den sie einmal angetreten hat, nicht rückwärts beschreiten. Wo sie es, irregeleitet, doch versucht, dort verliert sie die Fülle der Welt und begegnet nur noch ihrer eigenen Leere. Man soll auch nicht vergessen, daß jedes Streben nach begrifflicher Einheit unbedingt voraussetzt, daß ein logisches Prius der Dualität (oder generell Vielheit) besteht. Das Denken kann sich nicht um eine Synthese bemühen, wenn ihm nicht Mehrheit, die zusammengebracht werden soll, vorgegeben ist.

Nun zeigt die Entwicklung des wissenschaftlichen Denkens

---

[2] Siehe Otto Strauss, Indische Philosophie, München 1925, S. 178.
[3] Ernst von Aster, Geschichte der Philosophie, Leipzig 1935, S. 75.
[4] W. Windelband, Geschichte der Philosophie, Tübingen 1928, S. 32.

seit den Griechen bis zu Hegel eine deutliche Vertiefung und Verschärfung des dualistischen Denkens. Ein modernes Beispiel ist der Gegensatz zwischen Natur- und Geisteswissenschaften. In der Hegelschen Philosophie – als der endgültigen Überschau über den Weg des Geistes – überschlägt sich diese Entwicklung schließlich und führt zu einer gänzlich neuen Fragestellung. Es wird nämlich immer klarer, daß der ursprüngliche, einfache dualistische Gegensatz von zwei weder aufeinander, noch auf ein Drittes zurückführbaren Wirklichkeitskomponenten keineswegs eine simple kontradiktorische Struktur hat. Er stellt sich in der logischen Analyse als hochkompliziert heraus. Man entdeckt, daß zwei sehr verschiedenartige Dualismen ineinander spielen und daß sich aus ihnen ein fast unentwirrbares Gewebe von Reflexionsbeziehungen ergibt. Der erste Dualismus ist der Dualismus der Bewußtseinsinhalte und der zweite manifestiert sich als Dualismus der Reflexionsprozesse, der die Inhalte manipuliert.

In beiden Fällen handelt es sich um elementare und ohne weiteres einsichtige Sachverhalte. Erst ihr Zusammenwirken bürdet dem Denken fast unüberwindliche Schwierigkeiten auf. Der Dualismus der Inhalte beruht darauf, daß unser Bewußtsein schlechterdings keinen eindeutig bestimmten, mit sich selbst identischen, gegenständlichen Bewußtseinsinhalt haben kann, es sei denn, daß wir ihn von allen andern möglichen Inhalten (bzw. dem Inbegriff von Inhalten) unterscheiden können. Diese Unterscheidung trennt das Eine vom Andern. Damit ist der Inhaltsdualismus etabliert. Etwas denken und sich in dualistisch aufteilbaren Konzeptionen bewegen sind Synonyma.

Die zweite Form des Dualismus kommt dadurch zustande, daß die Reflexion uns ewig die Wahl zwischen der monistischen und der dualistischen Denkform anbietet und daß, wie die bisherige Geschichte der Philosophie zeigt, wir unfähig sind, uns endgültig für die eine oder die andere zu entscheiden. Es gehört nämlich zu den fundamentalen Eigenschaften der Reflexion, daß sie sich von ihren eigenen Entscheidungsvollzügen ablösen und sie bezweifeln kann. Diese skeptische Ablösungsfähigkeit ist so sehr in ihrem tiefsten Wesen verankert, daß Descartes glaubte, aus ihr die metaphysische Realität des Subjekts ableiten zu können. Denn wenn wir auch an allem zweifeln, an der Tatsache, daß wir zweifeln, daran ist kein Zweifel möglich. Dubito, ergo sum, vel quod idem est: cogito, ergo sum.[5]

---

[5] Vgl. Heinrich Scholz, Mathesis Universalis, Basel 1961, S. 86.

Um die Unterscheidung zwischen den beiden Dualitäten ganz scharf herauszustellen, wollen wir sie durch ein einfaches Buchstabenschema darstellen. Es muß aber ausdrücklich bemerkt werden, daß demselben nicht die geringste Beweiskraft zukommt. Es soll lediglich zur Illustration dienen. Wir verwenden für zwei beliebige Bewußtseins*inhalte,* die deutlich voneinander unterschieden werden können, die kleinen Buchstaben a und b. Für Bewußtseins*prozesse* aber sollen die großen Buchstaben verwendet werden. Ein Vertikalstrich soll jedesmal die dualistische Trennung andeuten. Der erste Dualismus hat dann die einfache Gestalt:

a | b

während der zweite als:

A | B

angeschrieben werden muß. Im ersten Fall ist die Dualität symmetrisch; im zweiten ist sie es nicht. Die Entscheidung für einen Bewußtseins*inhalt* schließt den andern total aus. Nur in einem solchen unbedingten Ausschluß eines Andern ist ein Gegenständliches völlig identisch mit sich selbst. Anders liegen die Dinge, wenn wir zwei Bewußtseins*prozesse* zu unterscheiden suchen. In diesem Fall beruht die Trennung auf einer Verschiedenheit der Erlebnisakte und die Dualität und Dichotomie ergibt sich aus dem Umstande, daß das, was erlebt wird, entweder eindeutig oder nicht eindeutig erfahren wird. Die einfachste Form der Mehrdeutigkeit ist selbstverständlich Doppeldeutigkeit. Der erste Dualismus betrifft also die einfache unmittelbare und »objektive« Unterscheidung zwischen dem einen und dem anderen, während der zweite sich auf den Gegensatz zwischen Eindeutigkeit und Doppeldeutigkeit bezieht. Der Monismus ist, bewußtseinstheoretisch betrachtet, eine Reduktion des Weltbildes auf Einsinnigkeit, während der Dualismus auch noch die letzten sich auf das »Absolute« beziehenden Kategorien als doppelsinnig deklariert. Die beiden Dualismen, mit denen das klassische Denken zu rechnen hat, sind also Dualismus des *Seins* und Dualismus des *Sinns.* Und der zweite schließt als volles Reflexionsphänomen seinen eigenen Gegensatz, den Monismus, ein.

Eine Möglichkeit, die Hegelsche Logik zu interpretieren, beruht darauf, daß man sie als ein progressives Ineinanderspiel dieser beiden Dualitäten auffaßt. Die Dialektik des Hegelschen Systems erscheint dann als ein Prozeß, in dem eine *dritte,* in der Dimension der Zeit zerdehnte Dualität, nämlich die zwischen (erster) Inhaltsdualität und (zweiter) Formdualität, hergestellt wird. Aus diesem Grunde ist die Logik Hegels, trotz gelegentlichem gegenteiligen Anschein, immer noch strikt zweiwertig – wenn wir die Maßstäbe eines logischen Formalismus an sie anlegen. In der *Phänomenologie des Geistes* mündet die bisherige Bewußtseinsgeschichte des Menschen in ihrem eigenen Reflexionsbild. Und damit nimmt das menschliche Bewußtsein teils wissentlich, teils unwissentlich von dieser Geschichte Abschied. Seit Hegel (und Schelling) kann nicht mehr auf dem bisherigen (klassisch-zweiwertigen) Boden der Reflexion philosophiert werden. Der deutsche Idealismus hat ein mehrtausendjähriges Reflexionsverhalten, in dem der Mensch glaubte, ein eindeutiges Verhältnis zur Welt zu besitzen, zu seinem Ende gebracht.

Jener Glaube ruhte auf der immer neu geborenen Hoffnung, daß zwischen den alternativen Seiten einer Dualität die Möglichkeit einer echten Entscheidung bestünde, in der die praktische Richtigkeit des Handelns ganz mit der theoretischen Wahrheit des Denkens zusammenfallen würde. Weniger präzis, aber einfacher gesagt: die Geistesgeschichte aller regionalen Hochkulturen, die der Mensch hervorgebracht hat, beruht auf der selbstverständlichen Voraussetzung, daß von zwei kontradiktorischen Weltbildern das eine die absolute und endgültige Wahrheit über die Wirklichkeit »an sich« repräsentieren muß. Und selbst wenn wir diese Wahrheit nie finden sollten, so ist es doch sinnvoll und unsere moralische Aufgabe, nach ihr zu suchen.

Es ist unmöglich geworden, sich zu diesem Glauben auch heute noch zu bekennen, nachdem der transzendental-spekulative Idealismus und besonders Hegel gezeigt haben, wie kontradiktorische Motive der philosophischen Wirklichkeitsdeutung sich gegenseitig stützend ineinandergreifen und sich dialektisch aufeinander beziehen und daß keines reflexionstheoretisch ohne seine totale Negation bestehen und sich im Bewußtsein halten kann. Wir sollten heute endlich wissen, daß das geistige Spiel mit praktischen Weltanschauungen, die sich in der unaufgelösten Antithese von radikalem Materialismus einerseits und ebenso konsequentem Idealismus andererseits bewegt, zu Ende ist. Und daß auch das sich existentialistisch In-der-Schwebe-Halten zwischen beiden Polen keinen Ausweg zeigt. Das alles ist heute nur noch verantwortungslose Tändelei eines unverbindlichen Reflexionsprozesses, der sich von leeren Abstraktionen nährt. Es ist kein Zufall, daß in der Hegelschen Philosophie der Prozeß der Reflexion nicht als ein subjektives Bildermachen, sondern als objektiver und unvermeidlicher Realprozeß der Welt verstanden wird. Der Gegensatz von Subjekt und Objekt, von Gedanke und Ding, von Sinn und Sein, von Form und Stoff – kurz alle Dualitäten sollen in dieser Bewegung aufgehoben werden.

Um so merkwürdiger – und beschämender! – ist es, daß die sich an Hegel anschließenden philosophischen Schulen, in dualistische Denkgewohnheiten zurückfallend, sein System in einen »rechten« und einen »linken« Hegel aufbrachen. An diesem Gegensatz krankt das philosophische Denken noch heute, und wenn sich in letzter Zeit eine Wandlung anzeigt, so ist sie nicht den Fachphilosophen, sondern den Kybernetikern zu danken. In der Kybernetik wird nämlich endlich einmal mit der Idee Hegels, daß die Reflexion wesentlich ein *Real*prozeß ist, ernst gemacht, wenn systematisch versucht wird, Bewußtseinsprozesse in Analogieform auf Maschinen zu übertragen. Jenem Reflexionsprozeß, der Reservatrechte für sich in Anspruch nahm, indem er sich als »subjektives« Denken von der Welt absonderte und in selbsterzeugten (autonomen) Formen schwelgte, werden diese Rechte nicht mehr zugestanden. Die Kybernetik weigert dem klassischen Hiatus zwischen Denken und Sein ebenso ihre Anerkennung, wie sie denjenigen zwischen einer mechanistischen und vitalistischen Interpretation von Naturvorgängen auf dem Boden ihrer Begriffsbildung als sinnlos erklärt.

Die Folge davon ist, daß auch die letzte heute noch wirksame Antithese des dualistischen Denkens unwiderruflich zum Verschwinden verurteilt ist. Es handelt sich um den philosophischen Gegensatz von objektivem Idealismus und dialektischem Materialismus. In diesem Gegensatz manifestieren sich zwei Letzt-Orientierungen des theoretischen sowohl als des praktischen Bewußtseins, von denen aus der Mensch in allen regionalen Hochkulturen immer wieder die Lösung der ihn bedrängenden Probleme angegangen hat.

Wenn wir die Antithese als die von *objektivem* Idealismus und *dialektischem* Materialismus bezeichnen, so weist der Gebrauch der Adjektive bereits darauf hin, daß dieser Gegensatz eine Geschichte besitzt, in der er als hochreflektiertes Resultat einer langen Entwicklung erscheint. Es ist unmöglich, in dem engen Rahmen dieser anderen Zwecken gewidmeten Darstellung darauf einzugehen. Nur ein flüchtiger Hinweis sei erlaubt. Man kann mit einigem

Recht Platons Idealismus bereits als objektiven bezeichnen. Die Doppeldeutigkeit des Terminus εἶδος weist darauf hin: trotz (von Hegel beklagten) Rückfällen[6] in die »negative« Dialektik eines nur subjektiven Idealismus beruht der esoterische Kern seiner Lehre auf der »spekulativen« und »objektiven« Dialektik, die das logische Rückgrat des objektiven Idealismus ist. Es ist indessen kaum möglich, den frühen Materialismus bereits als dialektischen anzusprechen – weder das indische Lokāyata-System (Cārvāka) noch Demokrit. Die Gewinnung des dialektischen Standpunktes für den Materialismus setzt eine viel höhere Reflexionskraft des Denkens voraus, als sie frühen Stadien des Geistes eigen ist.

Man kann unter diesen Umständen die Geschichte der Reflexion im Abendlande – speziell im Hinblick auf die Entwicklung der Naturwissenschaften – als einen Prozeß betrachten, in dem sich die unsymmetrische Verteilung der reflexiven Akzente des Denkens allmählich ausgleicht. Der Idealismus gewinnt bis zu seinem Endprodukt in Hegels Theorie des objektiven Geistes immer mehr an gegenständlicher Seinsthematik. Er verliert immer mehr an abstrakter Idealität und nimmt »materielle« Wirklichkeitszüge an. Umgekehrt vergeistigt sich der ältere Materiebegriff immer mehr. Er wird »dialektisch«. Der vordialektische Materiebegriff gehört, wie Hegel sagt, einer »ungebildeten Reflexion« an. Das Thema der Wissenschaft ist, »daß das an und für sich Seiende gewußter Begriff, der Begriff als solcher aber das an und für sich Seiende ist«.[7] Daraus aber folgt, wie es einige Zeilen weiter heißt, daß die »Materie vielmehr der reine Gedanke, somit die absolute Form selbst ist«. Es überrascht darum auch nicht, wenn Hegel an anderer Stelle von der »Gediegenheit« der Materie spricht.

Der Unterschied zwischen dem älteren Materiebegriff und dem einer transzendentalen Dialektik ist subtil, aber von enormem metaphysischen Gewicht. Für die klassische Tradition besteht eine ganz klare Ungleichheit zwischen Form und Materie. Die Materie als solche besitzt keine Wirklichkeit sui generis. Sie ist bloße Möglichkeit, Potentialität (δυνάμει ὄν). »Nie existiert ein Stoff ohne alle Form, wohl dagegen ein selbständiges Formprinzip.«[8] Denn die Hierarchie der Materialitäts- und Formstufen gipfelt schließlich in der aristotelischen νόησις νοήσεως, d. h. Form der

---

[6] Vgl. Hegel (Glockner) XVIII, S. 226. Siehe auch W. Windelband, Loc. cit. S. 97.
[7] Hegel, (Meiner) III, S. 30 f. (1923).
[8] K. Vorländer, Geschichte der Philosophie, Leipzig 1919, S. 129.

Form, die ganz auf sich selbst steht und die die Materialität nicht mehr als Stütze ihres absoluten Seins braucht. Zutreffend sagt E. v. Aster von diesem absoluten und göttlichen Seinsgrund: »Als ewig, unbewegt und unveränderlich ist es reine Form ohne Materie.«[9] Der ältere klassische Materiebegriff, der auch heute noch in der Form des undialektischen Vulgärmaterialismus sein Wesen treibt, zeichnet sich also dadurch aus, daß der Materie die Fähigkeit zur Selbstreflexion abgesprochen wird. Weil sie selbst keine Reflexion hat, kann sie sich in der reinen Form nicht mehr behaupten. Sie ist vorübergehendes Mittel in dem Prozeß, in dem das Sein sich seiner totalen Realität bemächtigt hat, und bevor die letzte Stufe in der Selbstverwirklichung der Welt erreicht ist, tritt die Materie vom metaphysischen Schauplatz des Geschehens ab. Sie war ja nie im eschatologischen Sinn wirklich, weil sie sich nach Ansicht der älteren Autoren nicht selbst zum Inhalt haben konnte. Sie war nur der knetbare Stoff für die allmächtige Form. Von der Form aber galt, daß sie als Form der Form sich selbst auch als Inhalt besaß. Form bedeutete Spontaneität, Macht und Licht, Stoff aber war gleichbedeutend mit Passivität, Ohnmacht und Finsternis. Für die klassische Tradition des Denkens stand die metaphysische Unebenbürtigkeit von Form und Stoff ganz außer Frage.

Mit Hegel aber setzt sich endgültig der dialektische Materiebegriff durch. Zwar beginnt die Große Logik noch mit dem Begriff des »reflexionslosen Seins«[10], aber das Denken stößt sich sofort von ihm ab, weil er sich in der Reflexion als völlige Unbestimmtheit – Hegel sagt als »das reine Nichts« – ausweist. In einer solchen Bestimmungs- und Inhaltslosigkeit kann sich das Bewußtsein nicht halten, weil es zu seiner Selbstkonstitution immer ein bestimmtes Etwas als »das Andere« braucht, das es als Inhalt faßt. Nun verbirgt sich hinter der Formel Sein = Nichts die klassische Konzeption der Materie. Die handgreifliche Materialität des Seins, d. h. das Seiende als Einzelnes, hat nur ein empirisch-vorläufiges Dasein. Metaphysisch betrachtet ist die Materie wesentlich Nichts. Abgesehen von ihrer trügerischen Vordergrundsexistenz ist sie māyā (Indien) oder das Böse (Plotin). In jedem Fall aber Negation.

Das sind alles noch naive Seinsurteile (Hegel spricht von »unmittelbarer Reflexion«), mit denen sich das Denken dem metaphysischen Problem der Materialität nähert. Sein wird hier ganz

[9] Loc. cit., S. 87.
[10] Hegel (Meiner 1923) III, S. 66.

unbefangen mit der dem Denken vorgelagerten unabhängigen Objektivität gleichgesetzt. Diese Gleichsetzung aber zwingt zu einer *Entscheidung*. Objektivität ist objektiv nur kraft ihrer Eindeutigkeit und sich selbst genügsamen, reflexions*freien* Identität. Nun ist die Formel Sein = Nichts aber doppeldeutig! Und Doppeldeutigkeit meint Reflexion. *Diese* Reflexion muß also abgeschnitten bzw. stillgelegt werden (Hegel sagt »fixiert«), wenn sich das Bewußtsein des Sinnerlebnisses »Sein« bemächtigen will. Die Doppeldeutigkeit der heterologischen Formel Sein = Nichts, in der Sein als Universalprädikat von Nichts oder umgekehrt Nichts als Universalprädikat von Sein auftreten kann, wird deshalb durch die Tautologie Sein = Sein ersetzt.

Für jene noch nicht stillgelegte Reflexion ist nur die heterologische Formel interessant. An ihr kann sich das seine Gedankenbilder spinnende kontemplative Denken weiter bewegen. Aber die Reflexivität des Menschen manifestiert sich nicht nur als die stille Ideenwelt der Kontemplation. Sie setzt sich auch in Willen und die aus ihm folgende Handlung um. Es ist ersichtlich, daß der Wille mit der Formel Sein = Nichts ebensowenig anfangen kann wie die Kontemplation mit der Tautologie Sein = Sein, durch die sie stillgelegt wird. Man kann nicht handeln, wenn das Sein unter den Händen in Nichts zerfließt. Das mit seinen eigenen Begriffen spielende Denken mag an der Realität der Dinge zweifeln und ihr materielles Sein mag ihm als Trugbild erscheinen. Der Wille läßt sich dadurch nicht beirren. Sein handelnder Zugriff bestätigt ihm unmittelbar, daß die Dinge »da« sind und daß sich das Sein ganz im Seienden erfüllt.

Da nun aber die Reflexion beides ist, sowohl stilles Abbild (mit tiefer Doppeldeutigkeit der Relation zwischen Bild und Abgebildetem) als auch lebhafte Motorik des Bewußtseins als Wille, verfällt das klassische Denken durch seine ganze Geschichte hindurch immer wieder dem Schicksal, sich für einen der möglichen beiden Aspekte der Reflexion – den abbildenden oder den motorischen – entscheiden zu müssen. Und es muß sich entscheiden, weil es zweiwertig denkt! Es kann nicht beide Formeln gleichzeitig akzeptieren. Sie stellen absolute Kontradiktionen dar. Das folgende Schema illustriert diese für die klassische Bewußtseinslage des Menschen maßgebliche Situation:

Bewußtsein { Kontemplation   Sein = Nichts   Dualismus
             Handlung   Sein = Sein   Monismus

So schwankt die Geistesgeschichte des sich in seinem Dasein orientierenden Menschen in allen Hochkulturen zwischen einer Zweiweltentheorie von Diesseits und Jenseits und einem ontologischen Monismus hin und her. Je subtiler das Denken wird, desto mehr verschlingen sich die beiden Motive in einer praktisch unendlichen Mannigfaltigkeit von vorläufigen Lösungen. Die ursprünglich klaren Konturen der metaphysischen Orientierung gehen verloren und das Ende ist geistige Anarchie und Direktionslosigkeit eines Denkens, das längst vergessen hat, wo es eigentlich hinwollte. Ein Beispiel dafür ist die philosophische Theorie des Vedānta, die zwischen dem radikalen Monismus (advaita-Lehre) eines Gaudapāda oder sámkara und dem »klaren Pluralismus«[11] des Vishnuiten Madhva unentschieden hin und her schwankt. Es erübrigt sich, auf unsere Gegenwart und das Chaos des zeitgenössischen Denkens hinzuweisen, das gerade in den originalsten philosophischen Konzeptionen des zwanzigsten Jahrhunderts zu einem katastrophalen Verlust an Wissenschaftscharakter in der Philosophie geführt hat.

Demgegenüber verhält es sich mit Hegel nun so. Seine Philosophie erscheint inhaltlich als ein großartiges Résumé der bisherigen Geschichte des menschlichen Geistes auf der bis dato erreichten Bewußtseinsstufe der Reflexion. Systematisch aber muß es als ein erster konsequenter Versuch gedeutet werden, im theoretischen Denken den Schwebezustand des Reflektierens zwischen konkurrierenden fixierten Systemen permanent aufrecht zu erhalten. Bezeichnenderweise ist bei Hegel keine metaphysische Konzeption »falsch«. Sie ist immer nur »einseitig«. Aber im Rahmen einer solchen Einseitigkeit ist sie wahr bzw. ein Moment am Wahren. Daß Hegel seine Absicht, die Reflexion als lebendigen Prozeß, unabhängig von ihrer Fixierung an ein bestimmtes Objekt, zum Ausgangspunkt seines Denkens zu machen, nicht geglückt ist, zeigt der Streit der sich befehdenden Hegelschulen. Die gegensätzliche Interpretation seines Systems als objektiver Idealismus und dialektischer Materialismus ist ausreichendes Zeugnis dafür, daß die Vertreter beider Deutungen die Aufhebung der klassischen Asymmetrie von Form und Stoff in Hegels Dialektik übersehen. Hegel ist selber nicht ganz unschuldig an diesem Mißverständnis, dem

[11] Otto Strauss, loc. cit., S. 251.

seine Nachfolger zum Opfer gefallen sind. Wenn er das Ziel des dialektischen Weltprozesses als das Zusichselbstkommen des absoluten Geistes beschreibt, so ist das zweifellos idealistische Terminologie. Und es nützt auch nicht viel, wenn man den Terminus dadurch etwas mildert, daß man das Wörtchen »objektiv« hinzufügt. Ein objektiver Idealismus bleibt immer noch Idealismus. Und als solcher repräsentiert er eine einseitige Stellungnahme dem Reflexionsphänomen gegenüber. Gewisse Eigenschaften der Reflexion werden a priori bevorzugt, obgleich gerade das die fundamentale Eigenschaft der Reflexion ist, daß sie sich jeder Festlegung und einseitigen Stellungnahme entzieht. Parteinahme für eine oder die andere Eigenschaft der Reflexion bedeutet einen Rückfall in den klassischen Standpunkt des Denkens. Man setzt stillschweigend eine Asymmetrie von Form und Stoff voraus. Der Anfang der Hegelschen Logik zeigt aber ganz deutlich, daß er von einer peinlichen Symmetrie der beiden ausgeht. Sein und Nichts sind Leerstellen für den Gegensatz von Subjekt und Objekt. Als solche stellen sie ein reines abstraktes Umtauschverhältnis dar. Nun ist es die Eigenschaft eines jeden Umtauschverhältnisses, weder der einen noch der anderen Seite auch nur den geringsten Vorzug zu geben. Denn tut man das, so hat man das Umtauschverhältnis sofort verloren und an seine Stelle ein unsymmetrisches Proportionsverhältnis gesetzt. Die bedingungslose Vertauschbarkeit der Eigenschaften beider Seiten eines Umtauschverhältnisses bedeutet also, daß unter gegebenen Umständen diese Eigenschaften zwar verschieden erscheinen können, daß sie aber im Grunde genommen identisch sind. Würde man versuchen, in einem Umtauschverhältnis den beiden Seiten verschiedene Eigenschaften zuzuschreiben, dann wäre es der Reflexion unmöglich, die Symmetrierelation zwischen ihnen aufrechtzuerhalten. Aus diesem Grunde betont Hegel am Anfang der Großen Logik mit peinlicher Genauigkeit, daß Sein-überhaupt und Nichts-überhaupt keinerlei Eigenschaften haben, außer eben der, in einem Umtauschverhältnis zu stehen. Bezeichnenderweise sagt Hegel vom Sein: »Es ist die reine Unbestimmtheit und Leere.« Und vom Nichts bemerkt er, daß es »vollkommene Leerheit, Bestimmungs- und Inhaltslosigkeit, Ununterschiedenheit in ihm selbst« ist.[12] Das sicherste Mittel, sich davor zu schützen, daß man beiden Seiten eines Umtauschverhältnisses verschiedene Eigenschaften zuspricht, ist selbstverständlich,

---

[12] Hegel (Meiner 1923) III, S. 66.

beide Seiten als völlig eigenschaftslos zu betrachten. Und genau das ist es, was Hegel tut, wenn er bündig erklärt: »Das Sein, das unbestimmte, unmittelbare ist in der Tat *Nichts,* und nicht mehr noch weniger als Nichts.«[13] Die theologische Maxime, daß vor Gott alle Seelen gleich sind, hat dementsprechend für den Reflexionstheoretiker die rein formale Bedeutung, daß zwischen Subjektivität per se als Ich und Subjektivität per se als Du ein reines Umtauschverhältnis besteht. Im Angesichte Gottes ist also keine Seele »besser« als die andere. Damit sollte klar sein, daß das Verhältnis von Seele zu Seele kein Proportionsverhältnis ist.

Es scheint ein langweiliges Geschäft zu sein, sich mit diesen elementaren Grundbegriffen alles Bewußtseins zu befassen und in Gedanken durch jene primordiale Finsternis zu wandeln, in der Gott sein »Es werde Licht« noch nicht gesprochen hatte. Tatsächlich aber ergeben sich aus den obigen abstrakten Analysen die aufregendsten Konsequenzen für unser Weltbild. Denn wenn Sein und Nichts als Leerstellen für Subjekt-überhaupt und Objekt-überhaupt, und damit auch für Form und Stoff, ein Umtauschverhältnis bilden, dann geht die Hegelsche Logik von einer vollkommenen metaphysischen Äquivalenz von Geist und Materie aus! D. h. wir dürfen nicht mehr sagen, daß die Form eine tiefere metaphysische Wurzel hat als der Stoff, weil sie sich selbst zum Inhalt haben kann. Das war die alte klassische Position, wie wir noch einmal erinnern wollen. Dem Stoff oder der Materialität konnte eine Gleichrangigkeit mit der Form nicht zugebilligt werden, weil unser Denken sich in einen unlösbaren Widerspruch verwickelt, wenn es die Idee eines Stoffes, der sich selbst zum Inhalt hat, zu fassen sucht. Die Kühnheit Hegels besteht nun darin, daß er die dem Denken vorangehende, sich als Materialität manifestierende Gegenständlichkeit des Seins selbst als Reflexion auffaßt. Stoff und Form sind bei ihm einander vollkommen ebenbürtig (wenigstens soweit die Grundlage der Dialektik in Frage kommt). Sie sind logisch dasselbe. Reflexion und Irreflexivität bilden ein reines Umtauschverhältnis.

Das bedeutet, daß es ganz gleichgültig ist, ob wir sagen: »die Materie hat die Eigenschaft der Reflexion« (dialektischer Materialismus) oder ob wir formulieren: »der Geist hat die Eigenschaft der Materialität« (objektiver Idealismus). Wir glauben zwar zutiefst, daß zwischen diesen beiden Aussagen ein äußerst wesentlicher

---

[13] loc. cit., S. 67.

und fundamentaler Unterschied besteht. Aber dieser Unterschied drängt sich uns nur auf, weil, wenn *wir* reflektieren, die Reflexion in ein individuelles Bewußtsein, ein Ich, eingeschlossen ist. Ichsein bedeutet Partei gegen die Welt genommen haben, die man als das Andere, als den Inbegriff des Objektbereichs von der eigenen Subjektivität abstößt. Die Tatsache, daß wir nicht anders können, steht zweifellos fest; denn anders können bedeutet ja, das eigene Ich aufgeben, was sinnvoll nicht erwartet werden kann. Wenn aber, wie Hegel sagt, die ganze Welt und ihre Geschichte von Anbeginn Selbstreflexion ist, dann sind wir offenkundig nicht berechtigt, unsern einseitigen und parteiischen Reflexionszustand als logischen Maßstab für ein Weltbild zu nehmen, das dem Wesen der Wirklichkeit gerecht werden will. So sehr es uns auch treibt, Partei für ein bestimmtes Weltbild zu nehmen und es als »wissenschaftlich fundiert« auszugeben, wir betrügen uns dabei nur selbst.

Welche Gestalt eine zukünftige Weltanschauung haben mag, in der wir fähig sind, auf den Reflexionszwang, dem wir unterliegen, souverän herabzublicken, wissen wir nicht. Hegel hat einen Versuch in dieser Richtung unternommen; er sagt von seiner Logik, daß ihr Inhalt nicht die Gesetze menschlichen Denkens beschreibe, sondern *»die Darstellung Gottes«* sei, *»wie er in seinem ewigen Wesen vor der Erschaffung der Natur und eines endlichen Geistes ist«*.[14] Das ist keineswegs Blasphemie. Die Hegelschen Worte drücken lediglich den nüchternen Tatbestand aus, daß er einen Versuch macht, den Reflexionsprozeß, den wir als Denken erleben, unabhängig vom Standpunkt eines erlebenden individuellen Subjekts, eines »endlichen Geistes«, zu beschreiben. Man darf sagen, daß es heute äußerst fraglich geworden ist, ob dieses Unternehmen mit den Hegelschen Methoden allein wirklich durchführbar ist – wenn man vorerst überhaupt einmal unterstellt, daß es als eine im Bereich des Möglichen liegende Aufgabe angesehen werden kann. Es ist offensichtlich, daß, wenn der Mensch sich an ein so gigantisches Projekt macht, er die Isolierung seiner privaten Subjektivität aufgeben muß. Denn diese ist es ja, die ihn – auch gerade bei der Entwicklung seiner Logik – in jenen einseitigen Aspekt der Reflexion hineintreibt, die allem bisherigen Philosophieren zum Verhängnis geworden ist. Wie aber ist es möglich, diese Isolierung aufzugeben? Ein interessantes epistemologisches Problem gibt uns einen Hinweis, nämlich die Inkommensurabi-

[14] Hegel (Meiner 1923) III, S. 31.

lität von Denken und Handeln als Verbindungsglieder zwischen unserer Subjektivität und der Welt. Wer auch nur eine flüchtige Kenntnis von der Geschichte der Philosophie besitzt, ist mit dem essentiellen Skeptizismus des reflektierenden Denkens vertraut. Wo immer sich die Reflexion mit der Welt beschäftigt, geht sie unvermeidlich denselben Gang. Das naive Bewußtsein glaubt, daß seine Erlebnisbilder die Objekte so abzeichnen wie sie sind. Im nächsten Schritt kommt dann die Reflexion zu dem Ergebnis: unsere Vorstellungen stimmen mit dem Vorgestellten in gewissen Bestimmungen überein, in anderen nicht (Theorie der primären und sekundären Sinnesqualitäten). Auf der folgenden Stufe wird dann die Idee eines Übereinstimmungsverhältnisses überhaupt abgelehnt, und man spricht von Form und zu formendem Material – »die Gegenstände müssen sich nach unserer Erkenntnis richten«, wie es in der Vorrede zur zweiten Auflage der *Kritik der reinen Vernunft* heißt. Von da ist es dann nur noch ein Schritt zur Leugnung eines bewußtseinsunabhängigen Dinges an sich. Dieser Zweifel an der Realität der Außenwelt ist eine konstitutionelle Eigenschaft der in ein subjektives Bewußtsein eingeschlossenen Reflexion. Aber diese Skepsis gegenüber der Realität wird in der Handlung sofort und restlos aufgelöst. Indem wir mit unsern Händen nach den Dingen greifen, überzeugen wir uns davon, daß die Dinge »außerhalb« von uns existieren. Ebenso wie das kontemplative Bewußtsein an unheilbarer Skepsis krankt, so ist das sich in Handlungen betätigende Bewußtsein konstitutionell unfähig, an der objektiven, bewußtseinstranszendenten Welt zu zweifeln. Daß das Ding, das wir technisch betasten, bearbeiten und verändern, nur in unsern Bewußtseinsakten seine Existenz haben soll, ist vom praktischen Standpunkt aus vollkommen sinnlos. Der handelnde Wille bietet uns eine zuverlässige Brücke von der Innenwelt zur Außenwelt. Es hat darum einen tiefen Sinn, wenn Marx in den Thesen über Feuerbach sagt: »Die Philosophen haben die Welt nur verschieden *interpretiert,* es kommt aber darauf an, sie zu *verändern.*« (11. These) Marx sieht richtig, daß auf dem von Hegel erreichten Niveau des Philosophierens eine Epoche der menschlichen Geistesgeschichte abgeschlossen ist, und daß ein Fortgang nur in einer neuen Richtung möglich ist. Mit Hegel hat ein Entwicklungsprozeß des menschlichen Bewußtseins seinen unwiderruflichen Abschluß gefunden, in dem sich die Reflexion nur mit sich selbst und dem von ihr erzeugten *Spiegelbild* der Welt beschäftigte. Da das Denken sich sicher im Besitze dieses Spiegel-

Idealismus, Materialismus und Kybernetik 95

bildes wußte, vergaß es darüber das Realproblem der Welt als einer dem Bewußtsein undurchdringlichen Kontingenz. Der Kontakt mit ihr, der im weitesten Sinn des Wortes immer *technisch* ist, wurde nicht zum Reiche des Geistes gerechnet. Was Marx vielleicht deutlicher als jeder andere gesehen hat, ist, daß diese sich selbst und die Welt souverän tragende idealistische Bewußtseinsreflexion nach anfänglichen stupenden Erfolgen, durch die sie sich eben als Anfang legitimierte, ihre Kraft verloren hatte. Wir erleben die Machtlosigkeit der aus ihr entspringenden Bewußtseinshaltungen heute an allen Orten. Die Gebilde des objektiven Geistes – also solche historische Institutionen wie Wissenschaft und Kunst, oder solche Sozialstrukturen wie Großstädte und Staaten beginnen eine Eigengesetzlichkeit zu zeigen, die sie der Lenkung durch das klassische Bewußtsein der Menschen immer mehr entziehen. Je vollkommener und je subtiler diese sich selbst tragende Reflexion geworden ist, desto mehr hat sie den Kontakt mit der Wirklichkeit verloren. Marx sieht mit überraschender Klarheit, daß aus dem klassischen Reflexionsbegriff das Bewußtseinsphänomen des Willens, der wirklich etwas *tut*, ausgeschlossen ist. Zwar ist vom Willens- und Freiheitsproblem in der älteren Philosophie allerhand die Rede, aber was man dabei im Auge hat, ist nie der konkrete, sich mit den Dingen technisch befassende Wille, sondern jenes blasse Bild des Willens, wie es der theoretisierenden Reflexion erscheint. Mit diesem Bilde gibt sich die theoretische Kontemplation zufrieden, vertrauend auf ihre absolute Macht, dieses Bild jederzeit heraufrufen, verwandeln und auch wieder verschwinden lassen zu können. Der Wille ist im Idealismus der Sklave, der auf Geheiß seines Meisters kommt und geht.

Diese Philosophie zieht das Problem des realen technischen Willens, der sich seinerseits als der Herr erweist und die bloße theoretische Reflexion absetzt und überflüssig macht, nicht ernsthaft in den Bereich ihres Denkens. Dieser technische Wille repräsentiert eine Motorik des Bewußtseins, die sich nicht mehr damit begnügt, den spielerischen und letzten Endes metaphysisch unverantwortlichen Ablauf der Vorstellungsbilder im Bewußtseinsraum in Gang zu halten, sondern er erweist sich als eine Kraft, die transzendental aus dem Bewußtsein herausreicht und die wirklichen Dinge in ihre Hand nimmt, sie umformt oder zerbricht. Marx verwirft nicht nur den Idealismus, sondern auch den konkomitanten Materialismus der klassischen Bewußtseinslage. In der ersten These über Feuerbach ist das ganz klar ausgesprochen, und zu gleicher Zeit erläutert sie, was darunter zu verstehen ist, wenn Marx von der Philosophie im Wesentlichen verlangt, daß sie die Welt *verändert*, anstatt sich mit weisen Ratschlägen zur Weltverbesserung zu begnügen. Der Anfang seiner ersten These lautet: »Der Hauptmangel alles bisherigen Materialismus (den Feuerbachschen mit eingerechnet) ist, daß der Gegenstand, die Wirklichkeit, Sinnlichkeit, nur unter der Form des *Objekts oder der Anschauung* gefaßt wird; nicht aber als *sinnlich-menschliche Tätigkeit, Praxis, nicht subjektiv.*« Hier ist ein erklärendes Wort zur Marxschen Terminologie am Platze. Was den in traditionellem Sprachgebrauch Befangenen befremden mag, ist die Art und Weise, wie Marx das Wort »subjektiv« gebraucht. Wir sind weit eher dazu geneigt, das Wort subjektiv gerade dann zu benutzen, wenn wir einen Gegenstand nur in der Form der Anschauung besitzen. Die Anschauung ist im üblichen Sinne des Wortes zweifellos subjektiv, d. h. der Prozeß eines erlebenden Subjekts und die jeweiligen Inhalte dieses Prozesses teilen die Subjektivität. Marx meint etwas anderes, wenn er sagt, daß das Objekt als »sinnlich-menschliche Tätigkeit«, also »subjektiv« gedacht werden soll. Er meint: wir sollen dem bisher als inert, tot und irreflexiv gedachten Objekt die Fähigkeit der Reflexivität und Subjektivität zuschreiben. Er sieht aber deutlich, daß das nicht die Aufgabe einer bewußtseinsimmanente Bilder machenden Reflexion sein kann, sondern einer als technischer Wille tätigen Reflexion, die das objektive Material durch Werkzeugbearbeitung formt und damit *verändert*.

Es mag das Verständnis der Sachlage erleichtern, wenn wir sowohl auf die Ähnlichkeit mit als auf die Verschiedenheit von einem sehr alten mythologischen Weltbild hinweisen. Wir meinen den Animismus, bzw. die Lehre von der Allbeseelung. Gemäß diesem Glauben ist die Materialität der Welt restlos von einem Seelenstoff durchdrungen (Tylor). D. h. jedes Objekt *ist* ein Subjekt. Als Beispiel wollen wir nur auf das sogen. Seelenholz oder den Seelenstein (Tjurunga) hinweisen. In diesem Glauben *ist* das angeblich tote Ding bereits aktuell Reflexion und Lebendigkeit. Diese Eigenschaft braucht in ihm gar nicht erst hervorgerufen zu werden, sie ist a priori da und die Haltung des menschlichen Bewußtseins dazu ist essentiell passiv. Man verehrt das Phänomen und man fürchtet sich vor ihm. Mit diesem alten Glauben hat der dialektische Materialismus gemein, daß er der Materialität oder Dingheit als solcher Reflexionseigenschaften zuspricht. Dann aber kommt der Unterschied, und er ist äußerst wesentlich: diese Reflexionseigenschaft in der Materialität kommt erst dadurch zum Vorschein, daß die Welt bearbeitet und verändert wird. Für den Animisten ist das Ding per se Subjekt, ohne daß er etwas dazu tut. Für den dialektischen Materialismus aber ist das Objekt nur potentiell Subjekt. Wirkliche Subjektivität, die antwortet, wird es erst dadurch, daß das Material bearbeitet und verändert wird. Verändert in dem Sinne, daß der Mensch aufhört, sich ein Bild seiner selbst bloß in Gedanken zu machen, und daß er die Arbeit auf sich nimmt, sich selbst, die Wiederholung seines Wesens, im Material zu konstruieren. Das ist der Sinn der Kybernetik. Um noch einmal die Worte von Marx zu gebrauchen: in der kybernetischen Technik wird der Gegenstand »als sinnlich-menschliche Tätigkeit, Praxis«, also »subjektiv«, d. h. als mögliches Subjekt und Ebenbild des Menschen aufgefaßt; und dieser Auffassung folgt die technische Handlung, die ihn in diesem Sinne umbildet.

Zweifellos besteht eine terminologische Affinität zwischen der Kybernetik und dem dialektischen Materialismus. Wer aber daraus folgert, daß damit der dialektische Materialismus als die wahre Weltanschauung gerechtfertigt und der Idealismus eo ipso abgeschafft sei, irrt sich schwer. Sowohl bei Marx wie auch in den kybernetischen Theorien wird eine formallogische Voraussetzung gemacht, nach der es unmöglich wird, für die eine oder die andere Seite Partei zu ergreifen. In beiden Fällen wird formallogisch vorausgesetzt, daß metaphysisch betrachtet Form und Stoff vollkommen äquivalente Größen sind. Wir hatten weiter oben bereits bemerkt, daß hier die Abweichung von der klassischen Tradition des Denkens liegt, in der der Form ein metaphysisches Übergewicht zugestanden wird. Das wird bei den heutigen Interpreten des dialektischen Materialismus nicht völlig verstanden. Sie geben – selbst bei Bloch scheint das der Fall zu sein – dem Stoff ein metaphysisches Übergewicht über die Form. Tut man das aber, so begeht man wieder den alten Fehler des Idealismus, nur diesmal mit umgekehrtem Vorzeichen. Ein solcher Materialismus ist das genaue Spiegelbild des Idealismus – beide Systeme sagen genau das gleiche aus, man hat nur die Aussagenwerte vertauscht. Das hat zwar Bedeutung für die gewählte Terminologie und täuscht darum eine Verschiedenheit des Aussagenbestandes vor, in Wirklichkeit aber wird von beiden Seiten genau dasselbe gesagt.

Von dem Augenblick an, in dem man die metaphysische Äquivalenz von Stoff und Form, von Irreflexivität und Reflexivität, von Subjekt und Objekt vorbehaltlos anerkennt, entpuppen sich

Idealismus und dialektischer Materialismus als ein- und dieselbe Weltanschauung, aber dargestellt von zwei sich gegenseitig ausschließenden Standpunkten, die eine metaphysische und ideologische Gegnerschaft suggerieren, die im Grunde gar nicht besteht. In dieser Situation muß das philosophische Denken nach neuen Formeln suchen. Daß dieses Suchen aber nicht mehr auf dem alten Wege einer in den Bewußtseinsraum eingeschlossenen theoretischen Reflexion allein erfolgen kann, ist klar. Der ersten, klassischen Reflexion, die nichts an Bedeutung verloren hat, muß eine zweite ergänzende an die Seite treten, die die Materie derart verändert, daß in ihr das Objekt den ihm möglichen Anteil an der Reflexion übernimmt. Tatsächlich bewegt sich die Kybernetik immer deutlicher in der hier angezeigten Richtung. Das soll nunmehr im Detail ausgeführt werden.

Wir beginnen damit, daß wir einen östlichen Gelehrten von Rang zitieren. Die Zitierung erfolgt nach der englischen Übersetzung (Joint Publications Research Service, Washington D. C.) des polnischen Textes. In der Einleitung zu seiner Arbeit »Totality, Development, and Dialectics« (Calosc, Rozwoj i Dialektyka w Swietle Cybernetyki, Warschau 1960) stellt Oskar Lange die Antithese, die das abendländische Denken bisher gespalten hat, als den Gegensatz von metaphysischem »Finalismus« und »Mechanismus« dar. »Both these concepts are at variance with experimental knowledge and scientific method. The mechanistic view negates the experimental fact of the existence of totalities having unique properties and patterns. On the other hand, finalism introduces ›beings‹, which are experimentally unverified and unverifiable. A strict and methodologically correct approach to the problem of totality and dialectic development was, nevertheless, made difficult by the absence of a thought apparatus – concepts and principles of their operation adequate to the task. At present, such apparatus is beginning to be formed as a concomitant of the new science of cybernetics.«[15]

Diesen Äußerungen, die Lange am Schluß seiner Abhandlung noch einmal eindringlich wiederholt, kann auch der westliche Kybernetiker und Philosoph, der sich mit der Deutung des kybernetischen Gedankenguts beschäftigt, nur zustimmen. Aber wie eine Schwalbe noch keinen Sommer macht, so mag *ein* polnischer Denker nicht unbedingt für die geistige Entwicklung des Ostens

---

[15] JPRS 14, 858 O. Lange, Totality, Development and Dialectics, S. 2.

repräsentativ sein. Wir weisen deshalb auf die philosophisch-kybernetische Arbeit von I. B. Novik »Some Methodological Problems of Cybernetics« hin, die in dem Sammelband »Cybernetics at the Service of Communism« (Kiberneticu na Sluzhbu Kommunismu, vol. 1., Moscow/Leningrad, 1961, S. 1–312) erschienen ist. Dieser Band ist von dem Mitglied der russischen Akademie der Wissenschaften A.I. Berg herausgegeben.

Die Äußerungen Noviks zeigen sehr deutlich, wie sehr der alte Gegensatz von Idealismus und (traditionellem) Materialismus im Lichte des kybernetischen Denkens überholt und gegenstandslos geworden ist. Novik beruft sich auf Lenin, wenn er auf die »hypothetical property of reflection inherent in all matter as a whole« (zitiert nach der amerikanischen Übersetzung) hinweist. Er bemerkt zu dem Verhältnis von Bewußtsein und Materie: »In the materialism which existed prior to Marx there were two extremes in the solution of the problem: the first extreme was associated with the fact that the origin of consciousness was declared unknowable, chance; the second extreme was associated with the idea that consciousness amounted simply to matter; from the viewpoint of the proponents of this view consciousness had never originated essentially, because it was not different from matter ... In analyzing the polemics of Diderot and d'Alembert Lenin says that it may be supposed that the attribute of reflection exists in all matter, and this attribute is precisely the dialectical factor sought which connects matter and consciousness.«[16]

Die sich in der Kybernetik entwickelnde philosophische Haltung der russischen Denker kommt – so scheint es uns – noch deutlicher zum Ausdruck in einer Kritik Noviks an der Definition, die MacKay für »Bewußtsein« gegeben hat. Nach MacKay ist die Fähigkeit hochorganisierter Systeme, Symbole wahrzunehmen (perceive), die als »elaborated by the intrinsic mechanism« (Novik) des betr. Systems bezeichnet werden, die logische Definition des Bewußtseins. Novik bemerkt dazu, daß in einer solchen Definition ein wesentliches Merkmal des Denkens fehlt, nämlich die *Vermittlung* der Reaktion des internen Mechanismus eines Komputers (Mensch oder Maschine) auf die von der Außenwelt herkommenden und durch Signale übertragenen Einflüsse. Dieser Kritik kann man nur aus vollem Herzen zustimmen. Die Vermittlung ist das

---

[16] JPRS 14, 592, I. B. Novik, Some Methodological Problems of Cybernetics, S. 47 f.

Kernstück der transzendental-dialektischen Logik – gänzlich jenseits des ideologischen Streites zwischen Ost und West –, und zwischen Gelehrten, die die Legitimität der Vermittlungsproblematik anerkennen, können anderweitige »philosophische« Differenzen höchstens solche der Terminologie sein.

Die westliche Literatur ist voll von kleinmütigen Befürchtungen, daß die Maschine den Menschen letztlich versklaven wird. Demgegenüber erklärt der russische Gelehrte Novik: »A kingdom of machines, even self-reproducing, cannot become independent, self-contained, without depending on man as the prime mover of cybernetic machines ... The automaton is no more than a link in a close chain: man – nature. This link can become progressively longer and more complicated, but it does not become the entire chain. The automaton cannot occupy any other space in the universe except between man and nature. The space of automata can become progressively wider but it cannot cease to be only an intermediate space... Always nature will be below the automaton and man above it ...«

Wir haben diese Bemerkungen Noviks so ausführlich zitiert, weil man ihnen nur vorbehaltlos zustimmen kann und weil sie erheblich weniger »materialistisch« (im vulgär-philosophischen Sinn des Terminus) klingen als manche Aussagen westlicher Kybernetiker. Die Vorstellung von einer kybernetischen Maschine, die sich gegen den Menschen auflehnt und schließlich zu Automatengesellschaften und -staaten führt, ist im Westen noch relativ weit verbreitet und hat in der amerikanischen Science Fiction-Literatur zur Produktion einer beträchtlichen Anzahl von Kurzgeschichten und Romanen geführt, in denen Robots eigene Gesellschaftsordnungen bilden, die eine vom Menschen unabhängige »politische« Geschichte haben.

Bei Novik sind die Dinge auf ihr richtiges Maß zurückgeführt worden, und seine Stimme ist um so wichtiger, als man sie als repräsentativ für russische Auffassungen ansehen darf. Der Verf. sieht in den Worten Noviks eine genaue Bestätigung seiner logischen Unterscheidung von Seinsidentität, Transzendentalidentität und Reflexionsidentität. Sie entspricht auf der formalen Seite dem, was der russische Gelehrte als die Trinität Natur-Automat-Mensch bezeichnet. Die Differenz liegt ausschließlich in der Terminologie und dem methodischen Aspekt, der dem Problem gegeben wird, aber nicht in der Sache selbst. Die unterschiedliche Terminologie hat offensichtlich soziale und politische

Idealismus, Materialismus und Kybernetik 101

Gründe. Die Sicht auf die Welt, die die Kybernetik bietet, ist so neu und bedeutet eine so grundsätzliche Trennung von der Tradition unseres bisherigen Denkens, daß die auf diesem Gebiet wirkenden Gelehrten mit einer spezifischen Schwierigkeit zu kämpfen haben. Sieht man von dem elementaren technischen Niveau ab, so ist der Begriffsvorrat, der dem kybernetischen Denken auf beiden Seiten zur Verfügung steht, denkbar ungeeignet, das, was gesagt werden soll, auszudrücken. Dieser Begriffsvorrat stammt aus einer nicht-kybernetischen Vergangenheit und enthält zu viel irreflexives (marxistisch: nicht-dialektisches) Vorstellungsmaterial, um der Sache, um die es geht, wirklich angemessen zu sein. Ein autonomes, gegenüber den weltanschaulichen Antithesen der vergangenen Bewußtseinsgeschichte des Menschen indifferentes Begriffssystem ist erst im Werden, und es bleibt dem Autor, der sich zur Aufgabe macht, die letzten Grundlagenprobleme der Kybernetik zu diskutieren, vorläufig gar nichts anderes übrig, als faute de mieux entweder die östliche Terminologie des dialektischen Materialismus oder den westlichen Begriffsvorrat, der eine merkwürdige Mischung von »Idealismus« und Vulgärmaterialismus ist, zu gebrauchen.

Für jede der beiden möglichen terminologischen Positionen sprechen gute Gründe, die keineswegs bloß damit zu tun haben, ob der betr. Gelehrte auf der einen oder der andern Seite des Eisernen Vorhangs wohnt. Man sollte sich aber auf einen eng begrenzten vorläufigen Wortschatz einigen, der kraft seiner absoluten Allgemeinheit auch dem kybernetischen Denken angemessen ist und der aus einer Zeit stammt, in der sich der spätere Pseudo-Gegensatz von Idealismus (Plato) und Vulgärmaterialismus (epikuräische Interpretation von Demokrit) erst zu entwickeln begann. Zu diesem Wortschatz gehört z. B. das Wort *Metaphysik*. Stellt man sich unter dem Metaphysischen ein an sich existierendes extramundanes Jenseits vor, in das man evtl. eintreten kann, wenn man durch das Tor des Todes diese physische Welt verläßt, so bewegt man sich in Vorstellungen, die das genaue logische Komplement zu der Begriffswelt des Vulgärmaterialismus darstellen. Hier wird der Terminus *metaphysisch* jedenfalls nur in dem folgenden Sinne gebraucht: er bezeichnet die Theorie der Bewußtseinsbedingungen, die die Voraussetzung von allem Erleben überhaupt sind, deren Wesen also jener primordialen Spaltung zwischen Bild und Abbildung nicht unterliegt. Wie schon Kant hervorhebt, können die Bedingungen aller möglichen Erfahrung niemals Gegenstand der

Erfahrung sein. Jene Bedingungen aber reflektieren sich in einer ihr eigenes Wesen suchenden und auf ihre eigenen Ursprünge zurückgehenden Reflexion. Die Theorie dieses sich selbst Suchens der Reflexion ist das, was hier Metaphysik genannt wird – in diesem Sinne müssen u.E. auch die Fichteschen Wissenschaftslehren und die Hegelsche Logik verstanden werden.

Das naive, unmittelbare, sinnlich orientierte Bild, das wir von der objektiven Welt besitzen, enthüllt uns nicht das Wesen der Realität. Denn für letztere ist der Gegensatz Diesseits-Jenseits sinnlos. Wir müssen uns der Wirklichkeit mit Denkmethoden nähern, die die logischen Kategorien eines reflexionsfreien, isoliert objektiven (trans-subjektiven) Ansichseins überschreiten. Das Holz eines Stuhles, auf den ich mich setze, repräsentiert z. B. für die sinnlich-gegenständlich orientierte Vorstellung ein solches Da- und Ansichsein, aus dem auch der letzte Reflexionsrest abgezogen ist, weil das erlebende Subjekt alle, aber auch alle Reflexivität eifersüchtig für sich selbst reserviert. In diesem Sinn ist das Holz des Stuhles, bzw. die Elementarpartikel, aus denen es sich zusammensetzt, Materie im vulgären, aber unvermeidlichen Sinn des Wortes, in dem Reflexion und Reflektiertes absolut getrennt sind. Das ist der klassische Standpunkt.

Demgegenüber lehrt der dialektische Materialismus, wenn wir die Äußerungen der führenden Denker dieser Richtung richtig verstehen, etwas ganz anderes. Drastisch und handfest formuliert Ernst Bloch das Problem: »Die Frage ist sehr alt und sehr schief, ob der Stoff denken könne. Welcher Stoff? bleibt dagegen zu fragen, denn die Auswahl ist ja groß. Das Wasser denkt zuverlässig nicht, aber im Meer bildeten sich die einzelligen Lebewesen, die ebenso zuverlässig kein Wasser und von den Gehirnzellen nicht mehr so weit entfernt sind. So gibt es nicht nur verschiedene materielle Bedingungen, die bei der Frage, ob der Stoff denken könne, erst berücksichtigt werden müssen, sondern auch verschiedene Daseinsweisen der Materie, von denen die Fähigkeit abhängt, ob sie tot, lebendig oder geistreich sei.«[17]

Bloch zitiert dann beifällig Engels, der sich darüber folgendermaßen ausläßt: »Die Materie als solche ist eine reine Gedankenschöpfung und Abstraktion ... Wenn die Naturwissenschaft darauf ausgeht, die einheitliche Materie als solche aufzusuchen, die qualitativen Unterschiede auf bloß quantitative Verschiedenheiten

---

[17] E. Bloch, Subjekt-Objekt (Berlin 1951), S. 401.

der Zusammensetzung identischer kleinster Teilchen zu reduzieren, so tut sie dasselbe, wie wenn sie statt Kirschen, Birnen, Äpfel das Obst als solches zu sehen verlangt, das Gas als solches, den Stein als solchen, die chemische Zusammensetzung als solche ...« (E. Bloch, Subjekt-Objekt, Bln. 1951, S. 407–408). Die dialektisch-materialistische Auffassung erkennt also nach Bloch nicht Materie überhaupt, wohl aber etwas an, was uns als »qualifizierte Materie« gegenübertritt, denn »wie gäbe es sonst einen ›Umschlag von Quantität in Qualität‹«. Und »eben deshalb kann die schlecht gestellte Frage, ob der Stoff denken könne, weder generell verneint werden, noch generell bejaht. Die materielle Daseinsweise eines Schreibtisches kann nicht denken, es ist auch nicht ihre Aufgabe; die materielle – und so ganz anders materielle – Daseinsweise einer Person am Schreibtisch, das ist eines Menschen und keines Gespenstes, kann unter anderem denken, indem sie nicht gleich dem Tisch von Holz ist. Demungeachtet lebt sie mit dem Tisch in der gleichen Welt, ist wie der Tisch einzig aus den Zusammenhängen der Welt verstehbar, erklärbar, nur: sie ist nicht auf dieselbe Weise, eben ausschließlich mechanisch-quantitativ erklärbar.« (l.c. S. 408).

Wenn Novik und andere Kybernetiker also generell von Materie – jenseits aller quantitativ-qualitativen Unterschiede, die die Individualität der Dinge dieser Welt bestimmen – sprechen und ihr reflexive Eigenschaften zuschreiben, so besagt das nur, daß allem Bewußtsein und aller tierischen und menschlichen Subjektivität ein primordiales X vorausgeht, das als eine Einheit von Nicht-Reflexion und Reflexion verstanden werden muß. Die nicht-reflexive Komponente dieser primordialen Vorgegebenheit zu jedem überhaupt möglichen empirisch-konkreten Bewußtsein ist die Wurzel, der die gegenständlich-dingliche Objektivität der Welt entwächst.

Der reflexiven Komponente aber entspringen die Eigenschaften, die wir, wenn sie sich erst voll entwickelt haben, als Leben, Bewußtsein und objektiven Geist bezeichnen. Dialektischer Materialismus und Idealismus unterscheiden sich also nur dadurch, daß der erstere ein absolutes Prius der Irreflexivität behauptet. D. h. es muß erst einmal etwas da sein, an dem die Flamme des Geistes aufleuchten kann. In allem Idealismus aber ruht als tiefste Überzeugung der Glaube, daß in der reflexiven Komponente das eigentliche Wesen der Welt enthüllt ist und daß Materialität und Objektivität nur den Vordergrund der Wirklichkeit darstellen. Der irreflexive Charakter des Wirklichen ist nur Schein, wie schon die Upanishaden sagen, wenn auch dieser Schein, wie Kant bemerkt, »unhintertreiblich« ist. – Um zum Materialismus zurückzukehren: er behauptet, daß um zu denken man nicht nur voraussetzen muß, daß schon etwas da ist, an dem sich das Denken entzündet; mehr noch, man muß auch (zwangsläufig) feststellen, daß der Denkakt und die in ihm wohnende Subjektivität sich ihre eigene Realität von jenem primordialen X leihen, aus dem sie innerweltlich entsprungen sind. (Dem aufmerksamen Leser wird nicht entgangen sein, daß nicht nur jenes unbekannte metaphysische X, das die eine Partei Materie und die andere Geist zu nennen wünscht, dialektische Eigenschaften hat, sondern daß die beiden philosophischen Theorien des dialektischen Materialismus und objektiven Idealismus ihrerseits in einem dialektischen Verhältnis zueinander stehen. Jede der beiden Theorien hat nur Sinn als reflektionstheoretisches Gegenbild der andern. Isoliert betrachtet sind sie beide sinnlos.)

Besteht man darauf, dieses X Materie zu nennen, so ist das eine terminologische Geschmackssache. Der Verf. findet es schwer, sich damit zu befreunden. Das Relevante ist, daß vom dialektischen Materialismus ausdrücklich betont wird, daß jene primordiale »Materie« die Eigenschaft der Reflexion hat, wodurch sie sich von dem traditionellen Materiebegriff unterscheidet. Jedenfalls ist dieser Materiebegriff weder derjenige der alexandrinischen Philosophie, wo die Materie als das Böse (Philo Judaeus) erscheint, noch ist er identisch mit der Auffassung von Materie, die die Schriften von Julien Offrai de La Mettrie (»Histoire naturelle de l'âme«, 1745 und besonders »L'homme machine« 1748) dominiert. Der »dialektische« Materiebegriff steht völlig jenseits des alten Streites von naivem Materialismus und Idealismus. Er deutet auf eine eminent metaphysische Konzeption jenseits der klassischen Tradition des Denkens hin. Aber gerade, weil ein solcher Anspruch berechtigt ist, ist der Terminus unglücklich gewählt und irreführend. Er trägt sein reichliches Teil dazu bei, die östlichen Kybernetiker zu einer ideologischen Kritik ihrer westlichen Kollegen zu verführen – einer Kritik, die völlig irrelevant ist. So wirft z. B. Novik dem Engländer W. Ross Ashby (Design for a Brain 1952; An Introduction to Cybernetics 1956) vor, daß er Information als ein System auffasse, das in keiner Weise mit Materie assoziiert sei. Eine solche Auffassung müsse abgelehnt werden, denn sie führe zu der Annahme eines mystischen, materiefremden Prinzips (... it leads to the acceptance of a mystical principle alien to matter. l.c. S. 47). Hier waltet ein grobes Mißverständnis ob. Der Verf. ist in der Lage, aufgrund von Gesprächen mit Ashby dieser Fehlbeurteilung zu begegnen. Wenn seit Wiener ausdrücklich betont wird, daß Information weder Materie noch Energie sei, so wird hier der Terminus ›Materie‹ nicht im entferntesten in dem Sinne gebraucht, in dem sich die Anhänger des dialektischen Materialismus auf ihn beziehen, sondern in der naiven, vulgärmaterialistischen Bedeutung, in der wir von dem Holz sprechen, aus dem etwa der oben in dem Blochschen Zitat erwähnte Schreibtisch besteht. Wenn wir (und hier sind die östlichen Kollegen eingeschlossen) davon sprechen, daß die Materie besagten Möbelstücks als eine Holzart klassifiziert werden muß, dann fällt uns nicht im Traume ein, den Terminus ›Materie‹ in dem strengen Sinn zu gebrauchen, in dem der dialektische Materialist ihn benutzt. Nicht das Holz, qua Holz, hat dialektische Eigenschaften, wohl aber das »metaphysische« Substrat, von dem Holz nur eine spezielle, reflexionslose Manifestation ist.

Wenn die westlichen Kybernetiker davon reden, daß Information eben Information und nie Materie oder Energie ist, so beziehen sie sich nur auf den unmittelbaren Materiebegriff, der unserm sinnlichen Erleben einer gegenständlichen Dingwelt (die für unsere Subjektivität undurchdringlich ist) gegenübersteht. Aber über das Verhältnis der Information zu jenem transzendentalen X, das der orthodoxe Vertreter des dialektischen Materialismus mit diesem Terminus belegt, ist damit nicht das geringste ausgemacht. Ashby gebraucht das folgende Beispiel: Wenn wir einen Kreis ziehen, so ist der geometrische Informationsgehalt, den diese Form repräsentiert, völlig von der Materialität unabhängig, die dabei ins Spiel kommt. Wir mögen den Kreis auf einer Wandtafel mit Kreide anmalen oder auf Papier mit einem Bleistift. Dieser Wechsel der Materialität, in der sich die Zeichnung manifestiert, ist ebenso irrelevant wie die Materialität des kybernetischen Systems (zeichnende Person), die die Figur produziert. Wenn also behauptet wird, daß ein Informationssystem als solches total unabhängig von einem gegebenen materiellen Bestand der Welt ist, so ist ›Materie‹ immer in dem Sinn von Holz, Kreide oder auch Fleisch und Blut gemeint. Darin liegt ja gerade die umwälzende Bedeutung der Kybernetik, daß behauptet wird, daß Eigenschaften und Verhaltensweisen, die wir in der Vergangenheit ausschließlich lebendigem Fleisch und Blut zugeschrieben haben, auch unabhängig von solcher spezifischen Materialität realisiert werden können. Eine solche Auffassung, die sorgfältig den sinnlich-praktischen Materialbegriff von der ›Nicht-Materialität‹ der Information trennt, kann sich ganz gut mit der philosophischen Ansicht vertragen, daß Information in einem noch festzustellenden Sinn identisch ist mit jenem transzendentalen X, das der dialektische Materialist als Materie bezeichnet. Der Letztere gibt ja schließlich auch zu (siehe Bloch), daß Holz, Kreide oder Fleisch und Blut nur Varianten von Materialität überhaupt sind und nicht sie selber. Wenn aber von der ultima materia ganz dezidiert gesagt ist, daß sie sowohl Materie wie auch Reflexion (incl. Information) ist, dann stellt eine solche Proto-Materialität eben ein metaphysisches Sammelbecken dar, das schließlich alles umfaßt. Indem die Reflexion dieser ultima materia zugewiesen wird, ist gesagt, daß der Begriff der Proto-Materialität auch die Subjektivität, mehr noch: den Geist umfaßt. Das kann per definitionem konstatiert werden. Es bleibt von westlicher Seite nur die Frage, ob eine solche Terminologie das Denken nicht vielleicht irreleitet. Die Fraglichkeit des gewählten Terminus geht daraus hervor, daß man ebenso gut Hegels Begriff des *absoluten Subjekts* für jene Proto-Materialität in Anspruch nehmen könnte. Denn unter einem Subjekt, das nicht nur eine abstrakte Fiktion ist, sondern wirklich Selbstrealität besitzt, hat sich noch niemand etwas anderes denken können als eine Objektivität, der hochentwickelte Reflexionseigenschaften essentiell zugehören. Objektivität aber muß eine wie auch immer geartete Materialität haben. Daß die Reflexion jeden ihr positiv (und damit als spezifische Qualität) gegebenen Materiebegriff unverzüglich auflöst und, wie Hegel gezeigt hat, das Ding-an-sich nicht stehen lassen will, ist in diesem Zusammenhang irrelevant. Es beweist nur, daß Kants Konzeption eines Ansichseins als wenigstens regulative Idee des Denkens immer noch nicht generell genug ist. Oder anders gesagt: es ist ganz illegitimerweise aus der dialektischen Bewegung des Denkens herausgenommen worden.

Nur dies ist relevant: Der Anfang jedes Denkens sieht sich einem primordial Vorgegebenen gegenüber, und es ist nichts weiter als ein leerer Streit um Worte, ob man dasselbe als Materie, Absolutes oder Gott bezeichnet. Vom Standpunkt des reinen Denkens sind das nur eigensinnige Verbalismen, die gar nicht umhin können, genau dasselbe zu bezeichnen, nämlich eben daß unser Denken gar nicht beginnen kann, es sei denn, daß es einem primordial *vorgegebenen* Grunde entspringt. Freilich *erscheint* dann dieser Grund erst *nachträglich* im Denken. Das ist seine Dialektik, und darum sagt Lenin – tiefer als es im Westen gewürdigt wird – »that all matter ... possesses the property of reflection« (zitiert nach Novik, l.c. S. 48). Wenn aber alle ›Materie‹ die Eigenschaft der Reflexion (primordial) besitzt, dann ist ihr Wesen dialektisch; und diese Dialektik widersetzt sich allen Versuchen, irgendeine gegenständlich ontologische Terminologie ernst zu nehmen. Solche Termini wie ›Materie‹, ›Absolutes‹, ›Gott‹ oder ›Geist‹ sind alle gleich inadäquat. Als amüsantes Seitenlicht ist festzustellen, daß der Idealist nicht allzu eifrig darauf aus sein sollte, Gott oder den Geist als Vor-Grund des Weltseins zu betrachten. Das führt zu dem peinlichen Schluß, daß Gott als das dem Denken Vorangehende nicht denkt. Und es hilft auch nicht viel, daß die dialektische Bewegung *unseres* Denkens dieses Urteil sofort wieder aufhebt. Denn um aufgehoben und negiert werden zu können, muß es erst einmal vollzogen worden sein. Der Vollzug des Urteils, daß etwas vor dem Denken liegen muß, an dem es seinen Anfang nimmt, ist unvermeidlich, weil ein elementarer Bewußtseinszwang. Dem Satz kommt also eine bestimmte metaphysische Wahrheit zu.

Mit solchen Hinweisen soll nichts bewiesen werden. Es ist uns lediglich darum zu tun, dem Leser ein Gefühl dafür zu geben, daß die antithetische Terminologie, in der sich Osten und Westen noch bewegen, völlig überholt ist. Vom Standpunkt der Kybernetik und der mehrwertigen Logik ist es ganz deplaciert, einseitigen Termini, die einem zwangsläufig dialektischen Zusammenhang entnommen sind (und das sind *alle* Begriffe unseres Bewußtseins) mehr als eine höchst vorläufige und jederzeit widerrufbare Realitätsbezogenheit zuzuschreiben. Eigentlich sollten wir das schon seit Hegels Logik gelernt haben. In diesem Sinne sind solche Thesen wie: ›das primordiale Element der Welt ist ihre »Materie« und »Gott« als immaterielles Prinzip ist Schöpfer der Welt‹ als endgültige Aussagen in gleicher Weise zu beanstanden. Die Situation wird auch nicht besser, wenn man die verbale Gestalt der beiden Thesen nach Belieben ändert, aber darauf besteht, ihren ungefähren Sinn – und anders als ungefähr läßt er sich ohnehin nicht angeben – beizubehalten.

De facto sind transzendentaler Idealismus und dialektischer Materialismus, wie oben schon angedeutet, zwei komplementäre und deshalb voneinander unabtrennbare Geisteshaltungen. Eine gewisse Bestätigung findet sich dafür bei Lenin, wenn er feststellt: »Der kluge Idealismus steht dem klugen Materialismus näher als der dumme Materialismus.« (Zitiert nach Bloch, S. 407) Dem kann in dem folgenden Sinn beigepflichtet werden: es ist durchaus möglich, die idealistische Terminologie in die des intelligenten dialektischen Materialismus zu übersetzen und umgekehrt. Leider haben das die östlichen Kollegen noch nicht eingesehen! Keine Verständigung ist allerdings möglich zwischen dem transzendentalen Idealismus und dem »dummen« Materialismus, der noch nicht begriffen hat, daß dem »Stoff« überhaupt Reflexionseigenschaften zukommen müssen. Der Verf. hat in der Tat den dialektischen, den klugen Materiebegriff im Auge, wenn er weiter oben in Teil II des Textes darauf hinweist, daß es die Aufgabe der Kybernetik ist, »dem bloßen Stoff, der sich nicht selber reflektieren kann, das Denken beizubringen«. Eine solche Aufgabe wäre ganz unsinnig, setzte man nicht voraus, daß der durchgeführte Begriff der Materialität, also des »bloß« Physischen, überhaupt nicht ohne am »Stoff« selbst haftenden, Reflexionseigenschaften zu denken ist und daß das nicht heißt, daß wir diese Eigenschaft an das Materielle durch unser Denken *nachträglich herantragen*, sondern daß Reflexivität ein primordiales, »metaphysisches« Konstitutionselement alles dessen ist, was in irgendeinem angebbaren Sinne ist. Auch der toteste, »geistloseste« Stoff hat sie. Es wäre z. B. – um ganz in der üblichen physikalischen Betrachtungsweise zu bleiben – ganz unmöglich, daß auf der Erde selbst-organisierende Lebewesen entstehen, die sich in Eigenreflexion »Menschen« nennen und behaupten, »Geist« zu haben, wenn nicht *alle* Reflexionskomponenten dessen, was wir Bewußtsein und Geist nennen, bereits in jener hypothetischen Gaswolke und der sie umgebenden Raum-Zeit-Dimension, aus der unser Sonnensystem entstanden sein soll, angelegt gewesen wären. Ob man jenes metaphysische X nun Gott, Seele, Geist oder selbst-reflektierende Materie nennt, ist total gleichgültig. Nur Kindern ist der Streit um Worte erlaubt. Der alte ehrwürdige Spruch der indischen Philosophie

Seele nur ist dieses Weltall

ist nicht nur das Motto des transzendental-dialektischen Idealismus, er ist ebenso das (nicht eingestandene) Leitmotiv des dialektischen Materialismus. Auf den Pseudo-Gegensatz der Termini ›Idealismus‹ und ›Materialismus‹ kommt es hier gar nicht an, wohl aber auf die Gemeinsamkeit des dialektischen Aspekts. Und ›transzendental‹ ist der kluge Materialismus auch, wenn das Wort in einem re-definierten Sinn – der längst überfällig ist – verstanden wird.

Wenn der dialektische Materialist nämlich davon redet, daß die Materie (in seinem Sinn) Reflexionseigenschaften hat, also Irreflexivität mit dem zusätzlichen Attribut der Reflexion ist, dann entsteht für ihn das logische Problem des Übergangs (Transzendierens) vom Irreflexiven Ist zum Reflexions*prozeß*. Die logische Struktur dieses Transzendenzproblems kann ganz unabhängig von älteren Jenseitsvorstellungen, die noch die Kantische Philosophie beunruhigen, dargestellt werden. Es ist nicht einzusehen, warum der dialektische Materialismus dieses spezifische Transzendenzproblem nicht anerkennen soll, ohne daß ihm dabei Unbilliges oder gar die Aufgabe seiner selbst zugemutet wird, zumal die Materie, von der er redet, ohnehin nichts empirisch Feststellbares (wie Holz, Feuer, Wasser oder Luft) ist. Denn ebenso wie der Theologe behauptet, daß hinter dem Namen Gottes sich ein Mysterium birgt, genauso umschließt der Begriff einer Materie, die dialektisch die Eigenschaft der Selbstreflexion besitzt, ein ungelöstes Rätsel: nämlich der Übergang der irreflexiven Faktizität des Materiellen in den Reflexionszustand. Da ausdrücklich behauptet wird, daß das Denken relativ zur Objektivität des Materiellseins das Spätere ist, muß ja wohl ein Übergang von dem Einen zum Andern irgendwie konstatierbar sein. Zumindest ist das Verlangen recht und billig, daß logisch präzis angegeben wird, was man sich unter der Differenz von Irreflexivität und Reflexion eigentlich vorstellt.

Die exakte Beantwortung dieser Frage ist das Fundamentalproblem einer Logik der Kybernetik, und das Denken, das sich in diesem neuen Wissensgebiet entwickelt, ist völlig indifferent gegenüber der Frage, ob die hypostasierte letzte Einheit, in der die Irreflexivität (nur als Objektivität begriffenes Sein) und die Reflexion (in höchster Organisationsform Subjektivität) ununterschieden sind, von Leuten, die sich beharrlich an Worte klammern, Gott oder Materie genannt wird. Die Terminologie ist irrelevant; von höchster Relevanz aber ist das transzendental-logische Problem des Übergangs von irreflexiven Seinszuständen zu solchen der Reflexion, in denen positiv Seiendes sowohl das »Andere« als auch sich selbst reflektiert.

Für diese Transzendenz, in der sich Irreflexivität und Reflexion jeweilig begegnen oder auch nicht begegnen, ist die Annahme eines religiösen Jenseits nicht notwendig. Wenn man in der Kybernetik überhaupt von Jenseits sprechen will, dann ist es ein sehr diesseitiges Jenseits. Es gehört zu den methodischen Voraussetzungen der Kybernetik, daß jedes überhaupt mögliche Bewußtsein, das des Menschen sowohl wie das des Tieres oder der Engel (falls es solche gibt) auf physischen Seinsvoraussetzungen beruht, die von dem betr. Bewußtsein, für das sie gelten, prinzipiell nicht erlebbar, bzw.

denkbar sind. So ist z. B. das menschliche Denken mit dem Neuronensystem unserer Gehirnmasse assoziiert. Unser Denken folgt einer Logik, die an einer solchen Assoziation orientiert ist. Wir wollen diese Logik hier A-Logik nennen. Andererseits müssen die Neuronen, um eine solche Orientierung des Denkens in einem gegebenen Körper zu erlauben, ganz bestimmte Verhaltungsweisen besitzen. Die formalisierten Regeln eines solchen Verhaltens wollen wir die N-Logik nennen. Es gilt nun als völlig ausgeschlossen, daß das Bewußtsein vermittels seiner ihm eigenen A-Logik die Regeln der N-Logik *denkt*, d. h. also unter Beibehaltung der eigenen Ich-Identität aus der eigenen Logik in die andere überwechselt und sich dieselbe zu eigen macht. Für diesen Tatbestand hat die Kybernetik einen bestimmten Terminus. Man stellt fest, daß für jedes mögliche Bewußtsein das physische System (Gehirn), an dem es orientiert ist, »unterspezifizierten« Charakter hat (MacKay). Soweit ist die logische Situation verhältnismäßig einfach. Der nächste Schritt des Gedankens aber gibt dem Problem eine äußerst subtile Wendung. Denn die Tatsache, daß für jedes erlebende Ich der eigene Leib und das dazugehörige Gehirn einen unterspezifizierten Charakter hat, erlaubt noch nicht die logische Folgerung, daß ein Beobachter, der die Verhaltensweise »meines« Gehirns (das also nicht das seine ist!) untersucht, ebenfalls zur Feststellung einer solchen Unterspezifikation gezwungen ist. Im Gegenteil, nichts kann ihn hindern, zu dem Resultat zu kommen, daß das Gehirn als ein bis ins Letzte spezifiziertes System verstanden und beschrieben werden kann und deshalb auch als physisch voll determiniert angesehen werden muß. Daß dem Ich sein eigener Leib unvermeidlich als unterspezifiziert in sein Welterlebnis eingeht, bedeutet nur, daß sich der Leib einer Person derart in dem diesem Körper assoziierten Bewußtsein meldet, daß der Gesamtzustand des betr. physischen Systems als vereinbar mit mehr als einem Zustand seiner Teile erlebt wird (»... compatible with more than one state of the parts« D. M. MacKay). Dieses unmittelbare Erlebnis ist von einer eisernen Zwangsläufigkeit und kann auf keine Weise aufgehoben oder korrigiert werden. Dort, wo es nicht existiert, gibt es kein Ich, also keine Ich-Subjektivität eines sich in Gedanken als frei erlebenden Bewußtseins.

Es muß aber sorgfältig daran festgehalten werden, daß ein erlebendes Subjekt nur den *eigenen* Leib »objektiv« in solcher Weise erfährt, daß die Unterspezifikation des physischen Systems, das wir als lebendigen Körper bezeichnen, prinzipiell nicht korrigiert werden kann. Umgekehrt kann der fremde Beobachter, der relativ zu mir Du ist, auf keine Weise gezwungen werden, den Standpunkt eines seine Subjektivität im eigenen Leibe erlebenden Ichs für seine Beobachtungen anzuerkennen. Für ihn existiert kein prinzipielles Hindernis, das physische System, das mit einem fremden Ich verbunden ist, als vollspezifiziert zu betrachten. Mehr noch: er kann gar nicht umhin das zu tun. Denn prinzipielle Unterspezifikation bedeutet für ihn – aber nur für ihn! –, daß er nicht physisch existierende (aber doch irgendwie »existierende«) mystische Entitäten einführen muß, wenn er die Funktionsweise eines Systems erklären will, daß sich selbst-reflektierend als Träger einer erlebenden Subjektivität (Ich) erscheint. Das ist *sein* Erlebniszwang. Er hat, wenn er wissenschaftlich bleiben will, gar keine andere Wahl, als strikten Determinismus für den Leib als Träger von Bewußtseinsfunktionen im Du anzunehmen. Die Vollspezifikation des in Frage stehenden Systems ist für ihn nicht nur eine legitime, sondern überdies eine unvermeidliche methodische Forderung.

Aber dieser Standpunkt des fremden Beobachters ist – das sei hier noch einmal auf das Nachdrücklichste wiederholt – nicht im geringsten für das subjektive Ich verbindlich, das sich in Konfrontation mit dem eigenen Leibe erlebt und seine Beziehungen zu demselben zu verstehen sucht. Für dieses Ich bleiben die physischen Bedingungen seines Daseins in der Welt bis zum jüngsten Gericht unterspezifiziert. Daher die Notwendigkeit des »Gerichts«, denn theologisch gesehen ist Unterspezifikation gleich Kreatürlichkeit und Sündhaftigkeit. Diese nie aufhebbare Differenz von Unterspezifikation und Vollspezifikation, die für das subjektive Erleben zweier voneinander unterschiedener Personen maßgeblich ist, repräsentiert nach MacKay das »technische Korrelat« der Unterscheidung von Ich- und Du-Subjektivität und der von Subjektivität und Objektivität überhaupt.

Die äußerst subtile Struktur des kybernetischen Denkens, die sich aus der oben geschilderten Unvereinbarkeit der Bewußtseinslage der Ich- und Du-Subjektivität mit Bezug auf ein sich selbst reflektierendes System ergibt (den Leib des Ich), kann hier nicht weiter verfolgt werden. Aber selbst unsere kurzen Bemerkungen zum Thema sollten genügen, um zu zeigen, daß zu dem Streit von Determinismus und Indeterminismus und dem zwischen (dialektischem) Materialismus und (transzendentalem) Idealismus von seiten der Kybernetik Neues gesagt werden kann. Die kybernetische Denkweise verwirft die obigen Gegensätze als Fehlorientierungen eines sich selbst verstehen wollenden Reflexionsprozesses. Mehr noch: sie entlarvt dieselben als das Erbe des klassisch-zweiwertigen Denkens. Das verzweifelte Festhängen an einem sich in totalen Disjunktionen bewegenden Formalismus von angeblich letzter Allgemeinheit verdeckt dem westlichen Denker die Einsicht auf das dialektische Prius des Gegenständlich-Objektiven, nämlich jener für unser Bewußtsein völlig undurchdringlichen Kontingenz eines urphänomenalen Ist, das der Osten (leicht mißverständlich) Materie nennt. Umgekehrt scheinen die an der Hegelinterpretation von Marx, Engels und Lenin orientierten Denker – und selbst der profundeste von ihnen, Ernst Bloch, kann von diesem Vorwurf nicht ganz freigesprochen werden – immer wieder zu vergessen, daß auch der Materie-Begriff seiner eigenen Dialektik unterworfen ist und deshalb nicht bei sich stehen bleiben kann. Eine solche Aussage, wie die kürzlich von Georg Klaus gemachte[18], »daß es eine Materie gibt (im Sinne Lenins), die das Bewußtsein hervorgebracht hat – das Bewußtsein, das in der Lage ist, die Materie abzubilden«, muß für den konsequenten Idealisten höchst anstößig klingen. Die Kybernetik bemerkt dazu, daß eine solche Feststellung völlig legitim und obendrein unvermeidlich ist. Als solche muß sie akzeptiert werden. Freilich muß man sich darüber klar sein, daß hier ein Reflexionsprozeß stillgestellt ist und nicht weiterfließen darf. Der *Inhalt* der diskutierten Aussage ist selbst irreflexiv – er drückt ein: So ist es und damit basta! aus.

Hier aber tritt in der Kybernetik die weitere Frage: Für wen? auf. Für wen ist es so, wie es uns der Anhänger des Dialektischen Materialismus lehrt? Zur Beantwortung dieser Frage kann nun die Kybernetik auf die Unterscheidung von unterspezifizierten und vollspezifizierten Systemen, also auf den logischen Gegensatz von Ich- und Du-Subjektivität hinweisen. *Die logischen Geltungsbereiche der Reflexionsprozesse im subjektiven Subjekt (Ich) und im objektiven Subjekt (Du) sind auf Grund der ontologischen Differenz von unter- und vollspezifiziertem System schlechterdings nicht zur Deckung zu bringen.* Die marxistische These ist unzweifelhaft wahr, wenn die Reflexion im Material zum Stillstand kommt, d. h. im Bereich jener Subjektivität, die uns als Du entgegentritt. Das Du – und nur das Du! – ist jene Subjektivität, die in der Maschine wiederholbar und nachkonstruierbar ist. Die Wiederholbarkeit in der materiellen Konstruktion besagt, daß hier die lebendige introszen-

---

18 Deutsche Literaturzeitung 83, 9 (1962), S. 773.

dente Reflexion stillgelegt worden ist und daß nun an ihrer Stelle objektive, physische Prozesse, die irreflexiv begriffen werden können, die Rolle der Seele übernehmen. In diesem Sinne bestätigt die Maschine in der Tat die Wahrheit der marxistischen These für jenes reflektierende Subjekt, das objektiv begriffen werden kann, weil es nie mit dem subjektiven Subjekt – d. h. der unerreichbaren Introszendenz des Ichs – identisch sein darf. Diese Wahrheit des dialektischen Marxismus sollte mit allen Konsequenzen, die sie für die Kybernetik hat, im Westen nun endlich auch begriffen werden. Die kybernetischen Techniker des Westens praktizieren sie längst, ohne sich über die ihrer Tätigkeit korrespondierende metaphysische Theorie groß Gedanken zu machen.

Begreift die Reflexion als Bewußtsein aber jenes kontingente primordiale Ist (der »Materie«) als den Ursprung, aus dem sie herkommt und dem sie in diesem Sinn als etwas metaphysisch sekundäres unterworfen ist, dann hat sich eine solche Reflexion eine Selbst-Interpretation gegeben, die – obwohl für das objektive Subjekt (Du) vollkommen gültig – für das subjektive Subjekt (inneres Icherlebnis) keineswegs verbindlich ist. Denn nur in der Konfrontation mit dem Du kann die primordiale Materialität der Welt als ein vollspezifiziertes System, von dem »Alles« bedingungslos abhängig ist, begriffen werden. Aber, wie bereits oben bemerkt, ist eine solche Vollspezifizierbarkeit unverträglich mit den Bedingungen, unter denen sich das eigene Ich-Erlebnis konstituiert. Dieses Erlebnis, das in keiner Weise so objektivierbar ist wie die Anerkennung einer anderen Subjektivität als ein mögliches Du, fordert, daß alle Materialität – dialektisch oder nicht – als unterspezifiziertes System erfahren und begriffen wird. In anderen Worten: das eigene Ich-Erlebnis kann nicht auf die Maschine übertragen werden! Die primordiale Protomaterie ist zwar der metaphysische Grund und Ursprung des Du als des objektiven Subjekts, nicht aber der der Introszendenz einer technisch unerreichbaren subjektiven Subjektivität.

Der Stoff *hat* in der Reflexion die objektive Subjektivität als primordiale Eigenschaft. Aber umgekehrt ist die Reflexion als subjektive Subjektivität, d. h. in der sich von der realen Welt frei ablösenden Introszendenz des Ichs, die souveräne Besitzerin der Materie. Im zweiten Fall ist es der Stoff, der *gehabt* wird, also jetzt zur Eigenschaft der Reflexion reduziert ist.

Es ist das Unglück des gegenwärtigen ideologischen Weltstreites, daß keine Seite philosophisch gewillt ist, mit beiden Thesen zugleich ernst zu machen. Im Osten versteift man sich auf den Gesichtspunkt, daß Reflexion eben eine Eigenschaft des Materiellen ist. Und damit Schluß. Im Westen kommt man von der Einsicht nicht los, daß Materialität eine Eigenschaft der Reflexion ist. Und da man auf beiden Seiten philosophisch mit dem gleichen Fanatismus an der zweiwertigen Logik festhält, muß notwendigerweise, wenn eine These akzeptiert wird, die andere falsch und völlig unakzeptabel sein. Der theoretische Streit schlägt dann in politischen Haß um, denn beide Seiten besitzen ganz echte und unanfechtbare Evidenzerlebnisse in ihren Thesen. Wenn etwas, was die eigene Innerlichkeit einsehen *muß*, und gar nicht anders kann, ohne sich selbst aufzugeben, von der andern Seite weiter bestritten wird, so kann nur Böswilligkeit im Spiel sein – so glauben wenigstens viele in beiden Lagern.

Zu dem Zeitpunkt, in dem diese Sätze geschrieben werden, scheint noch keine der beiden Seiten die Einsicht zu besitzen, daß ein Zeitalter, in dem der Mensch es wagen durfte, sich für objektiv gültige Kommunikationen auf seine innere Evidenz zu berufen, unwiderruflich seinem Ende zugeht. Der Glaube an die subjektive Evidenz, die bisher der Leitstern sowohl für die Einrichtung unseres inneren wie unseres äußeren Lebens war, ruht auf der durch die zweiwertige Logik unterbauten Gewißheit, daß die intersubjektive Allgemeingültigkeit des Denkens für alle rationalen Subjekte derart verbindlich ist, daß die Differenz zwischen subjektiver und objektiver Subjektivität diese Verbindlichkeit weder einschränken noch irgendwie modifizieren kann. Wenn es also möglich ist, etwas als »wirklich« wahr festzustellen, dann darf sich kein denkendes Subjekt aus diesem Urteilsvollzug ausschließen. Wenn es sich trotzdem von dem allgemeinen Consensus distanziert, dann muß es entweder unwissend bzw. inkompetent oder aber böswillig sein. Diese heute noch weit verbreitete Auffassung besitzt eine um so größere Überredungs- und Wirkungskraft, als sie in einem bestimmten Sinn tatsächlich zutreffend ist. Sie muß akzeptiert werden, solange man unter allen rationalen Subjekten, für die eine Objektiv-Gegenständliches beschreibende Aussage durchgehend verbindlich sein soll, *nur* objektive Subjekte (Du-Zentren der Reflexion) versteht. Bezieht man sich aber auf Subjekte im Ich-Sinne, d. h. sich aus der Welt ausdrücklich ausschließenden Innerlichkeiten, so kann kein Hinweis auf einen in der Welt feststellbaren Tatbestand ein allgemein-verbindliches Evidenzbewußtsein der *gleichen* Art auslösen. Ein solcher Tatbestand ist ja *inter-objektiv*, d. h.

als Distanz zwischen *Objekt* und Subjekt erlebbar. Er ist welthaft. Er ist aber nicht *inter-subjektiv*, d. h. als Abstand zwischen zwei Innerlichkeiten begreifbar. Und doch gibt es einen Konsensus der Innerlichkeiten, wie wir alle aus Erfahrung des Umgangs mit dem Du wissen, der durch keinen Hinweis auf die Welt bekräftigt oder widerlegt werden kann. Es ist das Kennzeichen der heutigen wissenschaftlichen Lage, daß das Ich-Du-Problem mehr und mehr zum Thema der theoretischen Besinnung wird. Und hier versagt das klassische Evidenzbewußtsein, eben weil es inter-objektiv ist. *Es gibt zwei Evidenzerfahrungen – eine für das Subjekt, das sich in der Welt weiß und das sich demgemäß am Objektiv-Gegenständlichen als dem Verbindlichen ausrichtet; und eine zweite für das Subjekt, das sich aus der Welt ausgeschlossen hat und das das ganze Universum als (potentiellen) Bewußtseinsinhalt besitzt.* Es ist unmöglich, beide zur Deckung zu bringen.

Für den, der sich an der Vorstellung zweier konkurrierender Evidenzerlebnisse stößt, soll hinzugefügt werden, daß wir hier mit den Mitteln einer an der Aristotelischen Logik entwickelten Sprache arbeiten, die dem, was ausgedrückt werden soll, nicht mehr völlig gewachsen ist. Immerhin ist unsere Sprache beweglich genug, daß das, was wir hier sagen wollen, sich derart umformulieren läßt, daß die Vorstellung konkurrierender Evidenzprozesse der Allgemeingültigkeit (für den, der darauf Wert legt) verschwindet. Es ist nämlich auch möglich zu sagen, daß es nur einen einzigen Evidenzvollzug gibt, wenn man stipuliert, daß Subjektivität-überhaupt in »Ich« und »Du« eine totale zweiwertige Disjunktion repräsentiert und daß mithin jeder Evidenzbezug eines Urteils entweder evident für die Subjektivität als Ich oder als Du ist. Er kann aber niemals beides zugleich sein. Die Evidenzerlebnisse zweier Reflexionszentren stehen in einem präzisen Umtauschverhältnis zueinander. Was für das eine Zentrum subjektives Erlebnis ist, ist von dem andern her gesehen ein objektives Ereignis. In praxi bedeutet das: falls ich die Wahrheit meiner Urteilsvollzüge feststellen will, muß ich erst eine Entscheidung darüber treffen, ob ich mich selbst in dem gegebenen Moment als ein *in* der Welt seiendes objektives Subjekt oder als eine das ganze Universum potential als Bewußtseinsinhalt besitzende Subjektivität verstehe. Es ist unmöglich, daß ich in meinen Evidenzerlebnissen beides zugleich bin!

Unsere Reflexionskapazität, die sich dadurch auszeichnet, daß sie sich über jede konkret gegebene Bewußtseinslage kritisch erheben kann, weist uns also darauf hin, daß der Satz:

›alle Subjektivität ist an einem allgemeinen Erlebnissinn orientiert, der alle rationalen Wesen verbindet‹

eine Doppeldeutigkeit enthält. Wir müssen uns fragen: welche Subjektivität? Und wir können nicht antworten: beide zugleich! Die Subjektivität, die wir als den Vollstrecker unserer logischen Urteilsvollzüge ansehen, ist immer aus dem Inhalt des obigen Satzes ausgeschlossen. Sie ist die introszendentale Ichhaftigkeit, die alle andern Subjekte als para-objektiv[19], d. h. als zugehörig zum in der Welt seienden Du-Bereich begreift. Es nutzt gar nichts, wenn das das Urteil vollziehende Ich *nachträglich* versichert, daß es sich *auch* zu jener Subjektivität rechnet, von der in dem obigen Satze die Rede ist. Solche gutwillige Zusicherung ist nicht Urteilsinhalt und kann es unmöglich sein. Überdies ist sie, obwohl in gutem Glauben gemacht, falsch. Die Zurechnung zur allgemeinen Subjektivität, die de facto besteht, kann nur von einem jener Subjekte vollzogen werden, die in der obigen These als Objektivitäten, also als Urteilsinhalt, auftreten. Damit der fragliche Satz auch für »mich«, den Sprechenden gilt, muß ich erst meinen Platz mit einem jener Du-Zentren vertauschen, für die »ich« ein gemeinsames Evidenzbewußtsein postuliere.

Kurz gesagt: individuelle Ich-Zentren repräsentieren innerhalb der transzendentalen Subjektivität überhaupt ein (strikt zweiwertiges) Umtauschverhältnis möglicher Systeme der Selbst-Reflexion.

Es ist selbstverständlich – und in der Komputertheorie auch nie anders behauptet worden –, daß die Bemühungen der Kybernetik nur darauf ausgehen, das objektive Subjekt, also die als physisches System in der Welt seiende Erscheinung der Subjektivität technisch zu wiederholen. Es sollte also nach dem oben Gesagten klar sein, daß die Frage, ob ein künstlich hergestelltes, sich selbst organisierendes und mit praktisch unbegrenzter Selbst-Reflexion begabtes System Subjektivität bzw. Bewußtsein »haben« würde, ganz sinnlos ist. Man müßte sofort die Gegenfrage stellen: welche Subjektivität? Und was heißt hier »haben«. Hat die Markuskirche in Venedig die Eigenschaft, daß sie rechts vom Dogenpalast steht, oder hat sie etwa die Eigenschaft, ihn links zu flankieren? In diesem trivialen Fall ist es jedermann sofort klar, daß man besagtem kirchlichen Gebäude weder die eine noch die andere Eigenschaft zusprechen

---

[19] Als para-objektiv verstehen wir das In-der-Welt-sein des Du, das uns wie ein Objekt entgegentrat.

Idealismus, Materialismus und Kybernetik 117

kann, sondern daß es sich hier um ein Umtauschverhältnis zweier völlig gleichwertiger Lokalisationsbezeichnungen handelt. Wenn wir in diesem Fall »rechts« oder »links« sagen, machen wir im Grunde genommen überhaupt keine Aussage über die beiden Bauwerke, sondern über den räumlichen Standpunkt, den wir selbst im Augenblick unserer Feststellung einnehmen. Sagen wir, daß der Palast links steht, so mögen wir vielleicht gerade aus einem der Portale der Kirche treten. Sehen wir ihn aber rechts, so werden wir vermutlich die beiden berühmten Architekturwerke vom Markusplatz aus konfrontieren. Analoges gilt für die Konfrontation der Komputertätigkeit mit jenem Phänomen, das wir als ›Bewußtsein‹ bezeichnen. Es dürfte schwer, wenn nicht unmöglich sein, einer Maschine im Vergleich mit der subjektiven Subjektivität Bewußtsein zuzuschreiben. Nehmen wir aber an, daß wir in der Lage sind, das Verhalten einer Maschine zu beobachten, deren Organisations- und Reflexionsleistungen – so stipulieren wir hier – den entsprechenden Leistungen des menschlichen Körpers ebenbürtig sind, dann dürfte es ebenso schwer sein, die Verhaltensstruktur des Artefacts anders als bewußt zu interpretieren. In diesem Fall haben wir die Maschine nicht mit dem Ich, das den Vergleich vornimmt, sondern mit der objektiven Subjektivität des Du-Bereichs verglichen.

Dabei darf nun nicht vergessen werden, daß objektive Subjektivität uns auch im Du nie echt gegenständlich gegeben ist. Das physische Dasein der anderen Person *vertritt* sie nur. Wenn wir der anderen Person ebenfalls Subjektivität zuschreiben, so beruht das ausschließlich auf einem *Anerkennungsakt*. Die Forderung, fremdseelische *Subjektivität an-sich-objektiv* festzustellen, widerspricht sich selbst. Sie ist gleichbedeutend mit der anderen, daß ein von mir als vollspezifiziert beurteiltes System für mich unterspezifiziert sein soll. Das ist so unsinnig, daß es sich nicht verlohnt, weiter darüber zu reden. Sinnvoll aber ist zuzugeben, daß ein solches vollspezifiziertes System sich in *seinem Verhalten zu sich selbst* (und nur in ihm!) als unterspezifiziert ausweisen mag. Da Freiheit eine Unterspezifikation voraussetzt, ist es also durchaus möglich, daß ein mit Bewußtsein begabtes Reflexionssystem (R) sich in seinen Erlebnisvollzügen als frei erlebt, weil ja jede gegebene Reflexionssituation mit mehr als einem Zustand der Systemelemente verträglich ist. Zu gleicher Zeit aber mag ein außenstehender Beobachter (B), der aus dem Bewußtseinsbereich des betr. Systems ausgeschlossen ist, und mithin fremdseelisches Erleben repräsentiert, zu dem legitimen Schluß kommen, daß »R« vollspezifiziert ist. Für »B« ist also jeder Bewußtseinsakt von »R« nur mit einem einzigen Zustand seiner Systemelemente verträglich. Jede Erlebnissituation von »R« ist für »B« vollkommen determiniert und von »R«'s Freiheit kann auf dem Beobachtungsstandpunkt von »B« gar nicht die Rede sein.

Es ist nun aber nicht so, daß »B« die Erfahrung, die »R« von sich selbst hat, widerlegt. Der von »B« gezogene Schluß gilt zwar für jeden überhaupt möglichen Beobachter, der den Standpunkt von »B« einnimmt, und er ist insofern in einem genau präzisierbaren Sinne allgemein. Aber er gilt eben *nur* für den Beobachtungsstandpunkt von »B«, und den kann »R« ja unmöglich einnehmen. Denn es ist uns ja schlechterdings unmöglich, wenn wir unsere eigenen Erlebnisvollzüge beobachten wollen, als Beobachtungsvehikel die fremdseelischen Bewußtseinsvorgänge, die sich in einem Du ereignen, zu benutzen. »R« kann also grundsätzlich nicht den Standpunkt von »B« einnehmen und ist also gar nicht verpflichtet, die von »B« gemachte Feststellung zu akzeptieren.

Es ist von entscheidender Wichtigkeit, sich darüber klar zu sein, daß es sich hier nicht um einen epistemologischen Meinungsstreit handelt, bei dem eine Seite Recht haben und die andere im Irrtum sein muß. Wir können nämlich »B« auffordern, seinen Standpunkt zu wechseln und statt die Bewußtseinsvollzüge von »R« in ihrer Relation zu dem physischen System »R« zu analysieren, jetzt seine eigenen seelischen Erlebnisse relativ zu dem eigenen physischen System »B« zu betrachten. Er wird dann unvermeidlich zu dem Ergebnis kommen, daß sein eigenes Bewußtsein sich nur unter der Voraussetzung konstituieren kann, daß das physische System, von dem es getragen wird, *zwangsläufig* als unterspezifiziert erlebt wird. Und er wird begreifen, daß dieses Urteil der Unterspezifikation nicht etwa auf vorläufigem mangelhaftem Wissen beruht, das durch bessere Einsicht im Laufe der Zeit korrigiert werden kann. Er wird vielmehr zu dem Schluß kommen, daß die Aufhebung der Unterspezifikation auch zur Aufhebung und totalen Vernichtung seines Bewußtseins führen würde. Sie ist in der Selbstreflexion auf ewig unvollziehbar.

Während »B« das alles feststellt, kann er aber ganz legitim an dem Urteil festhalten, daß »R« für jeden fremden Beobachter B_1 .... B_i ein vollspezifizierbares System ist. Er wird daraus mit Recht schließen, daß »R« die gleiche Meinung über ihn hat. D. h. »R« betrachtet sein eigenes Reflexionssystem als prinzipiell unterspezifiziert; dafür aber erscheint ihm »B« als vollspezifizierbares und deshalb restlos determiniertes System. »R« und »B« als unterschiedene Subjektivitäten (Ich und Du) stehen also in einem Umtauschverhältnis ihrer Urteilsvollzüge. Obgleich beide dieselben Beobachtungen machen und sie in gleicher Weise beurteilen (klassische Allgemeingültigkeit), üben sie diese Tätigkeit an verschiedenen »Reflexionsorten« aus. Die Angabe, daß »R« ein in seiner Subjektivität voll determiniertes System ist, kann infolgedessen nur dann als richtig anerkannt werden, wenn wir hinzufügen, daß sie für den Standort von »B« gilt. Aber obwohl jedes Subjekt, das diesen Standort einnimmt, unvermeidlich zu dem gleichen Schluß kommen muß, ist der Satz für die Selbst-Reflexion von »R« nicht richtig. Denn es ist für »R« unmöglich, jemals von »B« aus ein erkennendes Verhältnis zu sich selbst zu haben.

MacKay, der sich in einer interessanten Studie mit dem Problem befaßt hat,[20] bemerkt dazu, daß das reflexionstheoretische Umtauschverhältnis der Standpunkte »R« und »B« mit der Relativität der Beobachter in der Einsteinschen Theorie verglichen werden kann. Die Darstellung des Sachverhalts, der sich hinter solchen Termini wie »Ich«, »Subjektivität«, »Seele« usw. verbirgt, ist eine Funktion des Umtauschverhältnisses zwischen Selbst- und Fremd-Reflexion. MacKay kommt deshalb zu dem Schluß, daß der Jahrtausende alte Streit zwischen Determinismus und Freiheit auf einem logischen Indeterminismus unserer Bewußtseinsvollzüge beruht. Wir können dem englischen Gelehrten nur beipflichten und stellen fest, daß diese Indeterminiertheit auf folgende Weise zustande kommt: Logische Allgemeingültigkeit bezieht sich immer auf Bewußtsein überhaupt und nicht auf ein individuelles Bewußtsein. Aber jene Subjektivität überhaupt, in die das Einzelsubjekt eingebettet ist, bleibt in Ich- und Du-Subjektivität aufgespalten. D. h. jedes Ich kann das Verhalten eines fremdseelischen Reflexionssystems nur »von außen«, also objektiv reflexiv und nicht als selbst-reflexiv denken. In der Fremdreflexion habe ich niemals mich selbst, sondern das Du, das der Identifizierung mit meiner Subjektivität auf ewig widersteht. Unter fremd-reflexivem Verhalten verstehen wir also den Aktionsbereich eines anderen Systems, in dem das letztere, sowohl auf

---

[20] D. M. MacKay, The Use of Behavioural Language to refer to Mechanical Processes. The British Journal for the Philosophy of Science, Vol. XVIII No. 50, 1962.

mich als selbst-reflexives System als auch auf seine aus meiner Selbst-Reflexion ausgeschlossene Umgebung reagiert.

Unsere »Erfahrung« der Du-Subjektivität beruht nun darauf, daß das Ich in der Selbst-Reflexion einen Akt vollzieht, in dem es die Fremd-Reflexion – sobald die letztere eine Organisationsstufe erreicht hat, die der des Ichs vergleichbar ist – als fremde Selbst-Reflexion *anerkennt*. D. h. es wird zediert, daß innerhalb von Subjektivität überhaupt die Reflexionsbereiche des Ich-Seins und des Du-Seins ein Umtauschverhältnis bilden. Was »Ich« ist, kann »Du« werden, wenn ein einzelnes Du aus der transpersonalen Region von Du-Sein überhaupt heraufsteigt und den Platz einnimmt, den das gegenwärtige Ich zu räumen bereit ist. Das Ich kann seinen Platz aber nur dann aufgeben, wenn es die Ebenbürtigkeit des Du anerkennt. Die möglichen Grade solcher Anerkennung, an denen sich die Reflexionsfunktionen orientieren können, reichen vielleicht bis ins Tierreich hinunter. Wir wissen es nicht. Wir wissen jedoch – und Hegel hat es in der »Phänomenologie des Geistes« mit tiefer Einsicht dargestellt –, daß eine solche Anerkennung, in der sich Ich und Du als verschiedene Gestalten von Selbstbewußtsein konstituieren, eine gegenseitige sein muß (Umtauschverhältnis).

In dem Abschnitt über das Selbstbewußtsein lesen wir in dem Hegelschen Text: »Das Selbstbewußtsein erreicht seine Befriedigung nur in einem andern Selbstbewußtsein ... Das Selbstbewußtsein ist *an* und *für sich*, indem und dadurch, daß es für ein anderes an und für sich ist; d. h. es ist nur als ein Anerkanntes.« Hegel gebraucht nirgends den Terminus »Du« als Gegensatz zu »Ich«. Er spricht nur von dem »Anderen« oder bestenfalls von anderen »Individuen«. Aber auch so ist der Text verständlich in dem Hinweis auf die logische Doppelsinnigkeit im Problem der Selbst-Reflexion, die aus dem Umtauschverhältnis von Ich und Du hervorgeht. Daß dies zu einer reflexiven Indeterminiertheit der Urteilsvollzüge im Bewußtsein führen muß, dafür gibt es in dem Abschnitt über »Selbständigkeit und Unselbständigkeit des Selbstbewußtseins« einen interessanten Hinweis. Wir lesen nämlich über die Konfrontation zweier Zentren der Selbstreflexion die folgende Auslassung: »Jedes ist wohl seiner Selbst gewiß, aber nicht des anderen; und darum hat seine eigene Gewißheit von sich noch keine Wahrheit; denn seine Wahrheit wäre nur, daß sein eigenes Fürsichsein sich ihm als selbständiger Gegenstand, oder was dasselbe ist, der Gegenstand sich als diese reine Gewißheit seiner

Idealismus, Materialismus und Kybernetik

selbst dargestellt hätte. Dies aber ist nach dem Begriff des Anerkennens nicht möglich ...«[21]

Das Verständnis dieses Satzes wird dadurch erschwert, daß das Du hier sogar mit dem Terminus »Gegenstand« belegt wird. Was dem zitierten Satz seinen revolutionären Charakter gibt, ist der in ihm enthaltene Angriff auf den klassischen Evidenzbegriff. Evidenz ist nicht ein in der eigenen Introszendenz der jeweiligen Subjektivität beheimateter Erlebnisvollzug. Wenn die eigene Gewißheit der Selbstreflexion noch keine »Wahrheit« hat, dann kann sie auch keine Wahrheit an die Welt abgeben, und die naiven Evidenzurteile des unmittelbaren Bewußtseins, mit denen sich das letztere in der Wirklichkeit orientiert, halten einer weitergehenden Reflexion nicht stand. Was Hegel in dem obigen Zitat »Wahrheit« nennt, ist über das Umtauschverhältnis von Ich und Du als Subjektivität-überhaupt distribuiert. Und diese Distribution kann nie aufgehoben werden, weil der Gegensatz zweier Subjektivitätszentren, die sich wie Ich und Du verhalten, auf reziproker Anerkennung beruht. Das Ich erkennt das Du trotz seines Objektcharakters als ebenbürtige Subjektivität an, weil sein eigener Anspruch im Verhalten des Du zu ihm bestätigt ist. Die Notwendigkeit dieses gegenseitigen Anerkennens hält Ich und Du ewig auseinander; sie trennt Eigenseelisches von Fremdseelischem. Jene Wahrheit also, die in der Subjektivität beheimatet ist, kann grundsätzlich nicht aus ihrem Distributionszustand befreit werden. Sie ist trotz ihres »subjektiven« Charakters deshalb auch nicht in der Tiefe der Introszendenz und dem privaten Evidenzbewußtsein verankert. Wäre sie das, dann müßte – um mit Hegel zu reden – sich dem Ich das *eigene* Fürsichsein als selbständiger Gegenstand (also als Du!) darbieten.[22] Und umgekehrt müßte der selbständige Gegenstand dem Denken »sich als diese reine Gewißheit seiner selbst« enthüllen. D. h. also: das Du müßte dem Denken, das sich mit ihm (objektiv) befaßt, seine private Introszendenz enthüllen und zugänglich machen. Das aber ist ein Widerspruch in sich selbst. Es würde nämlich gefordert, daß das Objekt *als* Objekt zugleich das Subjekt ist, das sich mit seinem Gegenstand befaßt.

Was die unzugängliche Hegelsche Terminologie ausdrücken will, ist also, daß die Idee einer für *alle* Subjektivität (Ich *und* Du) im gleichen Sinn verbindlichen Wahrheit daran scheitert, daß

---

[21] l.c., S. 143 f.
[22] Sperrung von uns.

keine Selbstreflexion je die fremdseelische als die eigene übernehmen kann. D. h., um noch einmal in Hegelscher Terminologie zu reden: es ist unmöglich, daß das Du (»der Gegenstand«) sich dem Ich jemals »als diese reine Gewißheit seiner selbst« darstellt. Wenn aber das Ich die subjektive Selbst-Gewißheit seines Denkens nie auf das Du übertragen kann und von dem Du dasselbe gilt, dann erstreckt sich diese Unübertragbarkeit auch auf jenes »Moment« der Wahrheit, das als Erlebnisevidenz an die private Introszendenz des isolierten Subjekts angeschlossen ist.

Dieser transzendental-logische Sachverhalt liegt dem kybernetischen Sprachgebrauch zugrunde, wenn von Vollspezifikation und Unterspezifikation eines gegebenen selbst-reflexiven Systems gesprochen wird. *Die Problematik des transzendental-dialektischen Idealismus kehrt heute in der Kybernetik wieder.* Dabei enthüllt sich die letztere immer mehr als die Art und Weise, wie sich die nicht-europäische Welt ein Gedankengut, das durch die faustische Tradition des Abendlandes und eine von derselben abhängige esoterische Terminologie hoch belastet ist, zu eigen zu machen beginnt.

Die Unterscheidung von Voll- und Unterspezifikation selbstreflexiver Systeme ist nicht das einzige transzendental-logische Motiv, das derart wieder entdeckt wird. Wir sind auf dasselbe hier ausführlich eingegangen, weil es ein scharfes Licht auf die innere Leere des ideologischen Streites zwischen Ost und West wirft und zu gleicher Zeit zeigt, daß die Marxistisch-Leninistischen Bewußtseinstheorien eine echte Legitimität besitzen. Daß sie nicht die ganze Wahrheit sind, versteht sich nach dem oben Gesagten von selbst. Das gleiche gilt aber von der mehr oder weniger orthodoxen idealistischen »Spekulation«, die auf der westlichen Seite – in Europa – ihr bescheidenes Dasein fristet und die sich solange keine Weltgeltung erwerben kann, als sie auf formalisierende Umformung des in der Entwicklung von Kant zu Schelling investierten Gedankengutes verzichtet. Einer solchen Umformung widersetzt man sich heute noch weitgehend, weil man (nicht ganz mit Unrecht!) ahnt, daß dabei manches, was noch als ehrwürdig und liebenswert gilt, auf der Strecke bleiben wird, daß Anderes, das man bisher beharrlich aus dem geistigen Blickfeld gerückt hat, nun auf einmal sein Recht auf Anerkennung fordern wird. Auch hier begnügt man sich mit weniger als der ganzen Wahrheit.

Ein solches Anderes, das sich heute in das geistige Blickfeld drängt, ist die Kybernetik mit ihrem spezifischen Anspruch als Teilerbin der transzendental-dialektischen Problematik.

Daß die kybernetischen Theorien eine metaphysische Herausforderung an die spirituellen Reserven des Menschen darstellen, ist kürzlich von Ulrich Sonnemann mit dankenswerter Eindringlichkeit hervorgehoben worden.[23] Es kann schon heute gar kein Zweifel daran bestehen, daß die sich rapide entwickelnde Theorie der sich selbst organisierenden Systeme, die sich von ihrer Umwelt selbstreflexiv abgrenzen, zu einer kritischen Überprüfung der im deutschen Idealismus entwickelten Reflexionstheorie, besonders in der Gestalt der Hegelschen Logik, führen muß. Damit ist aber mehr in Frage gestellt als »bloße« Logik. Das Gesamtbild, das der Mensch von sich in der Reflexion besitzt, ist in Frage gestellt, und die veränderte Rolle, die die technischen Einrichtungen und Denkweisen in der Welt zu spielen beginnen, zwingt ihn zu einer neuen Besinnung auf sein Wesen. Die Technik, die vom Menschen einst ahnungslos gewollte, erhebt jetzt ihre reißbrettkalten Forderungen. »Sie antwortet dem Menschen nicht länger wie sein eigener Schatten, sondern wie ein Antwortender; sie ist *wirklich*. Was aus dieser Wirklichkeit herausspringt, ist mehr und Ängstigenderes, als was er in sie hineinzulegen geglaubt hatte: über die Erfüllung seiner Bedürfnisse hinaus der stumme Vorwurf seiner Dürftigkeit; und nicht mehr das Echo seines hinfällig jeweiligen Soseins, sondern Entgegnung auf die Unzulänglichkeit seines bisherigen Seins überhaupt; seine unfertige Geschichtsgestalt; sein Gesamtbild ... Diese ihre Suche nach dem heimlichsten Punkt im Wesen des Menschen kennzeichnet die Technik als Heimsuchung; die bohrende Unerbittlichkeit der Suche sie als seine *totale Provokation*.«

Was heute den Völkern der Erde eine gemeinsame Zukunft verspricht, ist der glückliche Umstand, daß diese Provokation jetzt überall erfahren wird. Sie fordert den Asiaten sowohl wie den Europäer oder den Amerikaner heraus, und sie tut das in jedem Zivilisationsbereich in der gleichen Weise, insofern als sie an jedem Ort den Mechanismus der menschlichen Existenz entlarvt und nirgends eine andere Wahl freigibt, als entweder *sich* selbst ganz dem Mechanismus auszuliefern und dann schon im plattesten ökonomischen (geschweige denn in einem tieferen) Sinn Bankrott zu machen – weil der nur auf mechanische Leistungen abgestellte

---

[23] Vgl. das Kapitel »Die Technik als Provokation« in »Das Land der unbegrenzten Zumutbarkeiten«, Rowohlt 1963, S. 126. Siehe auch S. 176–183.

Mensch überhaupt keinen Marktwert mehr haben wird – oder aber ein neues schöpferisches Bild von *sich* zu entwickeln, in dem er sich als so frei begreift, daß er die historische Notwendigkeit der Maschine furchtlos bejahen kann, weil er nie in Gefahr ist, von ihr verknechtet zu werden. Mit Recht sagt Sonnemann: »Die Automation als erster Vorgang in der Geschichte der Technik verheißt die Entmechanisierung des Menschen.« (S. 179)

Der Weg dahin ist nicht leicht und allerlei Unbequemlichkeiten sind auf ihm zu erwarten. Eine der ersten ist die Notwendigkeit zu begreifen, daß der dialektische Materialismus gegenüber dem, was uns von Seiten der Technik bevorsteht, viel besser gerüstet ist als das idealistische Denken. Zwischen dem, was man heute unter Maschinentheorie versteht, und der Marxistisch-Leninistischen Denkweise besteht eine innere Affinität, die die erstaunliche Verbreitung verständlich macht, die die Kybernetik in Rußland gefunden hat. Man spürt in ihr die Möglichkeit einer tieferen philosophischen Orientierung – eine Haltung, von der man sich im Westen noch nicht einmal träumen läßt. In Amerika, dem Ursprungsland der Kybernetik als einer Wissenschaft sui generis, gilt der kybernetische Wissenschaftler vorläufig erst dann etwas, wenn er zur technischen Seite des Problems beizutragen fähig ist. Einige wenige tiefere philosophische Köpfe sehen zwar die metaphysischen Perspektiven der neuen Disziplin (Wiener, McCulloch, von Foerster und vereinzelte Repräsentanten des jüngeren Nachwuchses wären hier zu nennen), aber der Wert, den man ihnen zugesteht, bemißt sich im wesentlichen nach ihren technischen Publikationen. Und vor allem die Jüngeren hüten sich sehr, aus diesem engen Rahmen auszubrechen. It does not pay. Man macht sich eher suspekt mit solchen Versuchen.

Anders im Einflußbereich des dialektischen Materialismus. Dort sind Geschichts- und Gesellschaftsmetaphysik (obwohl der Name verpönt ist) und Kybernetik schon enge Verbündete. Die »materialistische«, d. h. objektivierende Betrachtungsweise ist hier ganz am Platze, weil die Theorie der sich selbst organisierenden und reflektierenden Systeme bei dem Versuch, den Menschen mit technischen Mitteln zu wiederholen, selbstverständlich das Du-Bildnis der Personalität im Auge hat. Man beschränkt sich ausschließlich auf die objektive Seinsgestalt eines Systems der Selbstreflexion. D. h. man faßt nur das gegenständliche Dasein des Du in der Welt ins Auge, interpretiert sich selbst als solches und klammert das introszendentale Ichsein, d.h. das innere Privat- und

Unzugänglichsein dieser Reflexionssysteme aus der Begriffsbildung, die sich mit ihnen befaßt, aus. Unter diesem Gesichtspunkt fallen alle Subjektivitätszentren unter die Kategorie der Vollspezifizierbarkeit und alle Selbstreflexion, wo immer sie auftritt, ist dann in der Tat als eine (abhängige) Eigenschaft eines primordial vorgegebenen »Materiellen« zu betrachten. Unser Denken entspringt dann aus einer für es undurchdringlichen Kontingenz. Für dieses Weltbild ist der metaphysische Ursprung des Denkens ein factum brutum. Hat man erst einmal die Voraussetzungen akzeptiert, von denen der dialektische Materialismus ausgeht, *und* beschränkt man sich auf die Analyse des Denkens als Du-Subjektivität, dann sind die gezogenen Schlüsse ganz unvermeidlich und legitim. Mehr noch: will man exakte Gesellschaftswissenschaft treiben und die sozialen und kulturellen Existenzbedingungen des physischen Daseins des Menschen in einer Weise verstehen und beherrschen, die unserm naturwissenschaftlich-mathematischen Denken kommensurabel ist, dann ist es unvermeidlich, daß man für die auf solche Ziele gehenden Untersuchungen die logischen Voraussetzungen von Denkern wie Marx und Lenin akzeptiert. Wer den obigen Analysen des Hegelschen Textes über das gegenseitige Verhältnis von Ich und Du aufmerksam gefolgt ist, dürfte eine Ahnung davon bekommen haben, zu welchen umfassenden und radikalen Konsequenzen ein Denken bereit sein muß, das es sich zur Aufgabe gemacht hat, die Gestalt der Du-Subjektivität in der Maschine zu wiederholen.

Die erste dieser Konsequenzen ist die Einsicht, daß das Verhältnis von transzendentalem Idealismus und dialektischem Materialismus genau dem Gegensatz von Ich- und Du-Subjektivität entspricht. Im zweiten Fall hat die Selbst-Reflexion sich als das in der Welt seiende Du begriffen, und dieses Du unterliegt als solches allen Gesetzen, die das physische Universum regieren. Im ersten Fall hat sich die Selbst-Reflexion in die unnahbare Introszendenz ihres innerlichen Ichseins zurückgezogen und fällt von dort aus ihre Urteile, die in der transzendental-idealistischen Spekulation von Fichte, Hegel und Schelling gipfeln. Beide Standpunkte sind von der gleichen Einseitigkeit. Marx hatte völlig recht, wenn er sich bemühte, den nach seinem berühmten Wort auf dem Kopfe stehenden Hegel wieder auf die Füße zu stellen. Er irrte nur, wenn er glaubte, daß diese Stellung, weil die »natürliche«, die einzig legitime sei. Das sich selbst konsequent durchführende Denken entdeckt in seiner Ichhaftigkeit die Fähigkeit, zum Natürlichen

Distanz zu nehmen, und die amüsante Anekdote, nach der Hegel Fakten, die seinen dialektischen Konstruktionen widersprachen, mit einem: ›Um so schlimmer für die Tatsachen‹ abgetan haben soll, hat einen tiefen Sinn. Man kann zu diesem Geschichtchen nur sagen: Se non é vero, é ben trovato.

Die arteigenen Denkkategorien, die die Kybernetik bisher entwickelt hat, sind wenige und logisch noch nicht endgültig durchgebildet. Jedoch macht sich ein neuer Denkstil deutlich bemerkbar, und in immer deutlicheren Konturen zeichnet sich die Einsicht ab, daß für die Maschinentheorie der Kybernetik der dialektische Materialismus die höchste Affinität besitzt und auf diesem Spezialgebiet anderen Denkweisen unstreitig den Rang abläuft. Diese Überlegenheit aber betrifft, wie bemerkt, nur den einen Aspekt des kybernetischen Denkens, nämlich Subjektivität auf objektive Strukturen (Maschinen) zu transferieren. Ein anderer Aspekt aber betrifft die Konfrontation des Mechanismus mit der transsubjektiven Geschichtlichkeit des Menschen (Hegels objektiver Geist), und hier kann weder eine Überlegenheit noch eine Inferiorität eines der beiden Standpunkte, die wir als idealistisch-transzendentale Spekulation und materialistisch orientierter Dialektik bezeichnen, angenommen werden. Aus der bisherigen Analyse der selbst-reflektierenden und sich selbst organisierenden Systeme ergibt sich vielmehr, daß die beiden scheinbar so feindlichen philosophischen Standpunkte nichts weiter als ein logisches Umtauschverhältnis elementarer Reflexionssituationen darstellen – Reflexionssituationen, die die Eigenschaft haben, daß sie nie zugleich realisiert werden können. Die Totalität des in der Subjektivität lebenden Denkens ist über den Gegensatz von Ich und Du distribuiert, und es ist prinzipiell unmöglich, sie im Ich *oder* im Du zu sammeln. (Das technische Korrelat dazu ist das komplementäre Verhältnis von unterspezifizierten Systemen). Nun ist evident, daß »ich« nicht Ich und Du zugleich sein kann. Zwar kann ich mir selbst eine Pseudo-Objektivität in einem feedback der Reflexion geben und mich in dieser Situation als ein Du betrachten, aber ich kann nicht umhin, im Vollzug dieses Aktes mein Ichsein und die Introszendenz meiner Innerlichkeit aus den Augen zu verlieren und temporär preiszugeben. Und was gar das fremde, mit echter Objektivität bekleidete Du angeht, das mir in einem fremden Leibe entgegentritt, so muß ich anerkennen, daß es zwar ein Ich *für sich selbst*, aber *niemals für mich ist*.

Wo immer wir dem Unterschied von Ich- und Du-Subjekti-

Idealismus, Materialismus und Kybernetik

vität begegnen, in der eigenen Reflexion sowohl wie in der objektiven Welt, jener Welt, in der separate Zentren der Selbstreflexion auf eine Vielheit physischer Körper verteilt sind, überall enthüllt sich die Relation zwischen Ich und Du als ein strikt zweiwertiges Umtauschverhältnis von inversen Standpunkten der Reflexion, die keinen mittleren Kompromiß erlauben, in dem sich das eine oder das andere (oder gar beide) in ihrer Selbständigkeit erhalten können. Die Mitte zwischen beiden ist, was Hegel den objektiven Geist nennt. Aber dieser ist weder Ich noch Du. D. h. er besitzt kein introszendentes Zentrum, in dem sich die Reflexion sammeln und ein Selbst produzieren könnte, das weder Ich noch Du ist. Solange Welt und Geschichte besteht und solange sich in ihnen ein Denken rührt, wird die Selbstreflexion sich in einem perennierenden Umtauschverhältnis mit sich selbst finden. Das ist, was Hegel im Gegensatz zu der starren, sich selbst genügsamen Identität des physischen Dinges *Reflexionsidentität* nennt. Dieselbe konstituiert sich nur in unaufhebbaren Umtauschverhältnissen. Um noch einmal auf unser oben gebrauchtes Beispiel zurückzukommen: die Markuskirche befindet sich entweder auf der rechten oder der linken Seite des Dogenpalastes. Ein Drittes ist ausgeschlossen. Aber ebenso unmöglich ist, daß wir uns zu beiden Feststellungen zugleich bekennen, und schließlich ist es absurd zu behaupten, daß die eine oder die andere Aussage die endgültige wahre ist und daß wir es nur nicht wissen. Daraus haben wir weiter oben schon den einfachen Schluß gezogen, daß der in Frage stehende Aussageinhalt überhaupt keinen irreflexiven (d. h. von der Reflexion unabhängigen) Tatbestand indiziert. Man kann – wie bereits bemerkt – soweit gehen zu sagen, daß überhaupt keine Aussage über das örtliche Verhältnis von Palast und Kirche gemacht worden ist. Was wir in unserm Satz wirklich konstatiert haben, war nichts anderes als eine Angabe über uns selbst, d. h. über den örtlichen Standpunkt, den wir eingenommen haben, als wir die beiden Bauwerke erblickten.

Das Beispiel mag trivial erscheinen, aber es illustriert vortrefflich die logische Situation des für die Kybernetik relevanten Gegensatzes von transzendental-spekulativem Idealismus und dialektischem Marxismus. In der Aussage über die beiden venetianischen Bauten wurde eine Aussageform gebraucht, die Heteroreferenz vortäuschte, während sie in Wirklichkeit selbst-referenten Charakter hatte. D. h. der Beobachter konstatierte etwas über sich selbst, und zwar in genügend eindeutiger Form. Soweit aber das

Beobachtete in Frage kam, stand der Aussageinhalt in einem einfachen Umtauschverhältnis zu seiner Antithese und war deshalb doppelsinnig. – Dieses einfache Beispiel mag die gegenseitige Relation konkurrierender Beschreibungen eines voll selbst-reflektiven Systems ein wenig erhellen. Die beiden philosophischen Ideologien, die heute den Westen und den Osten entzweien, sind sich wenigstens in einem Punkte völlig einig. Beide stellen fest, daß das letzte Thema ihres Denkens die selbst-reflexive Struktur des Wirklichen ist. Das ist auf beiden Seiten mit einer solchen impliziten Selbstverständlichkeit zugestanden, daß keine Partei sich mit einem kläglichen »ja aber ...« von dem gemeinsamen Standpunkt zurückziehen kann, wenn man die Konsequenzen dieser Gemeinsamkeit aufdeckt. Die eine Seite bezeichnet jene selbstreflexive Wirklichkeit als Gott, die andere redet davon, daß die Materie Selbstreflexion besitze (Lenin). Die Termini Gott und Materie sind hier aber genau so irrelevant wie geistliches und weltliches Bauwerk in unserem Beispiel aus Venedig. Vom Standpunkt des Logikers aus handelt es sich hier um zwei mögliche, einander ebenbürtige Beschreibungen, die sich nur deshalb zu widersprechen scheinen, weil unser endliches, zweiwertiges Bewußtsein auf Grund der ihm eigenen Struktur prinzipiell unfähig ist, eine »totale«, auf *ein* Ichzentrum bezogene Reflexionssituation in sich zu entwickeln, d. h. eine Bewußtseinslage zu produzieren, in der alle Denkmotive, deren ein erlebendes Subjekt fähig ist, sich in einem universalen Weltbild harmonisch und widerspruchslos vereinigen könnten.

Das ist, wie bereits betont, grundsätzlich unmöglich, weil die Struktur dessen, was bei Kant Bewußtsein-überhaupt genannt wird, über den unaufhebbaren Gegensatz von Ich und Du distribuiert ist. Die Idee eines absoluten Subjektes, in dem jener Gegensatz »aufgehoben« wird, ist eine logische Chimäre, und die religiöse Tradition, die Gott als Gegenspieler Satan beigibt, folgt einem richtigen metaphysischen Instinkt. Wenn Gott als Person aufgefaßt werden soll, muß er ein aus seiner »Subjektivität« ausgeschlossenes Du konfrontieren. Auch ihm ist die »totale« Reflexion nur in einer solchen Distribution über das Ich-Du Verhältnis zugänglich. Dieses Umtauschverhältnis sich gegenseitig ausschließender Erlebniszentren produziert eine Komplementarität von Reflexionssituationen, die *zwangsläufig* an je eine der beiden isolierten Bewußtseinskreise, also entweder an Ich oder an Du angeschlossen sind. Diese Zwangsläufigkeit aber hat für das naive, nicht kritisch

Idealismus, Materialismus und Kybernetik

auf sich selbst reflektierende Denken eine verhängnisvolle Folge: Sie suggeriert nämlich für die eigene Reflexionssituation – weil »ich« ja gar keine andere als die eigene haben kann – einen Evidenz- und Wahrheitsanspruch, den sie gar nicht zu besitzen fähig ist. Dieser trügerische Anspruch wird noch dadurch unterstützt, daß das Du und seine ihm allein eigene Reflexionssituation ja als möglicher Bewußtseinsinhalt in mein eigenes Denken eingeordnet werden können. Eine solche Einordnung erweckt den Anschein, als ob jene Reflexion, die ich nur in der Du-Gestalt begreifen kann, der meinen untergeordnet wäre. Das führt zu jener etwas komisch wirkenden erkenntnistheoretischen Großmütigkeit, daß »ich« dem Du zwar auch Wahrheitserkenntnis zubillige, aber nur unter der Voraussetzung, daß es sich ganz auf meine Seite schlägt, mit mir sozusagen eine geschlossene erkenntnistheoretische Front bildet, d. h. *seine* Introszendenz aufgibt und für seine Urteilsbildung die meine übernimmt. Von dieser geschlossenen Front aus können dann alle Subjekte ihre erkenntsnistheoretischen Aussagen über die Welt machen – kein Wunder, daß ihre Wahrheitsbegriffe und Evidenzkriterien übereinstimmen, denn was sie betrachten, ist eine von aller Du-Subjektivität entleerte Pseudo-Wirklichkeit, die nie dem egoistischen Ich-Standpunkt widersprechen kann, weil die introszendentale Tiefe eines fremden Ichs, aus der solche Widerspruchskräfte kommen könnten, von mir in meinem Denkansatz sorgfältig eliminiert worden ist. Das ist der Kernpunkt der Sache: um mit »mir« gemeinsam »allgemeingültige« Urteile fällen zu können, muß das Du seine Introszendenz aufgeben und die des Ichs übernehmen. So entsteht die Chimäre eines universalen, absoluten Ichs, in dem der Gegensatz von Ich- und Du-Subjektivität aufgehoben ist.

Leider aber kümmert sich die Wirklichkeit nicht um unsere Absichten, unser Dasein erkenntnistheoretisch bequem zu machen. Sie erlaubt dem Du zwar die Selbsttäuschung, daß es auf die Seite des Ichs hinüberwechseln könnte, aber sie gibt die im Du investierte Introszendenz nicht wirklich her. Diese bleibt relativ zu der Introszendenz des Ichseins eine Eigenschaft der aus dem Ich ausgeschlossenen »objektiven« Welt. Wenn das Du glaubt, daß es seine ihm eigene introszendente Privatheit zugunsten der allgemeinen Privatheit (welch ein Widerspruch!) eines universalen Ichs aufgeben könnte, in dem »alle« Subjektivität auf ein einziges Reflexionszentrum bezogen ist, so befindet es sich in einem metaphysischen Irrtum. Das ist nichts Neues. Schon die ältere Tradition betrachtet die individuelle Subjektivität als die Quelle aller metaphysischen Irrtümer, beginnend mit der Erzählung vom Sündenfall in 1. Mose 3. Hegel hat das Thema in der *Phänomenologie des Geistes* in seiner Weise aufgenommen, wenn er davon spricht, daß das Selbstbewußtsein sich seinen eigenen Begriff »verdeckt«, der – wie wir hier hinzufügen – eben in jener Distribution über eine Vielheit von Reflexionszentren besteht.

Wenn aber nun die komplementäre Introszendentalität des Ich-Du Gegensatzes unauflösbar bleibt – denn andernfalls verschwindet alles Bewußtsein –, dann muß das naive Denken sein Bild von der Welt ebenfalls in einer solchen Komplementarität seiner Begriffsbildung entwickeln. D. h. wir erhalten einen Dualismus von Weltanschauungen, die sich gegenseitig bis in den Tod befehden. Und da Ich und Du, über die dieser Dualismus verteilt ist, ein einfaches Umtauschverhältnis von Erlebniszentren (samt dazugehörigen Reflexionssituationen) darstellen, repräsentiert der Dualismus des Weltanschauungsproblems ebenfalls ein Umtauschverhältnis ebenbürtiger Seiten. Die Parteinahme für die eine oder die andere Seite in diesem Streit ist also nichts weiter als die logische Verwechslung eines Umtauschverhältnisses mit einer Proportion.[24] In der letzteren existiert keine Ebenbürtigkeit der Verhältnisglieder, die einen beliebigen Vertausch gestatten würde. Wollen wir z. B. eine Relation der Ziffer eins mit sich selbst darstellen, so können wir $\frac{1}{1}$ schreiben, und es erübrigt sich noch eigens darauf hinzuweisen, daß die beiden Ziffern ihre Plätze wechseln können, ohne daß sich das geringste ändert. Wir haben es hier mit einem elementaren Umtauschverhältnis zu tun, und es wäre lächerlich, wenn wir uns bemühten, festzustellen, welches die »wahre« Stellung der Zeichen ist. Anders aber liegen die Dinge, wenn wir die entsprechende Relation zwischen 1 und 2 herstellen wollen. In diesem Falle haben wir es mit einem Proportionsverhältnis zu tun, und jedermann weiß, daß es keineswegs gleichgültig ist, ob wir $\frac{1}{2}$ oder $\frac{2}{1}$ schreiben. Die Schreibungen drücken Verschiedenes aus, und wir müssen uns entscheiden, welche von ihnen den intendierten Sachverhalt adäquat ausdrückt und welche nicht. Es ist unmöglich, daß beide, bezogen im selben Sinn auf dasselbe Erfahrungsdatum, wahr sein können.

Der gegenwärtige ideologische Streit zwischen Ost und West beruht im Grunde auf einer solchen Verwechslung des Umtausch-

---

[24] Vgl. Karl Heim, Das Weltbild der Zukunft (Berlin 1904).

Idealismus, Materialismus und Kybernetik

verhältnisses ebenbürtiger Reflexionsstandpunkte mit einem Proportionsverhältnis, in dem die eine Seite mehr Recht haben muß als die andere. Da aber nun einmal zwei sich befehdende und in totaler Disjunktion sich gegenseitig ausschließende Weltanschauungen sich wie Ich und Du zueinander verhalten, teilen sie auch das Schicksal von Ich und Du, ein präzises Umtauschverhältnis der Reflexion (als objektiver) mit sich selbst (als subjektiver) darzustellen. Und wenn jemand behauptet, daß dialektischer Materialismus oder transzendentaler Idealismus die wahre Weltanschauung sei, so ist das ebenso absurd, als wenn er behauptete, daß er allein das wahre Ichsein in der Welt besäße und daß alle andern Ichs, die ihm in der Existenz des Du gegenübertreten, eine inferiore oder gar falsche Ichgestalt besäßen. Es ist überflüssig darauf hinzuweisen, wie ungereimt eine solche Annahme ist; es ist aber vorläufig leider immer noch nötig, ausdrücklich festzustellen, daß unser Denken sich den genannten Weltanschauungspositionen gegenüber in der gleichen Lage befindet. Der logisch-metaphysische Irrtum, der begangen wird, wenn man die eine theoretisch über die andere stellt, beruht auf der heute noch weit verbreiteten Auffassung, daß zwischen Reflexionsprozeß und Reflexionsinhalt ein Proportionsverhältnis existiert und daß die Unterscheidung zwischen beiden eindeutig ist. Nun ist zwar die logische Analyse der kybernetischen Denktechnik heute erst in ihren Anfangsstadien; so viel aber darf mit Sicherheit gesagt werden: die präzise zweiwertige Unterscheidung von Reflexionsprozeß und Reflexionsinhalt im Sinne einer Proportion ist nicht mehr haltbar. Der Streit zwischen idealistischer und materialistischer Weltanschauung kommt dadurch zustande, daß man in seinem Denken entweder der Subjektivität des Prozeßmotives oder der Objektivität des Inhaltsmotivs den Vorzug gibt. Der weltanschauliche Kampf wird gegenstandslos, sobald man zu der Einsicht kommt, daß in dem Ich- und Du-Gegensatz (auf den die sich gegenseitig ausschließenden Weltanschauungen verteilt sind) Reflexionsprozeß und Reflexionsinhalt in dem gleichen Umtauschverhältnis stehen, wie zwei sich gegenseitig anerkennende Subjekte, von denen jedes Gegenstand im Erlebnisprozeß des Anderen ist.

Daraus folgt, daß mit der Ankunft der Kybernetik und ihrer Bestätigung fundamentaler Reflexionspositionen der Hegelschen Logik es nicht mehr angeht, daß das Denken sich an den Vor-Urteilen weltanschaulicher prä-wissenschaftlicher Standpunkte orientiert, die dadurch zustande kamen, daß das nicht-distribuierte

isolierte Subjekt, das sich dem Universum gegenübersieht, zum Zweck physischer sowohl wie spiritueller Selbstorientierung eine Entscheidung trifft. Das geistesgeschichtliche Produkt solcher ans Primordiale gehenden Weltanschauungen sind die großen Weltreligionen. In dem an metaphysisch-logischen Einsichten seiner Zeit mindestens um ein halbes Jahrhundert vorauseilenden Buch »Das Weltbild der Zukunft« hat der unlängst verstorbene Tübinger Theologe Karl Heim diese Situation anschaulich beschrieben:
»... ein Umtauschverhältnis gibt gar kein theoretisches Motiv an die Hand, sich für die eine oder die andere Seite desselben zu entscheiden. Und doch zwingt es uns zur Entscheidung. Es wird uns schwindlig bei dieser Erkenntnis. Diese Umtauschverhältnisse sind wie Wegweiser ohne Aufschrift, die mit vier gleichen weißen Armen nach allen Himmelsgegenden weisen. Und wir stehen am Kreuzweg im Nebel. ›Weiter‹ ruft man von allen Seiten. ›Wohin‹ fragen wir bebend. ›Du hast die Wahl‹ tönt es wie ein Echo durch die Unendlichkeiten. Wie schrecklich ist es frei zu sein! Wie erleichtert atmen wir auf, wenn nun eine gute Stimme aus der Wolke spricht: Der linke Weg ist der längere und der rechte Weg ist der kürzere. Es klingt uns wie Musik in den Ohren. Es weicht die Qual der freien Wahl. Statt des schwindlingen Umtauschverhältnisses haben wir nun doch feste Verhältnisse. Und wir vergessen gern, daß wir uns dabei nur selber belogen haben. Wir haben ja einfach statt der Entscheidung der Tat eine Entscheidung des Glaubens an die Stimme aus der Wolke eingetauscht. Und doch ist die Frage, ob die Stimme recht hat oder nicht, genau so schwer zu entscheiden wie die andere, ob ich rechts oder links gehen soll. Die Unbekannte x in der Gleichung $x + y = a$ wird um kein Haar bekannter, wenn ich sie an eine andere Stelle der Gleichung schiebe und sage: $y = a - x$. Aber diese harmlose Selbstüberlistung ist so menschlich, allzumenschlich, und so tief religiös, daß es noch immer wie ein Frevel empfunden wurde, wenn sie jemand erbarmungslos aufdeckte.«[25]

Das von Heim gewählte Beispiel illustriert die Verwechslung eines Umtauschverhältnisses, das eine Entscheidung fordert, mit einer Proportion, in der eine Entscheidung bereits vollzogen ist und als solche hingenommen wird. Dieselbe Situation, mit gar nicht abzusehenden weltgeschichtlichen Folgen, begegnet uns heute in dem aus der Zweiwertigkeit unserer Logik unvermeidlich entspringenden Dualismus im Weltbilde des modernen Menschen. Auch hier

---

[25] Karl Heim, Das Weltbild der Zukunft, Berlin 1904, S. 38.

Idealismus, Materialismus und Kybernetik 133

bedeutet Parteinahme für die eine oder andere Seite die Verwechslung einer reflexionstheoretischen Umtauschrelation völlig ebenbürtiger Aspekte mit einem Proportionsverhältnis, in dem die eine Seite das Wahre und die andere das Falsche repräsentiert. Ist diese Einsicht aber erst einmal gewonnen, so stellt sich die Aufgabe für das Denken in der folgenden Weise dar: das Umtauschverhältnis drängt zu einer Entscheidung, aber es ist unmöglich, die Entscheidung zu fällen, ohne in diesem Akte die Umtauschsituation zu verfälschen, indem man ihr einen proportionellen Wertcharakter gibt. Unsere traditionellen Denkweisen führen uns hier in eine Sackgasse, aus der es keinen Ausweg gibt.

An dieser Stelle greift die Kybernetik mit ihrer Theorie der selbstreflektierenden Systeme ein und stellt fest, daß reflexionstheoretisch betrachtet ein Umtauschverhältnis nicht nur eine Alternativsituation zwischen zwei Werten repräsentiert, die zur Parteinahme für das eine oder das andere Verhältnisglied verlocken, sondern daß sich noch eine zweite, tiefer fundierte (trans-klassische) Alternative anbietet: man kann nämlich das Alternativverhältnis von zwei Werten *akzeptieren* oder aber *als Ganzes verwerfen*. Akzeption führt unweigerlich dazu, daß man zwischen den angebotenen Möglichkeiten entscheiden muß. Der in die Geschichte gestellte Mensch kann die ihm in der Umtauschreflexion gebotenen Alternativen nicht in der Schwebe lassen. Um zu existieren, muß er eine der beiden Seiten bejahen und sie verwirklichen. Aber diese Akzeption des Umtauschverhältnisses als Basis einer Entscheidung zwischen den Verhältnisgliedern hat die paradoxe Wirkung, daß eben durch jenes Akzeptieren das Umtauschverhältnis, als logisches Fundament der Freiheit, verloren geht. Die unvermeidlich gewordene Entscheidung verwandelt es in eine Wertproportion, in der sich Wahr und Falsch, und Gut und Böse als miteinander unvertauschbar feindlich und unversöhnlich gegenüberstehen.

Damit ist aber der Ausblick auf die trans-klassische Alternativsituation, die die Reflexionstheorie der Kybernetik sich freizulegen bemüht, endgültig verstellt. Selbstreflexion bedeutet nämlich, daß ein System, das solche Eigenschaft besitzt, in der Lage ist, nicht nur einen Wert eines Umtauschverhältnisses zu verwerfen, sondern die Alternativsituation als solche, d. h. als Basis des eigenen Reflexionsmechanismus abzuweisen. Es ist wichtig, sich diesen subtilen Unterschied ganz deutlich zu machen. Im ersten Fall wird *ein* Wert zugunsten eines andern verworfen. Die Verwerfung stützt sich darauf, daß das Alternativsystem, das zwei und nur zwei Werte zur Wahl anbietet, als Voraussetzung einer möglichen Wahl akzeptiert wird. Die andere mögliche Entscheidung aber ist die, daß von vornherein das Umtauschverhältnis überhaupt als Basis des reflexiven Verhaltens verworfen wird. Diese Verwerfung hat zur Folge, daß jetzt nicht mehr zwischen alternativen Werten gewählt werden kann. Denn jetzt werden beide Werte als Verhältnisglieder einer Umtauschrelation als mögliche Entscheidungsziele abgewiesen. Das Denken gibt sich jetzt eine neue (trans-klassische) Alternative, nämlich die zwischen *Akzeption und Rejektion von Reflexionszuständen, die sich in Wertalternativen bewegen.*

Damit aber ist eine Bewußtseinsstufe erreicht, die alle bisherige Weltreflexion als Ausdruck einer vergangenen Form der Selbstreflexion betrachtet, die jetzt zum (untergeordneten) Inhalt eines neuen Selbstreflektierens geworden ist. Das ist der Standpunkt, den die Kybernetik gegenüber dem ideologischen Streit zwischen Osten und Westen einnimmt. Die beiden Aussagenkomplexe, die sich als Theorie des dialektischen Materialismus und (alternative) Theorie des transzendentalen Idealismus darstellen, können jetzt nicht mehr als konkurrierende Aussagen über die Weltwirklichkeit genommen werden – wo die eine Seite recht und die andere Unrecht hat; sie erscheinen in der kybernetischen Theorie der sich selbst organisierenden Systeme als komplementäre Ausdrucksformen der Reflexionskapazität solcher sich sowohl auf eine Umgebung als auch auf sich selbst beziehender Bewußtseinsmechanismen. Es ist unmöglich, daß *beide* Ausdrucksformen in *einem* System zugleich verwirklicht werden. Es ist aber genau so unmöglich, daß ein System seine Selbstbezogenheit in nur einer dieser komplementären Situationen erschöpfend darstellt. In dem Gegensatz dieser sich bekämpfenden Weltbilder kehrt die Antithese von Ich und Du wieder. Genau so wie Ich und Du sich auf dem Boden einer gemeinsamen Subjektivität als Reflexionszentren gleicher Art anerkannten, genau so spielt sich der Streit zwischen dialektischem Materialismus und transzendental-spekulativem Idealismus auf einer gemeinsamen Reflexionsebene ab. Wenn man mit Marx und Lenin den auf dem Kopf stehenden Hegel auf seine Füße stellt, so ändert man nur die Ordnung der Aussagen in dem ursprünglichen System, aber der »Boden«, auf dem seine Füße jetzt ruhen, bleibt unangetastet. Die Einsicht, daß die Reflexion auf diesem Boden in zwei sich gegenseitig ausschließenden Gestalten ruhen kann, und daß es letzten Endes gleichgültig ist, welcher man den Vorzug gibt, muß sich jetzt langsam Bahn brechen. Damit werden beide in gleichem Grade irrelevant. Für die Kybernetik bedeuten sie nichts mehr als Symptome eines Reflexionsmechanismus sich selbst organisierender und sich auf sich selbst beziehender Systeme. Hat man sich diesen Standpunkt erst einmal zu eigen gemacht – der übrigens in den Spätschriften von Schelling schon angedeutet ist –, dann ist es unmöglich, den konkurrierenden Weltanschauungen irgendwelche heute noch interessante Wahrheit zuzubilligen. Das Interesse muß sich notwendig auf die generelle Reflexionsstruktur verlagern, durch die dieser Kampf der Weltanschauungen erregt wird. Die Weltanschauungen als solche haben nur noch »klinisches« Interesse. D. h. man muß sie als Symptome der gegenwärtigen historischen Bewußtseinslage des Menschen werten. Das unvermeidliche Urteil ist dann, daß diese Bewußtseinslage eine »unglückliche« (Hegel) ist, denn sie sieht sich in einem unversöhnlichen Selbstwiderspruch gefangen.

Ein Weg zur Befreiung daraus ist die durch die Kybernetik erschlossene Einsicht, daß die Distribution des weltanschaulichen Reflexionsvermögens über komplementäre Zentren der Subjektivität nur ein vorläufiges Mittel für ein System mit Selbstreferenz ist, um sich gegenüber seiner Umgebung zu orientieren. Da diese natürliche Distribution der Reflexion in einem System wie dem menschlichen Leibe unaufhebbar ist, kann man die philosophische und speziell geschichtsmetaphysische Bedeutung der Kybernetik etwa im folgenden Sinn interpretieren: diese neue Denkweise versucht, die Bedeutung dieser Unaufhebbarkeit und den verhängnisvollen Einfluß, den sie auf die Geschichte gehabt hat, zu reduzieren und auf ein unschädliches Minimum zurückzuführen. Das Mittel dafür ist ebenso radikal wie paradox: die natürliche Distribution des menschlichen Denkens über konkurrierende Ichzentren soll durch eine künstliche (technische) Distribution der Reflexionsvorgänge über Mensch und Maschine überboten werden. Es ist offensichtlich, daß wenn dieses Unternehmen gelingt – und es besteht alle Aussicht, daß es glücken wird –, menschliches Ich und menschliches Du zusammen auf eine Seite rücken müssen. Auf der anderen steht dann der mensch-erschaffene Mechanismus, und das Denken ist über beide Seiten distribuiert – über das Menschsein sowohl als auch über das im geschichtlichen Prozeß entstandene Artefakt.

Diese zweite Distribution wird eine so ungeheure, heute noch fast unvorstellbare metaphysische Spannweite haben, daß ihr gegenüber die erste, die zwischen Ich und Du, zu relativer Bedeutungslosigkeit herabsinkt. Die erste wird zunehmend, in reziproker Abhängigkeit von dem kybernetischen Fortschritt, eine Privatangelegenheit des Menschen. Das öffentlich-geschichtliche Interesse wird dafür immer mehr von der Problematik in Anspruch genommen werden, die die zweite Distribution impliziert. Die erste Distribution zwischen lebendigem Ich und Du im tierisch-menschlichen Leib ging nur die Perspektive der Introszendenz an. Bei der zweiten breitet sich die Subjektivität über denjenigen Materialbereich der Welt aus, der nicht der einer Subjektivität zugeordnete lebendige Körper ist. Da aber jener Teil der Welt, den ich mir nicht als leibliches Dasein angeeignet habe, für mein Erleben seine Wurzeln in etwas Transzendentem hat, so wird durch diese zweite Distribution nicht nur das Problem der Introszendenz sondern auch das des Transzendenten involviert. Denn wenn man sich bemüht, die Reflexionseigenschaften, die nach Lenin im Materiellen überhaupt investiert sind, auf dieselbe Stufe zu bringen, auf der sie im hochorganisierten lebendigen tierischen bzw. menschlichen Leib erscheinen, so führt das zu einem metaphysischen Problem, das auf der voraufgehenden Stufe des Denkens als technisch realisierbares noch nicht existierte. Im organischen Leibe des Tieres oder des Menschen war die Selbstreflexion als erwachte und zu ihrem Bewußtsein gekommene vorgegeben. Sie ist von vornherein da, und der Mensch braucht sich um ihre Erweckung nicht zu kümmern. In biblischer Sprache:

> Und Gott der Herr machte den Menschen aus einem Erdenkloß,
> Und er blies ihm ein den lebendigen Odem in seine Nase.
> Und also ward der Mensch eine lebendige Seele.

Die Existenz des Menschen als Mensch beginnt aber erst *nach* diesem Ereignis. Die Existenz der Materie ist empirisch ohne jeden »Odem« vorgegeben, und es ist Aufgabe des Menschen, die Beseelung des Stoffes als seine künftige Weltgeschichte zu wiederholen. Der Odem Gottes ist nur eine Leihgabe, und es liegt dem Menschen ob, sie an die tote Materie weiterzugeben. Auf die Imitatio Christi soll die Imitatio Dei folgen; die Transzendenz des Materiellen überhaupt soll durch seine Introszendenz bereichert werden.

Wenn fromme Gemüter in den Schlußsätzen des vorangehenden Absatzes eine Blasphemie sehen, dann muß ihnen entgegengehalten werden, daß ihr Denken, trotz aller Gläubigkeit, noch in jenem törichten Materialismus, den auch Lenin ablehnt, befangen ist. Sie sehen nicht, daß jene Aufgabe eine unendliche, also unvollendbare ist, weil ihr Ziel die von uns weiter oben beschriebene mittlere oder »dritte« Transzendenz ist, in der sich die Introszendenz der Subjektivität und die Transzendenz des Objektes begegnen sollen: noch sehen sie, daß es sich überhaupt nicht um eine Tätigkeit handelt, die sich auf den Menschen ausschließlich als homo faber bezieht und sich auf seine Handhabung von Schraubenschlüssel und Reagenzglas im Maschinensaal und Laboratorium beschränkt. Die Arbeit, die ihm hier zugemutet wird, ist von wesentlich höherem Rang und enthält die Forderung einer moralischen Selbstentäußerung und willentlichen Preisgabe seiner bisherigen geschichtlichen Existenz. Zwar sagt schon Hegel in seiner Einleitung zu den Vorlesungen über die Philosophie der Geschichte, daß die Weltgeschichte eine »Schlachtbank« sei, »auf welcher das Glück der Völker, die Weisheit der Staaten und die Tugend der Individuen zum Opfer gebracht worden« sind. Aber dem konkreten Bewußtsein des Gegenwartsmenschen fehlt noch die Einsicht, daß er selber durch die Selbstverwirklichung seines »Wesens« diese Schlachtbank angerichtet hat. Sein geschichtliches Gewissen wohnt noch immer in dem »finstern spröden Mittelpunkt« seines auf sich selbst beschränkten Ichs, von dem Hegel in der gleichen Einleitung sagt, »in welchem weder Natur noch Geist offen und durchsichtig (sind), und für welche Natur und Geist nur erst durch die Arbeit fernerer und einer in der Zeit sehr fernen Bildung (des) selbstbewußt gewordenen Willens offen und durchsichtig werden können«.

Für die Anrichtung dieser Schlachtbank wird tätige Reue, die über bloße Deklamationen hinausgeht, verlangt. Und es ist die vornehmste Aufgabe der Technik, diese Reue in der Geschichte zu betätigen, indem sie in ihrer kybernetischen Gestalt den Charakter jener menschlichen Subjektivität, die die bis dato abgelaufene Geschichte verursacht hat, unbarmherzig aufdeckt und sie dem heutigen Bewohner des Planeten im technischen Spiegelbild vorhält. Dazu muß der Mechanismus, vermittels dessen Subjektivität sich in der Welt betätigt, aus den dunklen Schlupfwinkeln seiner Introszendenz ans Tageslicht gezogen und in die objektive Konstruktion einer Maschine projiziert werden. Die Technik verlangt vom Menschen nicht mehr und nicht weniger, als daß er aufhört, sich mit jenen transzendentalen Mechanismen zu identifizieren, die seine bisherige geschichtliche Gestalt ausmachen. Es wird von ihm die Aufgabe jenes Selbst gefordert, das seine vergangene Geschichte gemacht hat. Das ist die letzte und tiefste Absicht der Kybernetik: das Seelentum (Spengler), das eine vollendete Kulturepoche dominiert und ihren Charakter bestimmt hat, in die leblose Materialität eines Mechanismus einzubauen, der durch diese Arbeit zu eigenem »Leben« erweckt werden soll.

Es ist wesentlich – und mag als Beruhigungspulver für jene, die ein solches nötig haben, dienen –, daß das Bewußtsein, das die kybernetischen Bemühungen wohl eines Tages einer Maschine verleihen werden, historisch immer um mindestens eine Epoche hinter dem des Konstrukteurs des Mechanismus zurückbleiben wird. Dieser Abstand um eine oder mehrere weltgeschichtliche Reflexionsstufen der Subjektivität ist das entscheidende Kriterium des Unterschiedes zwischen Mensch und Maschine. Die Differenz ist also eine geschichtsmetaphysische. Das muß auf das Nachdrücklichste betont werden, um endlich einmal jenen ängstlich-eifersüchtigen Versicherungen ein Ende zu machen, daß bestimmte Leistungen des Menschen prinzipiell von Maschinen nicht vollbracht werden können. Eine jener bis zum Überdruß gehörten Beteuerungen ist z. B. die, daß eine Maschine niemals schöpferisch sein kann. Dazu ist folgendes anzumerken: wenn wir einem Mechanismus eine potentielle Eigenschaft in logisch präziser und wissenschaftlich verbindlicher Form absprechen wollen, so müssen wir erst einmal in der Lage sein, genau zu sagen, was wir unter besagter Eigenschaft verstehen. Und zwar ist es nötig, daß wir das mit begrifflich eindeutigen Termini und in einer finiten Aussageform tun. *Nur* wenn wir dazu imstande sind, können wir den Anspruch erheben genau zu wissen, worin eigentlich die Eigenschaft besteht und was wir damit meinen, daß wir sie als im Mechanismus unwiederholbar bezeichnen. Nun ist aber andererseits längst nachgewiesen worden (McCulloch, Pitts), daß jede Eigenschaft, die wir eindeutig definieren können, prinzipiell in einem Maschinenvorgang nachbildbar ist. Damit stehen wir vor der folgenden Alternative: entweder können jene ängstlichen Gemüter genau angeben, was sie meinen, wenn sie feststellen, daß X eine Leistung repräsentiert, zu der ein Mechanismus prinzipiell unfähig ist – in diesem Fall ist ihre Behauptung falsch, denn eine exakte wissenschaftliche Aussage ist nichts anderes als die Beschreibung, wie ein subjektives theoretisches Sinnerlebnis auf vom Subjekt abgelöste objektive Sachverhalte und Ereignisse der gegenständlichen Welt projiziert werden kann. Der theoretische Begriffszusammenhang impliziert also immer schon eine Anweisung zu praktischem Machen.

Idealismus, Materialismus und Kybernetik

Die andere Seite der Alternative aber besteht darin, daß jene besorgten Zeitgenossen zugeben, daß sie nicht in der Lage sind, jene maschinell nicht reproduzierbaren Eigenschaften genau zu beschreiben (»aber Du weißt schon, was ich meine« ist ihr argumentum ad hominem). Mit dieser Behauptung aber, daß der Mensch Eigenschaften in sich erlebt, die ihm unerklärlich sind, und daß es unmöglich ist, solche Eigenschaften in ein maschinelles Artefakt zu übertragen, ist nichts weiter als eine Trivialität konstatiert. Selbstverständlich kann kein Mathematiker der Welt irgend etwas in kybernetische Konstruktion übersetzen, wenn weder er noch sonst irgend jemand weiß, was eigentlich übertragen werden soll. Die ganze Fragestellung verfehlt das Problem, um das es sich hier handelt. Selbst in ihrer gegenwärtigen, zum Erbarmen primitiven Konstruktionsform vollbringen die Computer Leistungen, die noch vor einem Jahrhundert jeder nüchterne Wissenschaftler als rein »subjektiv« und deshalb als prinzipiell unwiederholbar in irgend einem Maschinentyp bezeichnet hätte. In dem Moment, in dem wir etwas erleben und seiner innerlich gewahr werden, setzen wir es objektiv. *Was aber als objektiv gesetzt werden kann, ist wiederholbar!* Das Einzige aus dem Bereich der Subjektivität, das wir nicht objektiv setzen können, ist unsere Introszendenz. Aber sie ist keine »Eigenschaft«, sie ist keine »Leistung«, sie ist kein »Ding« und deshalb kann sie einer Maschine sinnvoll weder zu- noch abgesprochen werden. In den großen Werken der Weltliteratur ist diese Introszendenz immer angerufen. Man vergesse aber nicht, daß solcher Anruf als geschichtliches Ereignis selber objektive Gestalt hat und deshalb in den Bereich der Wiederholbarkeit tritt. Er unterscheidet sich von andern Objektivitäten nur dadurch, daß er ein Nochnicht ausspricht. Ein Nochnicht aber ist das Versprechen eines künftigen Jetzt.

Damit erhält die Technik geistesgeschichtliche Bedeutung. Sie ist das Vehikel der Selbstrealisation des objektiven Geistes, und indem wir uns zu ihr bekennen und ihre Aufträge durchführen, verwandelt sie unsern Blick auf die Weltgeschichte. Wir sind heute so gewöhnt, »Naturgeschichte« und »Kulturgeschichte«, die für uns letzten Endes Bewußtseinsgeschichte ist, zu trennen, daß es uns kaum mehr in den Sinn kommt zu fragen, worin eigentlich das beiden gemeinsame historische Element besteht und in welchem Sinne Realität überhaupt geschichtlich ist. Was das physisch Natürliche, also die Materialität der Welt angeht, so liegt seine geschichtliche Dimension in seinen Entropie-Eigenschaften, wie C. F. von Weizsäcker ausführlich dargestellt hat.[26] Als man im 19. Jahrhundert die den zweiten Hauptsatz der Thermodynamik betreffenden Eigenschaften entdeckte und sie schließlich als den sogen. Entropiesatz formulierte (Sadi Carnot, Clausius, Boltzmann), malten die Physiker ein düsteres Bild vom Schicksal des Universums. Die freie Energie in der Welt nimmt dauernd ab, weshalb dieselbe einem »Wärmetod« entgegengeht. Anders ausgedrückt: die Grade möglicher Ordnung im Weltall verringern sich ständig. Dieser Prozeß ist nur dann reversibel, wenn er sich auf Teilsysteme bezieht, im Hinblick auf das Ganze ist er irreversibel, weshalb er für die physische Wirklichkeit eine Einsinnigkeit (Eddington) des Zeitablaufs etabliert. Dieser Auffassung ist bald widersprochen worden, hauptsächlich mit dem Hinweis darauf, daß sich der Entropiesatz nur auf endliche Systeme beziehen könne (Bavink) und daß es noch lange nicht ausgemacht sei, ob das Weltall als endlich oder unendlich betrachtet werden müsse.

Widerlegt haben die Gegenargumente den Entropiesatz nicht. Es wäre de facto schlimm, wenn sie es täten. Denn wenn wir der physischen Welt die Einsinnigkeit des Zeitablaufs absprächen, würde es völlig unverständlich, wie wir im Bewußtsein Erinnerung von der Wahrnehmung des Gegenwärtigen unterscheiden könnten. Mehr noch: es wäre *prinzipiell* unverständlich (nicht, daß wir es heute schon praktisch verstehen), wie überhaupt Bewußtsein zustande kommen und sich von der Welt absetzen könnte. Was die Einwände gegen die Idee eines unausweichlichen Wärmetodes der Welt allein anzeigen, ist, daß man ein deutliches Gefühl hatte, daß dem zweiten Hauptsatz der Thermodynamik nur eine beschränkte – aber in ihrer Beschränktheit vorläufig nicht definierbare – Gültigkeit zukommt.

Der Zeitbegriff dessen, was wir Geschichte der Natur nennen, ist an dem Prinzip eines irreversiblen Verlustes an Ordnung orientiert. »Wärmetod« bedeutet, daß der »natürliche« Aspekt der Welt aus einem Zustand geringerer Wahrscheinlichkeit in einen von höherer Wahrscheinlichkeit übergeht. Diesem Zeitbegriff setzt nun die Kybernetik einen anderen entgegen, der auf der Idee beruht, daß die in der Welt statthabende Verarbeitung von Information unter gegebenen Voraussetzungen einen Zuwachs an *Ordnung* bedeute. Nun kann Ordnung, logisch betrachtet, jederzeit mit Reflexionsstruktur gleichgesetzt werden. Je komplexer die Re-

---

[26] Vgl. C. F. von Weizsäcker, Die Geschichte der Natur, Göttingen 1946.

flexionsstruktur einer Welt, einen desto höheren Ordnungstypus repräsentiert sie. So kann kaum ein Zweifel daran bestehen, daß z. B. unser galaktisches System, seit es aus einer Gaswolke oder einem ähnlichen Zustand entstanden ist, enorm an Reflexionsstruktur, also an Ordnung, gewonnen hat und daß die in ihm erzeugten, sich selbst und ihre Umgebung organisierenden Subsysteme (wie z. B. der Mensch) immer höhere Formen von Reflexionsstruktur ausbilden. Dieser Prozeß ist in seiner Weise ebenso irreversibel. Es ist nämlich eine Eigenschaft aller Reflexionssysteme, daß – soweit sie überhaupt neue Reflexionsstrukturen produzieren – dieselben unvermeidlich einen höheren Grad von Komplexität annehmen müssen als das System, das sie hervorgebracht hat.

Reflexion ist, mathematisch betrachtet, in einem sehr wesentlichen Grade Kombinatorik, und wir wollen jetzt ein Beispiel geben, das den enormen Unterschied zwischen dem, was einfach ist, und dem, was dasselbe unter kombinatorischen Gesichtspunkten zu reflektieren fähig ist, beleuchtet. Dieses Beispiel ist einem Vortrag des Kybernetikers W. Ross Ashby (gehalten auf dem Kongreß für Bionics in Dayton, Ohio, März 1963) entnommen. Nehmen wir an, wir besäßen eine Tafel, auf der eine Anzahl elektrischer Glühbirnen quadratisch angeordnet ist. Jede Seite des Quadrats soll zwanzig solcher Leuchtkörper enthalten. Die Gesamtzahl der Leuchtbirnen beträgt also 400. Wir nehmen nun an, daß jede Lampe einzeln oder in beliebiger Kombination mit einer beliebigen Anzahl anderer aufleuchten kann. Wieviel Leuchtbilder kann unser Quadrat dann produzieren? Die Antwort ist, daß wir 2^{400}, also etwa 10^{120} Bilder erhalten können. Wir wollen jetzt weiter annehmen, daß unsere Tafel von einer Maschine konfrontiert wird, die die Aufgabe hat, Untermengen von Leuchtbildern aus der Gesamtzahl der 10^{120} Möglichkeiten zu identifizieren. Diese Aufgabe repräsentiert eine Reflexion auf die kombinatorischen Eigenschaften der Tafel mit den Glühbirnen. Die Identifikation einer solchen Untermenge verlangt nun aber, daß die betreffende aus $2^{10^{120}}$ möglichen anderen ausgewählt wird. Die Zahl $2^{10^{120}}$ repräsentiert die Quantität an Reflexionsmöglichkeiten, denen unsere Maschine gewachsen sein muß.

Ross Ashby bemerkt dazu: Was ist das für eine Zahl: $2^{10^{120}}$? Wer sie als »astronomisch« bezeichnet, beweist damit, daß er einen sehr unentwickelten Sinn für Proportion besitzt, denn die größten astronomischen Zahlen gehen nicht über 10^{100} hinaus. Die Zeit, seit die Erde ein fester Körper wurde, beträgt in Mikrosekunden nur etwa 10^{23} und die Gesamtsumme der Atome im Universum beläuft sich auf etwa 10^{73}. Unsere Zahl von möglichen Untermengen, etwa $10^{10^{120}}$ kann angeschrieben werden als 1 mit einer Folge von 10^{120} Nullen. Versuchen wir also unsere Zahl so aufzuzeichnen, daß auf jedes Atom im Universum gerade eine Null käme, so wäre unser Universum nicht im Entferntesten groß genug, um dieser Aufgabe zu genügen. Soweit Ashby.

Im Fall unserer Glühbirnen hatten wir es nur mit 400 Stück zu tun. Die Reflexionsleistung unseres Bewußtseins ist zwar ebenfalls auf eine endliche Anzahl von Identifikationsakten »beschränkt«, aber anstatt unserer 400 Leuchtquellen ist das Reflexionsmedium jetzt durch die etwa 10 Milliarden Neuronen unseres Gehirns repräsentiert. Setzt man in Ashby's Überlegungen nun statt der 400 elektrischen Birnen die Menge der Neuronen des menschlichen Gehirns ein, so ergibt sich eine Zahl, neben der $2^{10^{120}}$ zu mikroskopischer Winzigkeit zusammenschrumpft.

Mathematisch betrachtet sind diese Überlegungen trivial; sie sind es aber nicht mehr, wenn man sie unter dem Aspekt des Verhältnisses von Form und Inhalt in die Theorie der sich-selbst-und-Anderes reflektierenden Systeme einbezieht und als Bereicherung der Reflexionsstruktur in höher-wertigen Systemen deutet. Es zeigt sich dann, daß ein System (im obigen Fall die 400 elektrischen Birnen) ganz unvergleichlich höhere Komplexitätsgrade besitzt, wenn man es als Reflexionssystem betrachtet anstatt als bloße physische Existenz. Als physische Existenz verfügt es nur über die erwähnten 400 Lampen und die dazugehörigen, mit entsprechenden Schaltungen versehen Stromkreise. Die Betrachtung der Realität als Reflexion erlaubt, im Physischen eine tiefere Wirklichkeitsdimension aufzudecken, so wie das etwa in dem Übergang von der makroskopischen zur mikroskopischen Betrachtung geschah. Diese Bereicherung provoziert ihrerseits wieder ein höheres Reflexionssystem und so fort ad infinitum. Logisch betrachtet geschieht dieser Fortgang über eine Trinität von Systemen, die entweder

a) unterbalanciert
b) balanciert
c) überbalanciert

sind.[27] Wir nennen ein System »unterbalanciert«, wenn es auf aus-

---

[27] Siehe Anhang 3 für eine schematische Tafel dieser Systeme.

Idealismus, Materialismus und Kybernetik 143

sagenlogischer Basis mehr Variable als Werte besitzt. D. h. wenn die Welt mehr Eigenschaften besitzt, als wir logisch mit Werten belegen können. Ein System soll als »balanciert« gelten, wenn die Zahl der Werte und der Variablen die gleiche ist. »Überbalanciert« schließlich bedeutet, daß uns mehr logische Werte zur Verfügung stehen als Variable. Dieser letzte Fall – würden wir sagen – beschreibt eine Bewußtseinssituation, in der der Reflexionsreichtum der Subjektivität von der zur Verfügung stehenden objektiven Welt nicht mehr aufgefangen werden kann. Daraus ergibt sich dann der Zwang, die Welt so zu verändern, daß das Subjekt wieder in ihr heimisch werden kann.

Je nachdem sich nun das menschliche Bewußtsein an einem unterbalancierten, einem balancierten oder einem überbalancierten System orientiert, nimmt es ein prinzipiell anderes metaphysisches Verhältnis zur Welt ein. Sieht sich die Reflexion in einem unterbalancierten System gefangen, in dem seine logischen Kategorien nicht ausreichen, den Reichtum der Wirklichkeit zu beschreiben, dann zwingt ihr die Welt – falls sie nicht in einen Zustand völliger Desorientierung verfallen will – die Aufgabe auf, ihre unzureichenden Reflexionskapazitäten solange zu entwickeln und zu bereichern, bis ihr Denken dem Reichtum der Welt, der sie umgibt, gewachsen ist. Es sind die Epochen der inneren Entwicklung des Bewußtseins, in denen dies geschieht. Das Verhalten des Menschen als eines technisch handelnden bleibt in ihnen relativ konstant. Oder anders ausgedrückt: der Wille folgt gehorsam dem Denken. Es besteht wenig Anlaß, die Welt zu verändern, weil das, was ohnehin da ist, erst einmal bekannt und vertraut gemacht werden muß. In einer solchen Epoche wächst die Kraft der inneren Reflexion unaufhörlich, bis der menschliche Bewußtseinszustand ein Niveau erreicht hat, in dem er fähig ist, seine logischen Verständniskategorien einem balancierten System zu entnehmen. Es scheint aber, daß der Reflexion ein gewisses Trägheitsmoment innewohnt, das Hegel schon beobachtet hat.

D. h. die Bewegung des Bewußtseins, die von einem unterbalancierten zu einem balancierten System geführt hat, läßt sich auch nach der Erreichung des Zieles nicht stillegen. Da sie kein Ziel mehr hat und die einschränkenden Bedingungen, die die Erreichung des Zieles ihr auferlegte, jetzt fortfallen, tobt sie im Leerlauf weiter. Sie erzeugt einen unglaublichen Phantasieüberschuß, wie er heute etwa in der amerikanischen Science Fiction-Literatur zutage tritt. An einem solchen Phänomen ist nicht nur der überschwengliche Phantasiereichtum bemerkenswert, sondern die in ihm sich manifestierende Befreiung des Willens aus den Fesseln der kontemplierenden Bewußtseinsreflexion. Solange die Reflexion sich bemühte, im unterbalancierten System den Vorsprung der Welt im Denken aufzuholen, blieb dem Willen, wie wir bereits bemerkten, nichts anderes übrig, als gehorsam zu folgen. Eine ganz andersartige Bewußtseinslage aber ist erreicht, sobald die Reflexion über die Scheidelinie des balancierten Systems in jenen Bereich eintritt, wo die Erlebniskategorien einen überbalancierten Charakter annehmen. Da die weitere Anreicherung der Bewußtseinsreflexivität in dieser Dimension nicht mehr an eine vorgegebene Objektivität gebunden ist, sieht sich der Wille befreit. Einer in unverantwortlichen Phantasien schwelgenden Subjektivität braucht er sich nicht mehr unterzuordnen.

Heute ist der Wille in Revolte gegen die kontemplative Spiritualität einer vergangenen Epoche. Er nimmt der schöpferischen Phantasie, der er bisher willig gefolgt ist, ihren Nährboden weg und verurteilt sie zu einem langsamen Absterben. Dafür ist das Schicksal der amerikanischen Science Fiction-Literatur ein interessantes Beispiel. Diese Bewegung erreichte in der Dekade zwischen 1940 und 1950 ihren Höhepunkt. Heute ist sie im Begriff entweder zu verschwinden oder in Adaption an ein sich veränderndes Zeitklima eine neue Form anzunehmen, in der das Phantasieelement nur noch eine ganz untergeordnete Rolle spielt. Der Grund dafür ist sehr einfach: Vor einigen Jahrzehnten waren Raketenflugzeuge, Atombomben, Weltraumfahrt und Robots phantastische Spekulationen. Heute sind das nüchterne technische Probleme, und es zeigt sich dabei, daß der handelnde Wille, der diese Dinge verwirklicht, andere technische Wege geht, als die Phantasie antizipiert hatte. Die letztere ist desavouiert und, was sie noch an kosmischer Spekulation hervorbringt, wird immer uninteressanter, weil die Entwicklung der theoretischen Physik alle früheren Spekulationen zu überholen im Begriffe ist. Es sei erlaubt, auf ein faszinierendes Beispiel hinzuweisen: Asimow's Robots waren noch Gebilde aus Stahl und anderer anorganischer Materie; heute wird die Möglichkeit der Herstellung künstlicher lebender Zellen und Organismen so ernsthaft diskutiert, daß man die Möglichkeit nicht von der Hand weisen kann, daß der zukünftige Robot – falls man solche Konstruktionen in einer kommenden Gesellschaftsordnung überhaupt noch für nötig hält – aus Fleisch und Blut so wie wir bestehen wird. Es ist aber viel wahrscheinli-

Idealismus, Materialismus und Kybernetik 145

cher, daß hier eine nicht vom Willen geleitete Phantasie überhaupt in die Irre geht. Die Möglichkeit der künstlichen Erzeugung von Leben im Laboratorium eröffnet für die Robottheorie viel interessantere und aufregendere Perspektiven, wenn wir sie mit Hegels Lehre vom objektiven Geiste in Verbindung bringen. Diese Lehre ist die philosophische Parallele zu der kybernetischen Theorie der sich und ihre Umgebung reflektierenden und organisierenden Systeme. Der Mensch im bloßen Tierzustand hat als Umgebung nichts als das Reich der »gewesenen Freiheit«, die Natur. Aber sobald er sich über das Niveau des einfachen Tierseins erhebt, beginnt er als Ausdruck seines eigenen Wesens zu der Natur etwas hinzuzufügen, was die Natur nicht aus eigenem vollbringen kann. So schmückt der Mensch der Altamirazeit die Wände seiner Höhle mit Zeichnungen. Die Höhle ist ein Teil des Naturzustandes der Erde und als solcher unter natürlichen Bedingungen eines bestimmten Naturprozesses entstanden. Die Zeichnungen aber sind etwas, was die Natur nicht als Resultat ihrer bloßen physikalisch-chemischen Vorgänge produzieren kann. Sie sind das Ergebnis einer seelischen Spontaneität des Menschen; in ihnen drückt sich seine Geistigkeit aus, und weil dieser Ausdruck im objektiven Material der Höhlenwände erfolgt, sind diese Zeichnungen objektiver Geist. Auf einer späteren Stufe der Entwicklung wohnt der Mensch in Häusern. Ein Haus ist wieder etwas, was die Natur nicht von sich selbst hervorbringt. In seinem Bau, seiner inneren Einrichtung und einem es (vielleicht) umgebenden Garten schafft der Mensch sich eine »zweite« Natur, indem er die gegebenen Naturstoffe Stein, Holz, Metall usw. nach seinen Ideen formt und in ihren gegebenen Eigenschaften verändert. Das Anwesen eines Menschen ist wieder ein Stück objektiver Geist.

Im weiteren Verlauf der Entwicklung vergrößert der Mensch den künstlichen von ihm selbst geschaffenen Existenzraum, in dem er sich bewegt. Aus dem Gärtchen wird die englische Parklandschaft, und aus der dörflichen Häusergruppe wird die Stadt und schließlich die moderne großstädtische Metropole mit ihrer enormen Differenzierung der Realisationsformen des objektiven Geistes in Museen und Gefängnisse, Theater und Kasernen, Kathedralen und Bordelle. Die Asphaltstraßen, auf denen der Mensch geht, die Linien der Straßenfluchten, die sein Auge umfaßt, die Geräusche, die er hört, die Benzin- und andern Gerüche, die seine Nase attackieren, sie sind alle keine Natur mehr, sie sind Bestandteile einer künstlichen Welt, die der Mensch um sich herum als Ausdruck seines eigenen Wesens geschaffen hat. Sie sind Formen des objektiven Geistes.

Dieser Prozeß der Verwandlung der ursprünglichen Natur in eine zweite künstliche Natur ergreift immer weitere Räume. Wer Gelegenheit gehabt hat, die Landschaft Mittel- und Westeuropas mit der Landschaft anderer Kontinente zu vergleichen, weiß, wie sehr die ganze europäische Landschaft durch den in ihr lebenden Menschen verändert und im Sinne seiner Spiritualität neu geformt worden ist. Der Mitteleuropäer besonders, dem eine reguläre Forstkultur selbstverständlich ist, weiß überhaupt nicht mehr, was ein natürlicher Wald ist, und wenn er in einem fremden Kontinent einen solchen betritt, wird er von da an taub sein gegenüber allen Rousseauschen Rufen: »Zurück zur Natur!«

Die Hegelsche Theorie des objektiven Geistes nun verallgemeinert alle diese Daten und besagt, daß die menschliche Geschichte einen seelischen Befreiungsprozeß darstellt, in dem sich der Mensch den ihm von der Natur vorgeschriebenen Lebensformen und Gesetzen entzieht. Indem er sich mit einer »zweiten«, von ihm selbst geschaffenen Natur (Kultur) umgibt, die der Ausdruck seines eigenen Wesens ist, begegnet er in dieser neuen Welt einer stets wachsenden Anzahl von Gesetzen, die der Ausdruck der inneren seelischen Notwendigkeiten seiner eigenen spirituellen Existenz sind. Und in demselben Maße, in dem die Zahl dieser Gesetze zunimmt, nimmt die Zahl der Naturgesetze ab, deren heteronomen Diktaten er unterworfen ist. Freiheit aber ist nichts anderes als die Möglichkeit, den notwendigen Gesetzen der eigenen inneren Natur folgen zu dürfen. Welche Gesetze aber sind notwendig und damit allgemeinverbindlich? Der bloße subjektive Geist des Menschen, der in ihm eingeschlossen bleibt und nicht die Kraft hat, als schöpferische Qualität aus dem Menschen herauszutreten und das Reich der Natur in ein Reich der Gnade zu verwandeln, ist bloße Laune und Willkür des Individuums und für niemanden, nicht einmal für den eigenen Träger verbindlich. Der Prüfstein des echten substanziellen Geistes, der im Menschen lebt, ist, ob er sich in objektiven Geist verwandeln kann – d. h. sich darin ausdrückt, daß er die Natur nach dem Bilde des Menschen umformt. Dieser Prozeß der Umformung der Natur, in dem der menschliche Geist sich derselben als eines bloßen Rohstoffes bemächtigt und aus ihr eine neue, geistig bedingte Wirklichkeit (objektiver Geist) produziert, hat prinzipiell keine Grenzen. Er beginnt mit den Höhlenzeichnungen des primitiven Menschen (oder noch früher!) und schreitet über den Bau von Häusern und Städten zur Planung ganzer Kontinente fort. Aber auch das ist erst ein Anfang. Der Begriff der Umgebung des Menschen, der die natürliche Welt sowohl wie den historisch zivilisatorischen Lebensraum umfaßt, läßt sich noch weiter ausdehnen. Die eben genannten Umgebungen sind Umgebungen relativ zum Leib des Menschen. Aber der Mensch besitzt nicht bloß eine Umgebung als Leib, er besitzt auch eine Umgebung als Subjektivität und introszendente Innerlichkeit. Relativ zu diesem Innerlichen zählt auch der Leib zur Umgebung. Die Weltreligionen haben das immer gewußt, wenn sie betonten, daß der Mensch nicht sein Leib ist. Seine Seele wohnt im Leibe als einer Behausung, die man auch wieder verlassen kann – oder muß. Es ist nun nicht einzusehen, warum der Leib als Umgebung nicht denselben Gesetzen der Umformung unterworfen sein soll, denen die übrige Natur ausgesetzt ist. Nichts deutet darauf hin, daß die Verwandlung seiner natürlichen Umgebung, die der Mensch im Laufe seiner Geschichte unternommen hat, vor seinem eigenen Leibe halt machen muß. Der Satz aus dem 15. Kap. des ersten Korinther Briefes »Ist ein natürlicher Leib, so ist auch ein geistlicher Leib« braucht nicht unbedingt religiös-metaphysisch genommen zu werden. Der Mensch tritt heute in eine Umwelt ein, deren physischen Bedingungen sein natürlicher Körper immer weniger gewachsen ist. Sein Körper hält weder die Winkelbeschleunigungen genügend aus, denen er in einem modernen Düsenflugzeug ausgesetzt werden kann, noch ist er immun gegen die kosmische Strahlung, deren tödlichen Wirkungen er begegnet, wenn er die Erdatmosphäre verläßt. Tatsächlich ist heute bereits ein Wissenschaftszweig im Entstehen, in dem der technische Zugriff des Menschen beginnt, den eigenen Körper in seinen Bereich zu ziehen. Er führt den bezeichnenden Namen »Biotechnologie«.[28] Auf den letzten Seiten eines voluminösen Werks, das diesen Titel führt, bemerkt der Autor: »In the future man will enter new and more severe environments than ever before. Under even more severe difficulties imposed by nature, he will attempt to perform missions which in the past were considered to be Science Fiction.« Die Rekonstruktion des menschlichen Körpers wird unter diesen Umständen zur unabweisbaren Notwendigkeit. Und hier berührt sich die Technik mit der Metaphysik. Dem Menschen wird sein

---

[28] Lawrence J. Fogel, Biotechnology (Prentice-Hall 1963), S. 801.

persönliches Identitätserlebnis durch seinen Leib vermittelt. Sein Körper ist der physische Bereich, in dem die Privatheit seiner Innerlichkeit sich mit der öffentlichen Seite seiner Existenz auseinandersetzt. Denn er ist ja nicht nur innere Identität mit sich selbst, sondern auch äußere physische Identität gegenüber dem Du. Zieht also der Mensch seinen eigenen Körper in den Bereich dessen, was er künstlich verändert und neu macht, so muß das tiefgehende Folgen für sein Identitätsbewußtsein haben. Es ist unvermeidlich, daß die Technik hier eine geistige Revolution von heute noch unausmeßbaren Dimensionen provoziert. Nur die ersten schüchternen Anfänge davon sind in den neuen, uns heute noch so revolutionär anmutenden Denkweisen der Kybernetik zu finden. Es ist einfach nicht abzusehen, welche Erkenntnisse der Mensch von sich selbst gewinnen wird, wenn er – der Einsicht folgend, daß wir nur das wirklich verstehen, was wir zu machen imstande sind – ein kybernetisches Ebenbild seiner selbst herstellt. Was er bis heute von sich weiß, hat er mühsam aus der rätselhaften Kontingenz der Welt, die ihm ein unverstandenes Abbild seiner Selbst zurückwarf, abzulesen versucht. Aber im Universum begegnet der Mensch nur einem Spiegelbild seines natürlichen Seins. Was ihm in diesem Bilde nicht begegnet, ist sein Selbst als schöpferische Tätigkeit, als aus ihm herausgesetzte und objektiv gewordene Innerlichkeit, die ihn anzusprechen und ihm zu antworten vermag. Um mehr als sein natürliches Sein, um sein geistiges Antlitz zu sehen, muß er sich erst in der eigenen Handlung wiederholen. »Wir sehen jetzt durch einen Spiegel in einem dunklen Wort; dann aber von Angesicht zu Angesicht. Jetzt erkenne ichs stückweise; dann aber werde ich erkennen, gleich wie ich erkannt bin.« (1. Kor. 13,12)

Anhang I
Homunkulus und Robot

Es ist kein Zufall, daß zu den utopischen Ideen, die im Hintergrunde der abendländischen Kultur ihr Wesen treiben, die Konzeption des Homunkulus, des Menschen mit dem Bewußtsein aus der Retorte, gehört. Es existiert aber ein sehr subtiler Unterschied zwischen der Idee des Homunkulus und der eines »mechanical brain« – ein Unterschied, der für den letzteren ein völlig neues Kulturapriori voraussetzt und eine transklassische Wissenschaftstradition impliziert.

In der Idee des Homunkulus wird der Prozeß, der zur Entstehung des Menschen und des vernünftigen Bewußtseins geführt hat, auf das genaueste wiederholt. Man beginnt mit anorganischen Stoffen, »destilliert« sie in organische niederer Form und schreitet dann durch weitere »chymische« Reaktionen zu höheren organischen Gebilden fort, bis man auf diesem langen Wege schließlich die Gestalt des Menschen erreicht und der Restbestand der chemischen »Potenz« der Materie sich in Bewußtsein verwandelt hat. In anderen Worten, das »technische« Prinzip, das der Fabrikation des Homunkulus unterliegt, ist eine Rekapitulation der Geschichte der Welt und des Menschen. Was die Retorte zu liefern hat, ist eine im Detail vollständige Abbreviatur der Historie des Universums. Die Abbreviatur kommt dadurch zustande, daß aus dem ganzen Prozeß die Zeit und der Raum praktisch so weit wie möglich eliminiert werden. Man kann diese beiden Größen nicht ganz ausschalten, da ja schließlich die Retorte, in der die Abbreviatur sich vollzieht, noch einen, wenn auch kleinen Platz im Raum einnimmt, weshalb der ganze Prozeß auch eine proportionale Zeitdauer haben muß. Raum und Zeit sind aber auch das einzige, was eliminiert, resp. reduziert werden darf. Sind die materiellen Stufen, die zur Entwicklung des Menschen geführt haben, nicht völlig unter Einschluß selbst des untergeordnetsten Entwicklungsdetails wiederholt, dann glückt das Experiment nicht. Der Homunkulus entsteht entweder überhaupt nicht, oder er bleibt tot. Utopisch ist die Homunkulusidee deshalb, weil es nie glücken kann, die Geschichte der Welt beschleunigt zu wiederholen, ohne dabei Wesentliches auszulassen. Vor allem kann man nicht am existentiellen »Anfang« beginnen, weil der letztere metaphysisch und nicht physisch ist. Man läßt die Abbreviatur also vom zweiten Schritt an laufen, wodurch sie von vornherein zum Scheitern verurteilt ist.

Das Problem des »mechanical brain« beruht auf sehr gegensätzlichen Prinzipien. Es verwirft das ganze metaphysische Schema, auf dem die Idee des Homunkulus beruht. Die Retortenidee setzt voraus, daß Leben und Bewußtsein *historische* Resultate des *Seins* sind. D. h., die physischen Kategorien sind primär, die psychischen sekundär, und Bedeutungskategorien folgen erst an letzter und ontologisch schwächster Stelle. Wenn wir diese Auffassung in der Terminologie der kybernetischen Theorien näher charakterisieren wollen, können wir sagen, daß gemäß der klassischen Wissenschaftstradition die reine Materie in ihrem Urzustand keine »Information« enthält. Der Anfangszustand ist materiell angeblich Chaos, und letzteres repräsentiert in sich keine Bedeutungszusammenhänge. Denn das ist es, was der Kybernetiker meint, wenn er von der »Information« spricht, die in einem bestimmten Existenzzustand enthalten ist. »Information« aber ist die konstatierbare oder existentielle Form des Geistes. Wenn der klassische Techniker also vom Chaos ausgeht, so meint er damit, daß man in jeder Konstruktion ontologisch nur mit dem physischen System der Kategorien beginnen kann und daß es die wissenschaftliche Aufgabe des Konstrukteurs oder des »Chemikers« ist, die schwächeren Kategorien des Psychischen und des Logischen nachträglich aus den physischen Grundbedingungen der Existenz theoretisch sowohl wie praktisch chemisch abzuleiten.

Es ist aber eine ganz dogmatische und durch nichts begründete Annahme, daß man sich den Anfangszustand der Welt als chaotisch vorstellen muß. Vor allem ist es bestimmt falsch, sich Chaos als *physischen* Zustand zu denken. »Chaos« ist überhaupt kein physischer, es ist ein metaphysischer Begriff. Derselbe spielt in der geistigen und speziell wissenschaftlichen Tradition des Abendlandes nur deshalb eine solche bedeutende Rolle, weil die klassische Metaphysik (Ontologie) grundsätzlich monistisch ist und nur *einen* logisch-metaphysischen Grund der Welt, das Sein des Seienden (Platos τὸ ὄντως ὄν oder οὐσία), zuläßt. Wenn das der Fall ist, dann kann der Anfangszustand als die Manifestation des Einen (ἕν) in der Tat keine »Information« als ein *Zweites* von gleichem primordialem Rang enthalten. Wenn aber der Grad der

Ordnung eines Weltzustandes zugleich der Maßstab für die Menge der »Information« ist, die in ihm enthalten ist, dann muß in jedem klassischen Weltbild die Wirklichkeit nur als Chaos, d. h. als absolute Unordnung, begonnen haben. Die Welt als Schöpfung aus dem Willen Gottes ist nur ein anderer Ausdruck für die Theorie, daß alle »Information« im Anfang der Welt extramundan und ausschließlich im Bewußtsein Gottes, nicht aber in der Welt selbst existent war. Alle Bedeutungszusammenhänge sind wirklichkeitstranszendent und unverdünnter göttlicher Geist, und es ist die Aufgabe der Geschichte, sie allmählich in die Wirklichkeit hineinzuziehen und ihnen nachträglich dieselbe Realität zu geben, die der Materie von Weltanfang her verliehen worden ist.

Demgegenüber stellt die kybernetische Problematik mit einer radikalen Abwendung von dieser alten klassischen Tradition fest, daß es keinen Zustand der physischen Existenz gibt, der nicht alle überhaupt erlebbare »Information« implizit und explizierbar von vornherein enthält. So wie sich der Gesamtbetrag an Materie, resp. Energie, in der Welt weder vermehren noch vermindern kann, ebenso kann die Gesamtinformation, die die Wirklichkeit enthält, sich weder vergrößern noch verringern. Und wenn man in dem neuen Weltbild die Konzeption des Chaos etwa beibehalten wird, dann kann dieser Begriff nur einen Weltzustand meinen, in dem die stets vorhandene »Information« nicht »ablesbar« ist. Die Wahl des Terminus »Information« für die Bedeutungszusammenhänge eines Systems ist nicht zufällig, sondern ist in den »cybernetics« von der Einsicht diktiert worden, daß solche Zusammenhänge prinzipiell ablesbar sein müssen, so wie Bewußtsein von einem lebendigen Gesicht »abgelesen« werden kann.

Der prinzipielle Unterschied zwischen dem »klassischen« und dem nicht-klassischen Techniker ist also der, daß der erstere mit *einem* »Grundstoff« arbeitet, der andere aber mit *zwei*, weil er seinem geschichtlichen Vorgänger nicht glaubt, daß sich der zweite, die »Information«, aus dem ersten ableiten läßt. Metaphysisch gesprochen: der nicht-klassische Ingenieur hat den Glauben daran verloren, daß man über das heutige technische Konstruktionsniveau prinzipiell hinausgehen kann, solange man davon überzeugt ist, daß das platonische Sein des Seienden das einzige Substrat des ihm zur Verfügung stehenden »Konstruktionsmaterials« ist. Bleibt man bei diesem Glauben der regionalen Hochkulturen stehen, dann kann man aus der objektiven Wirklichkeit nur das herausholen, was sie *unmittelbar* anbietet und was eine *Analyse* der

Bedingungen physischer Existenz zutage fördert. Das ist aber für die anspruchsvoll gewordenen technischen Träume der westlichen Hemisphäre viel zu wenig. Die klassische Technik kann, weil sie auf rein analytischen Experimentalmethoden beruht, nur mit den seit Anfang der Welt *gegebenen* Bedingungen, unter denen objektive Realität möglich ist, arbeiten. Was sie nicht kann – das ist, von sich aus neue, in dem Kontingenzzustand der Welt *nicht* gegebene Bedingungen und Möglichkeiten »physischer« Existenz, und damit solche Existenz selbst, aus dem »Nichts« zu schaffen.

Für den Denker altweltlicher spiritueller Tradition sind die Möglichkeiten des Seienden, d. h. die Weisen, in denen sich empirische Existenz realisieren kann, von Ewigkeit her durch die *Idee des Seins* des Seienden unveränderlich vorgeschrieben. Weder kann ihnen etwas hinzugefügt, noch kann von ihnen je etwas abgezogen werden. Die Idee des Sein-überhaupt ist der unantastbare primordiale Rahmen, in den sich jedes Ereignis und jede Handlung widerspruchslos zu fügen haben. Das ist Gottes Gebot, dessen unbedingte Erfüllung durch die Tatsache gesichert ist, daß jene klassische Idee des absoluten Seins die einzige und alleinige ist, die konkurrenzlos die Bedingungen, unter denen Seiendes entsteht, diktiert. Gemäß dem Glauben der Metaphysik der zweiwertig-orientierten Hochkulturen existiert auch keine Gefahr, daß diese »absoluten« Realitätsbedingungen sich je ändern könnten, weil ja keine zweite primordiale und absolute Komponente *neben* dem Sein des Seienden steht, die den Kurs der ersten je beeinflussen und von ihrem ursprünglichen Weg ablenken könnte.

Die Bedingungen, unter denen Seiendes entsteht, sind im Physischen in alle Ewigkeit unveränderlich, weil sie selbst metaphysisch sind. Selbst der Logos, der sich inkarnieren will, muß sich ihnen fügen. Darum redet man davon, daß der Logos sich herabgelassen hat in diese Welt. Dieses »herab« drückt symbolisch den fundamentaleren existentiellen Rang des Seins über »bloßen« Sinn aus. Aber die eherne und tote Starre der Bedingungen der objektiven Möglichkeit von Existenz ist auch der Grund, warum die Frommen mit Recht sagen, daß »die Welt« der ewigen Verdammnis verfallen ist und nur unerforschliche Gnade und nicht das eigene Verdienst die Seele des Menschen aus diesem Reich toten Daseins retten kann. Seiendes als Seiendes aber ist verflucht, weil es in die ewig gleiche Gestalt gebannt ist. Weshalb auch Carl Spitteler seine Moira sagen läßt:

Homunkulus und Robot 153

»Der Erde hilft kein Arzt, der Bresten ist zu groß«
(*Olympischer Frühling II, 1.*)

Empirisch Wirkliches ist gemäß klassischem Glauben einer metaphysischen Metamorphose (Erlösung) nicht fähig, weil eine solche transzendentale Verwandlung bedeuten würde, daß es aus dem vorgegebenen Rahmen von Sein-überhaupt heraustreten müßte. Wie sonst aber könnte Seiendes existentiell Seiendes sein, wenn nicht als Repräsentation von Sein-überhaupt!

Dieser klassische Seinsbegriff ist in der Idee des Homunkulus vorausgesetzt. Der »chymische« Prozeß, durch den jenes gespenstische koboldhafte Wesen aus der Retorte erzeugt werden kann, muß der Natur selbst überlassen werden, weil sie eben die einzige Realitätsform darstellt und sich deshalb immer nur *selbst* wiederholen kann. Der Mensch steht dabei und schaut der Natur bloß zu, wie sie im abgeschirmten Raum des »chemischen« Reagenzprozesses seine Gestalt und Funktion in diminutiven Abmessungen noch einmal produziert. Sein Beitrag besteht nur darin, daß er die alchimistischen Formeln liefert, die den Reduplikationsvorgang in Gang setzen sollen. Von dem Moment an jedoch, wo der Prozeß wirklich beginnt, ist seine Mitarbeit endgültig ausgeschlossen. Es sind *ihm unverständliche* transzendente Seinsgesetze, die den Prozeß durchführen sollen.

Aus diesem Grunde würde, selbst wenn es in der Tat möglich wäre, einen Homunkulus derart zu produzieren, der Mensch aus diesem Produkt nichts über das Wesen von Leben, Reflexion und Bewußtsein lernen. Denn gerade an ihrem Zustandekommen wäre er nicht beteiligt gewesen. Es wäre ihm nicht erlaubt gewesen, an den »chymischen« Prozeß etwas von sich selbst abzugeben, um in dem vollendeten Produkt seinen Beitrag wiederzuerkennen. Die Situation ist auf dem Boden der klassischen Technik unvermeidlich. Die klassische Technik arbeitet, wie wir nur unermüdlich wiederholen können, mit zweiwertigen Kategorien. Das wirkt sich so aus, daß auf der einen Seite der homo faber steht, auf der anderen Seite sein Material mit seiner eigenen Gesetzlichkeit. Und er kann jene Gesetze in jenem Material nur passiv wirken lassen.

Anders der trans-klassische Techniker, der mit einer dreiwertigen Logik arbeitet. An Stelle der ursprünglichen Dichotomie existiert jetzt eine Trichotomie, in der das technisch gesinnte Denken zwei Materialdimensionen besitzt: erstens das ursprüngliche (irreflexive) klassische Material und zweitens das Material jener zweiten Realitätskomponente, die wir unter dem Namen »Information« kennen gelernt haben. Damit verfügt er aber auch über ein zweites System von Gesetzen, mit denen er in seinen technischen Entwürfen arbeiten kann. Das Wesentliche der transklassischen Technik besteht nun darin, daß man die Wirkungsweise der klassischen Gesetze *moduliert,* dadurch, daß man die trans-klassische Gesetzlichkeit gegen sie ausspielt.

Mußte der Alchimist, wenn er im Homunkulus sich selbst imitieren wollte, den »magischen« Gesetzen der natura naturans ihren Lauf lassen und konnte er nur passiv das Resultat abwarten, so befindet sich der kybernetische Techniker in einer ganz anderen Position. Für ihn besteht die Schöpfung eines Robotgehirns in der progressiven Modulation der klassischen irreflexiven Seinsgesetzlichkeit durch die trans-klassische Reflexionsgesetzlichkeit seines eigenen Ichs, die der ersteren als Überdetermination aufgesetzt wird. Das so entstehende mechanische »Bewußtsein« ist also ein unmittelbares Resultat der *Arbeit* des Menschen – was der Homunkulus nicht ist. In der Retorte spielt die Natur mit sich selbst. In der Schöpfung des Elektronengehirns aber gibt der Mensch seine eigene Reflexion an den Gegenstand ab und lernt in diesem Spiegel seiner selbst seine Funktion in der Welt begreifen.

Anhang II
Bemerkungen zur Interpretation der Tafel (VII)

Gemäß den Ausführungen unseres Textes über die gegenseitigen Relationen von »Ich«, »Du« und Denken liegt die Versuchung nahe, anzunehmen, daß »Ich« mit dem System »ID« identifiziert werden sollte. Denn »Du« ist immer der Gegenstand der Reflexion. Es liegt neben »Es« *innerhalb* des Bereiches des alles-Denkens, das immer ichhaft ist. Es schiene also konsequenter, zu vermuten, daß »Du« durch »RD« repräsentiert werden muß, denn »RD« ist zweifelsohne nur ein Teilabschnitt des totalen Reflexionsbereiches – und »Es« und »Du« sind in der Tat die beiden Objektdimensionen der sich im denkenden Ich konstituierenden doppelten Reflexion-in-sich.

Diese Überlegung bleibt bestehen. Aber man unterliegt einem semantischen Irrtum, wenn man sie unmittelbar auf die Tafel (VII) überträgt. Die fragliche Tafel soll in der Tat ein Exempel einer totalen Reflexion darstellen. Man muß sich aber vergegenwärtigen, daß unser *subjektiv* erlebtes und verstandenes Denken in (VII) syntaktisch-*objektiv* dargestellt ist. Das ist eigentlich selbstverständlich. Unsere Darstellungsmittel, das Papier und die auf ihm gedruckten Symbole sowie das räumliche Ordnungsschema der Zeichen, sind objektive Daten der Außenwelt. Sie gehören nicht unserer Innerlichkeit an. Die totale Reflexion aber, die uns immer als objektiver Zusammenhang entgegentritt, ist die des »Du«. Die Tafel stellt also den Reflexionszusammenhang so dar, wie er uns in einem zweiten Ich erscheint und *nicht,* wie wir ihn in uns selbst erleben. (Vgl. dazu: Gotthard Günther, Die philosophische Idee einer nicht-aristotelischen Logik; Proc. XI. Int. Congr. Phil. Brüssel, 1953, Bd. V., 44–50. Außerdem: The Logical Parallax; Ast. Sci. Fi. Oktoberheft 1952.) Diese Differenz zwischen selbst *erlebter* und in einem objektiven System *dargestellter* Reflexion existiert auf dem Boden der klassischen Logik nicht, weil dieselbe sich um den Unterschied von »Ich« und »Du« im Denkprozeß nicht zu kümmern braucht, da sie selbstvergessen auf den irreflexiven Gegenstand ausgerichtet ist.

Trotzdem kommt auch in Tafel (VII) die reflexive Überordnung des »Ich« über das »Du« zum Ausdruck! Dies geschieht aber nicht vermittels der Stellenwerte, die die einzelnen zweiwertigen Systeme relativ zueinander besitzen, sondern durch die Reflexionsziffer, die dem »Ich«-System zugehört. Das ist so zu verstehen: wir ordnen den drei Werten, mit Null beginnend, je eine Ziffer zu:

$$I = 0$$
$$R = 1$$
$$D = 2$$

dann hat das »IR«-System die Reflexionsziffer »1«. Das umfassende »ID«-System hat »2«, und das »Ich«-System von »RD« besitzt die höchste Reflexionsziffer »3«. D. h., nur das »Ich«-System repräsentiert reine Reflexion. Die anderen beiden Systeme enthalten ein irreflexives Moment. Ihr Reflexionsgehalt, indiziert durch die Reflexionsziffer, ist deshalb immer niedriger.

Anhang III

Wir wollen mit m die jeweilige Zahl der Werte und mit n die jeweilige Zahl der Variablen bezeichnen. Es soll m und n gestattet sein, beliebig zu wachsen. Der mögliche Minimalfall ist m gleich 1 und n gleich 1. Die Tafel hat dann die folgende Gestalt:

n\m	1	2	3	4	5	....
1	$\boxed{\frac{1}{1}}$	$\frac{2}{1}$	$\frac{3}{1}$	$\frac{4}{1}$	$\frac{5}{1}$	....
2	$\frac{1}{2}$	$\boxed{\frac{2}{2}}$	$\frac{3}{2}$	$\frac{4}{2}$	$\frac{5}{2}$	....
3	$\frac{1}{3}$	$\frac{2}{3}$	$\boxed{\frac{3}{3}}$	$\frac{4}{3}$	$\frac{5}{3}$	....
4	$\frac{1}{4}$	$\frac{2}{4}$	$\frac{3}{4}$	$\boxed{\frac{4}{4}}$	$\frac{5}{4}$	....
5	$\frac{1}{5}$	$\frac{2}{5}$	$\frac{3}{5}$	$\frac{4}{5}$	$\boxed{\frac{5}{5}}$	....
	....	....	....	....	....	....

Tafel (VIII) zeigt in der Horizontalen das Wachsen der Wertmengen und in der Vertikalen den Zuschuß an Variablen. Die Ziffer über dem Horizontalstrich in den kleinen Quadraten bedeutet also immer den Wert und die unter ihm die Variable. Die Tafel ist aus Raummangel nur bis zum 5. Wert und zur 5. Variablen angeschrieben; es sei aber ausdrücklich betont, daß die Zahl der Werte und Variablen unbeschränkt wachsen darf, daß man sich also das Quadrat als unbeschränkt ausgedehnt vorstellen soll. Jedes der einzelnen, kleinen Quadrate repräsentiert ein Subsystem einer nicht-Aristotelischen Logik, beginnend mit

$$\boxed{\frac{1}{1}}$$

Wie man sieht, bilden die Quadrate, in denen die Zahl der Werte gleich der der Variablen ist, eine Diagonalreihe. Sie sind in dem Schema dadurch hervorgehoben, daß ihre Begrenzungslinie doppelt gezogen ist. Das Feld oberhalb dieser Diagonalreihe repräsentiert die überbalancierten und das unterhalb der Diagonalreihe die unterbalancierten Systeme. Sie sind voneinander durch die Schnittlinie der balancierten Systeme getrennt. Der Reflexionsprozeß, der sich in balancierten Strukturen nicht halten kann, spielt nun immer von der einen Seite hinüber in die andere. Dabei wird entweder ein einseitiger Zuwachs an Werten oder an Variablen erfahren, der den prekären Gleichgewichtszustand der diagonalen Systeme stört, und der Reflexionsprozeß pendelt wieder auf die andere Seite zurück, auf der dann derselbe Vorgang stattfindet. Die Reflexion wird durch diese Zustände hindurch immer weiter vorgetrieben und breitet sich in immer höher reflektierten Systemen aus; d. h. unsere Tafel muß ständig wachsen. Auf den intrikaten formalen Mechanismus dieser Bewegung kann bedauerlicherweise hier nicht eingegangen werden. Seine Darstellung würde eine umfangreiche Abhandlung erfordern.

Anhang IV
Die »zweite« Maschine

Das erste »Werkzeug«, das der Mensch in seiner Geschichte gebraucht haben mag, ist möglicherweise ein Stein gewesen, den er einem flüchtenden Tier nachwarf, um es zu töten. Die notwendigen Fähigkeiten, sich eines solchen Hilfsmittels zu bedienen, sind äußerst gering. Schon das höher entwickelte Tier hat sie. Ein Baboon ergreift eine Liane und schwingt sich mit ihrer Hilfe von Baum zu Baum. Ein Schimpanse weiß genau, daß man mit einem Stock einer Banane, die anderweitig nicht in Reichweite ist, habhaft werden kann. Und im Wald hinter dem Rhodes Memorial in Kapstadt bewerfen die Affen die dort im Auto heranfahrenden Besucher mit Steinen – in temperamentvoller Mißbilligung moderner Autotechnik.

Aber weder Stock noch Liane oder Stein sind ein Werkzeug im menschlichen Sinn. »Nicht den zufälligen Gebrauch eines vor Augen liegenden Werkzeugs für nächste Zwecke, sondern die Herstellung eines Werkzeugs für einen fernen Zweck halten wir für menschliches Tun.«[1] Der Akzent liegt auf »Herstellung« und auf »fern«. Das Tier stellt sein »Werkzeug« nicht mit einer fernen Zweckintention her. Es ergreift einfach, was vorhanden, d. h. vor seinen Händen ist. Der Hebel aber, den der Mensch unter einen Steinblock schiebt, um diesen wegzurollen, ist etwas wesentlich anderes. Wesentlich ist jetzt nicht mehr der bloße Tatbestand einer Stange, die zu Händen ist, sondern die Tatsache, daß durch intelligente Placierung der Stange unter den Stein ein längerer und ein kürzerer Hebelarm hergestellt wird, deren Verhältnis erlaubt, einen längeren Arbeitsweg mit geringerem Kraftaufwand in einen kurzen Arbeitsweg mit höherer Kraftentfaltung zu verwandeln. Der Affe, der einen Stock oder eine Liane ergreift, verlängert damit nur künstlich seinen Arm – sein Verhältnis zur Umwelt ändert sich damit nicht im geringsten –, der Mensch aber, der einen Hebel benutzt, hat damit ein Stück seiner Intelligenz, resp. seines Bewußt-

---

[1] Arnold Gehlen, Der Mensch, Bonn, 1950, S. 68.

seins, in die Außenwelt hineinprojiziert, wo es in dem Verhältnis von kürzerem und längerem Hebelarm für ihn arbeitet.

Das Tier, das einen Teil der Außenwelt werkzeughaft benutzt, verbessert damit nur den Funktionsbereich seines eigenen Körpers. Der Bussard, der thermische Aufwinde benutzt, um sich von ihnen rapide in die Höhe tragen zu lassen, und damit fliegerische Leistungen erzielt, zu denen er andernfalls außerstande wäre, projiziert damit keineswegs einen Teil seiner Handlungs- resp. Bewußtseinsintention in die Außenwelt und *verändert* sie dadurch. Alles freibewegliche Leben ist auf Erweiterung der eigenen Existenzkapazität angelegt, und das Mittel dazu ist die werkzeughafte Handhabung der Umwelt. Damit aber endet die Analogie von Tier und Mensch in ihrem Gebrauch der Dingwelt unmittelbar. Kein Tier projiziert sich intelligenzmäßig über den Funktionscharakter des eigenen Körpers hinaus und in einen objektiven Sachzusammenhang hinein. Für tierische Existenz bleibt die Grenze zwischen Innenwelt (Mikrokosmos) und Außenwelt (Makrokosmos) unveränderlich. Nichts im Dasein des Tieres ist darauf angelegt, diese Grenze zu überschreiten.

Aus diesem Grunde können wir bestenfalls von einem werkzeughaften Gebrauch der Außenwelt durch den tierischen Organismus reden. Kein Tier aber wird ein selbständiges Werkzeug als unabhängige mittlere Existenzform zwischen sich und der Umwelt entwickeln. Eine solche Schöpfung erfordert, daß der Schöpfer etwas von sich abgibt und in einem objektiven Medium fixiert. Ein Obsidianmesser, das der Primitive vom Block abspaltet, ist als Material ein Stück des Naturzusammenhangs. Im Schlag, der es abspaltet, aber erhält es eine Form, die durch den Fernzweck seines Gebrauches bestimmt ist. Das heißt es hat nicht mehr natürliche, sondern künstliche Form, die einem bewußten Zweck entspricht. Ein solches Messer ist, wie Hegel sagen würde, ein Stück objektiver Geist. Objektiv insofern, als es ein materielles Stück der Außenwelt ist, und Geist insoweit, als die Natur von allein keine Werkzeuge hervorbringt und letzteres dem menschlichen Bewußtsein vorbehalten ist, das den bloßen Stoff durch bewußte Formung zur Stellvertretung seiner Handlungsintentionen zwingt. Damit kommt in die Idee der Existenz des Werkzeuges etwas Zwiespältiges. Das Werkzeug ist halb Natur und halb Geist. Es gehört voll weder auf die eine noch auf die andere Seite. Das Resultat der Zwiespältigkeit ist eine instabile Existenzform, die die Tendenz hat, sich von beiden Seiten abzulösen und etwas selbständiges Drittes zu bilden.

Die »zweite« Maschine

Dieser Ablösungsprozeß vollzieht sich in der Geschichte der Technik, und diese ist bereits lang genug, um uns zu erlauben, aus ihr abzulesen, wie sich in ihr die Abtrennung des Werkzeugs von der Natur einerseits und vom Menschen andererseits vollzieht. Das ursprüngliche Material, das der Primitive für seinen Hebel verwandte, war ein natürlich gewachsenes Stück Holz. Die Pfeilspitze war ein Knochensplitter. Moderne Instrumente, die analogen Zwecken entsprechen, sind aus Stahl. Unsere Füllfederhalter sind aus Galalith, und in der Skifabrikation beginnen synthetische Kunststoffe die Naturhölzer zu verdrängen. Wen die Lust anwandelt, der kann sich heute ein Paar Skier aus Glasfiber kaufen. Die Natur, wenn sie sich selbst überlassen ist, bringt weder Stahl noch Galalith oder Glasfiber hervor. In der fortschreitenden Verwendung von Kunststoffen, die dem Verwendungszweck des Werkzeugs gemäßer sind als die Naturstoffe, findet eine ganz deutlich beobachtbare Ablösung des Werkzeugs aus dem Naturzusammenhang der Welt statt.

Derselbe Prozeß der Ablösung vollzieht sich auf der subjektiven Seite. Das Werkzeug macht sich seinem Schöpfer gegenüber selbständig. Der Hebel, den der Primitive unter den Felsblock schob, bedurfte noch des Arms, der ihn niederdrückte. Das Mühlrad, das durch das Wasser des Dorfbachs betrieben wird, ist von der menschlichen Kraftquelle bereits unabhängig. Während nun die Ablösung des Werkzeugs von der Natur in der Schöpfung von Kunststoffen, d. h. einem ganz neuen Genus physischer Existenz resultierte, führt auf der subjektiven Seite die Verselbständigung des Werkzeugs zur Maschine. Eine Wind- oder Wassermühle ist kein Werkzeug mehr, sondern eine Maschine. Eine Maschine ist nichts anderes als ein innerhalb gewisser Grenzen autonom gewordenes Werkzeug.

Unsere Sprache drückt den Verselbständigungsprozeß, der sich in dieser Entwicklung vollzieht, sehr präzis aus: ein Werkzeug wird *gehandhabt*. Eine Maschine wird *bedient*. Das gilt wenigstens von den älteren Maschinentypen. Ein neuerer Maschinentypus, wie der Servomechanismus, erfordert nicht einmal mehr Bedienung, sondern nur noch gelegentliche Wartung. Ein Thermostat, der die Temperatur in einer neuzeitlichen Wohnung regelt, braucht nicht mehr bedient zu werden, um sinngemäß zu funktionieren. Dieser Mechanismus dirigiert seinen Arbeitsmodus selbst. Er verfügt bereits über eine vom Menschen unabhängige Spontaneität.

Die technische Entwicklung geht also vom nicht-automatischen

Werkzeug oder Elementarmechanismus (Töpferscheibe, Spinnrad usw.) zur halbautomatischen Maschine und von da zum vollautomatischen maschinellen Arbeitsaggregat. Ein Automobil ist z. B. ein halbautomatischer Mechanismus. Nur noch einige wenige seiner Arbeitsvollzüge werden von dem bedienenden Fahrer reguliert. Andere, wie die Verstellung des Zündzeitpunktes, Ventiltätigkeit, Generatorbetrieb, Kuppeln und Gangwechsel (in Modellen mit vollmechanisierter Kraftübertragung) besorgt die Maschine von allein. Die thermostatisch geregelte Öl- oder Stromheizung hingegen ist voll-automatisch. Ihr Arbeitszyklus ist vom Menschen unabhängig. Ihr Schöpfer hat nur noch damit zu tun, daß sie für ihn arbeitet. In der Ausführung der Arbeit dirigiert sich die Maschine selbst. Vollautomatische Maschinen werden heute in der Industrie weitgehend verwendet. Einige amerikanische Lebensmittelfirmen weisen in ihrer Reklame mit Stolz darauf hin, daß ihre Eßwaren nie von menschlichen Händen berührt worden sind. Die erste Hand, die mit der Nahrung in direkten Kontakt kommt, ist die des Käufers, der das säuberlich verpackte Paket öffnet.

Voll-automatische Maschinen, wie z. B. bestimmte amerikanische Verkehrssignalanlagen, die ihren Lichtwechsel danach richten, in welcher Straße die größere Anzahl von Fahrzeugen auf Durchfahrt wartet, werden gelegentlich »Robots« genannt. Der Name ist in Europa zuerst etwa 1923 aufgetaucht und geht auf einen Roman des tschechischen Schriftstellers Karel Čapek zurück, in dem solche selbsttätigen Maschinentypen eine Rolle spielen. Die Etymologie des Wortes ist tschechisch (robit). Der Robot ist der mechanische Arbeiter.

Der amerikanische Sinn des Wortes »Robot« weist auf einen neuen, bisher nicht dagewesenen Maschinentyp hin, dessen generelle Konstruktionsidee sich radikal von den aus dem elementaren Werkzeug entwickelten Apparaturen, die wir heute Maschinen nennen, unterscheidet. Wir wollen den bisherigen Maschinentyp, da sein Arbeitsmodus von dem archimedischen Hebelprinzip ausgeht, die archimedisch-klassische Maschine nennen.

Das handgreifliche Kennzeichen dieses Maschinentyps ist, daß er mechanisch bewegliche Teile (Hebel, Achse, Rad, Schraube) besitzt und daß er seine Arbeit durch die Bewegung dieser Teile verrichtet. In diesem Sinn besteht zwischen einem Rolls-Royce und einem Baumstamm, den der Naturmensch auf den Boden legt, um vermittels seiner eine Last zu rollen, nicht die geringste Unterschied.

Die »zweite« Maschine

In unserer Gegenwart aber beginnen die Anfänge eines neuen Maschinentyps aufzutreten, einer Arbeit leistenden Apparatur, die keine mechanisch beweglichen Teile mehr hat und deshalb auch nichts durch Bewegung solcher Teile verrichtet. Ein erstes (äußerst primitives) Beispiel dieses Typs ist der elektrische Transformator, der wesentlich aus nichts anderem als zwei Drahtwicklungen und einem Stück Eisen besteht. Dieser Mechanismus hat keine sich bewegenden Teile mehr. Wenigstens nicht in dem üblichen Sinn des Wortes. Alle arbeitsleistende Bewegung erfolgt hier durch Atome bzw. Elektronen und magnetische Felder. Wir wollen diesen Maschinentypus, weil er nicht mehr auf dem archimedischen Hebelprinzip beruht, die trans-klassische oder nicht-archimedische Maschine nennen. Die sich in einem solchen »Mechanismus« vollziehenden Arbeitsvorgänge folgen nämlich nicht mehr klassisch-mechanischen Prinzipien.

Der Prototyp der archimedischen Maschine ist der menschliche Körper *mit seinen beweglichen Gliedmaßen.* Der Mensch, der eine archimedische Maschine baut, wiederholt die Arbeitsschematik seines eigenen Körpers in einem zweiten, künstlichen »Körper« in der Außenwelt. Die Analogie des arbeitenden Armes ist z. B. in einem Explosionsmotor in dem Bewegungsrhythmus von Kolben, Pleuelstange und Kurbelwelle einfach nicht zu verkennen. Dieser Parallelismus zu arbeitenden Körpergliedern aber versagt vollkommen, wenn wir uns die Arbeitsweise eines elektrischen Transformators oder des vor einigen Jahren von den Bell-Laboratorien entwickelten Transistors vorstellen wollen.

Nun besitzt der Mensch aber ein Organ, das nicht klassisch-mechanisch mit beweglichen Teilen (wie z. B. das Herz), sondern in einer sehr andersartigen Weise, nach trans-klassischen Prinzipien arbeitet. Es ist dies das Gehirn. Die Arbeitsweise der klassischen Maschine folgt dem Vorbild des arbeitenden Armes (samt Hand). *Die Idee der trans-klassischen Maschine aber erwächst aus den technischen Forderungen, einen Mechanismus zu entwickeln, der nach der Analogie des menschlichen Gehirns arbeitet.* Eine solche erfolgreich durchgeführte Konstruktion wäre ein Robot im neuen amerikanischen Sinn des Wortes. Damit aber ist ein neuer, in der bisherigen technischen Geschichte des Menschen nicht dagewesener Maschinentyp konzipiert. Die allgemeine Theorie eines solchen nicht-archimedischen Mechanismus wird in einer neuen, kürzlich in den Vereinigten Staaten entwickelten wissenschaftlichen Disziplin, der sogenannten »Kybernetik« untersucht.

Der Name dieser neuen Wissenschaft ist aus dem Griechischen entlehnt und von ὁ κυβερνήτης, der Steuermann, abgeleitet. Eine kybernetische oder nicht-archimedische Maschine ist nämlich eine solche, die nicht mehr physische Arbeitsvorgänge produziert (das bleibt weiterhin dem klassischen Mechanismus überlassen), sondern die solche Arbeitsvorgänge dirigiert und »kritisch« steuert. Maschinen, die diese Idee auch nur annähernd verwirklichen, existieren heute noch nicht, aber ihre theoretische Möglichkeit ist anerkannt. Man arbeitet an ihrer Konstruktion. Um die Grundkonzeption einer solchen Maschinenidee zu verstehen, müssen wir uns vorerst fragen: was liefert eine solche Maschine? Der archimedische Typ des Mechanismus liefert physische Arbeitsvorgänge. Er dirigiert (steuert) aber diese Arbeitsvorgänge nicht auf sinnvolle Zwecke hin. Das bleibt uns überlassen. Das neue maschinen-theoretische Problem ist also das folgende: welches Produkt kann durch eine nicht-archimedische Maschine geliefert werden, das seinerseits imstande ist, die Arbeitsvorgänge der klassischen Maschine sinngemäß zu lenken?

Eine kurze Überlegung wird uns zeigen, daß es darauf nur eine einzige Antwort gibt, die ganz einfach und von zwingender Evidenz ist. Wie werden archimedische Maschinen vorläufig gesteuert, da kybernetische Mechanismen vorerst noch nicht existieren? Das Auto ist eine archimedische Maschine, und sein praktischer Gebrauch ist – zumindest theoretisch – jedermann geläufig. Ein Auto in Betrieb ist ein Auto im Verkehr, und seine sinnvolle Arbeitsweise wird uns dadurch garantiert, daß ein Fahrer am Steuer sitzt, der Verkehrsregeln wie:

> Linksfahren verboten!
> Rotes Licht: Halt!
> Grünes Licht: Fahren!
> Höchstgeschwindigkeit: 30 km/h!
> Fahrzeug von rechts hat Vorfahrt!

durch entsprechende Handlungen seinerseits seiner Maschine mitteilt und dadurch die Arbeitsvorgänge in ihr modifiziert. Kurz, der Fahrer lenkt sein Auto durch den Verkehr. Dies geschieht auf Grund von Verkehrsregeln. Verkehrsregeln aber sind Informationsdaten, die der Fahrer als allgemeine Richtlinien der Verkehrsordnung übernimmt und dann im Einzelfall der konkreten Fahrtsituation als detaillierte Information selbst produziert. Die

Die »zweite« Maschine 165

abstrakte Verkehrsvorschrift mag zwar sagen: Grünes Licht – Fahren! Die Kreuzung aber steht noch voll Wagen, die den Weg bisher nicht freigegeben haben. Das ist modifizierendes Informationsmaterial, das das Bewußtsein des Fahrers verarbeiten muß und das schließlich in einer »kybernetischen« Bewegung endet, nämlich mit einem Druck auf die Fußbremse. Dieses Beispiel zeigt deutlich, daß ein archimedischer Mechanismus auf Grund von Information gesteuert wird. Teilweise kommt diese Information direkt von der Maschine her. Die Instrumente am Armaturenbrett: Tachometer, Öldruckmesser, Ampèremeter usw. liefern nichts weiter als Informationsdaten, und dieses informative Datenmaterial ist für den Fahrer notwendig, um die Maschine sinngemäß zu bedienen. Die Idee der kybernetischen Maschine zielt also auf die konstruktive Verwirklichung eines Mechanismus, der Daten aus der Außenwelt aufnimmt, sie als Information verarbeitet und dieselbe in Steuerungsimpulsen dann an die klassische Maschine weitergibt. Das letztere ist übrigens nicht durchaus notwendig. Eine Rechenmaschine z. B. liefert unmittelbar arithmetische Information.

Wir können also ganz allgemein im Rahmen einer Philosophie der Technik sagen: der Mensch hat bisher in seiner technischen Entwicklung zwei grundverschiedene Ideen der Maschine konzipiert. Die erste ist die klassisch-archimedische Maschine, deren Zweck ist, Arbeit zu produzieren. Neben diese ist die Idee der »zweiten« Maschine getreten, von der man nicht mehr Arbeit, sondern Information erwartet. Die »erste« Maschine ist in Analogie zum menschlichen Arm (und Hand) entworfen worden, von der zweiten wird erwartet, daß sie eine technische Reproduktion des menschlichen Gehirns darstellen soll. Denn nur das Gehirn verarbeitet Information. Die »erste« Maschine ist heute eine historische Realität, die »zweite« vorläufig nur ein technisches Ideal, dessen progressive Realisierung[2] noch in sehr weiter Ferne steht. Transformatoren, Transistoren und ähnliche auf elektro-magnetischen Prinzipien beruhende Maschinen stellen noch nicht einmal eine erste Annäherung an das neue Ziel dar. Sie sind technische Zwischengebilde, die sich dadurch von dem archimedischen Maschinentyp unterscheiden, daß in ihnen der Mechanismus in subatomare Bereiche verlegt worden ist. Insofern folgen sie in der Tat

---

[2] Es muß darauf aufmerksam gemacht werden, daß eine solche Realisierung immer nur partiell erfolgen kann. Einen kybernetischen Mechanismus, der das Gehirn *vollendet* reproduziert, wird man nie konstruieren.

einem nicht-klassischen Prinzip. Ihre »mechanische« Arbeitsweise ist bereits die der projektierten kybernetischen Maschinen. Sie liefern aber keine Information. Insofern sind sie klassisch. Auch die heutigen Rechenmaschinen bis hinauf zum kompliziertesten Differentialanalysator sind noch keine echten transklassischen Konstruktionen. Sie *transformieren* nur gelieferte Informationen, aber sie produzieren keine.

In unserem Beispiel von dem Autofahrer im Stadtverkehr aber wird durch das Gehirn Information *produziert*. Die durch die Verkehrsordnung gelieferte und auswendig gelernte Information reicht nicht im entferntesten aus, um den Wagen im Sinn dieser selben Verkehrsordnung sach- und sinngemäß zu bedienen. Wir können – um den entscheidenden Tatbestand, auf den es hier ankommt, klarer herauszustellen – einmal etwas übertreiben und sagen: die Verkehrsordnung liefert überhaupt keine Information, sondern nur Richtlinien, gemäß denen die für die Steuerung des Wagens unbedingt notwendige Verkehrsinformation *produziert* werden soll. Selbstproduktion von Information, gleichgültig ob sie partiell oder total ist, aber setzt Bewußtsein voraus.

Damit konzentriert sich das Problem der nicht-archimedischen Maschine auf das des »mechanical brain«,[3] d. h. des mechanischen Bewußtseins. Und es erhebt sich die den heutigen Durchschnittsmenschen geradezu ungeheuerlich anmutende Frage: Läßt sich Bewußtsein trans-klassisch mechanisch konstruieren? Die erste Reaktion auf diese Frage wird für jeden klassisch erzogenen und im Bereich einer ontologischen Metaphysik aufgewachsenen Zeitgenossen ein ganz emphatisches »Nein« sein. Tatsächlich aber ist die Frage für ein unbefangenes, vorurteilsloses Denken vollkommen offen. Was allein unwiderleglich feststeht, ist, daß es nicht möglich ist und nie möglich sein wird, ein volles menschliches *Selbst*bewußtsein als Robotgehirn zu entwerfen. Und zwar aus dem folgenden Grunde: die Logik bzw. Mathematik, in der ein solcher »mechanical brain« beschrieben wird, muß von einem höheren Sprachtypus[4] sein als derjenige, den das Robotgehirn braucht, um seine Begriffe zu produzieren. In der Ausdrucksweise der symbo-

---

[3] Wir benutzen für »mechanical brain« den männlichen Artikel, weil »brain« mit dem deutschen Ausdruck der »Brägen« für Gehirn etymologisch verwandt ist. »Brägen« ist provinziell und wird vornehmlich im Fleischergewerbe gebraucht.
[4] »Sprachen« in dem hier intendierten Sinn sind nicht nur Deutsch, Englisch, Chinesisch usw., sondern ebenfalls Mathematik, Logik, kurz alle

lischen Logik: die Konstruktion eines Robots muß in einer Sprache erfolgen, die relativ zu der Sprache, in der ein Robot »denkt«, die Metasprache ist. Nun gibt es aber zu einer Sprache, die Begriffe wie »Ich«, »Du« oder »Selbst« als logisch relevante Ausdrücke enthält, keine Metasprache mehr. Eine solche Sprache ist von höchstmöglicher logischer Ordnung. Wenn also ein Konstrukteur versuchte, einem »mechanical brain« die eben genannten Begriffe und damit ein Denken in einer Sprache höchstmöglicher Ordnung einzubilden, dann bliebe ihm keine Metasprache mehr, in der er ein solches Robotgehirn entwerfen könnte. Umgekehrt: reserviert der Konstrukteur einen solchen Sprachtypus für die *Darstellung* seines Entwurfes, dann kann er dem Entwurf selber nur ein niedereres Sprachniveau, in dem solche Worte (Begriffe) noch nicht auftreten, zuschreiben.[5] Ein Gehirn aber, das den Begriff »Selbstbewußtsein« prinzipiell nicht konzipieren und in seiner Sprache bilden kann, hat auch kein Selbstbewußtsein.

Es wird also nie möglich sein, einen Robot, der Selbstbewußtsein besitzt, zu konstruieren, weil ein »mechanical brain«, der Worte wie »Ich« und »Selbst« gebrauchen kann und weiß, was sie

Ausdruckssysteme, in denen sinnvolle Mitteilungen gemacht werden können.
[5] Für denjenigen Leser, der an diesem Grundproblem einer allgemeinen Theorie eines »mechanical brain« näher interessiert ist, seien im folgenden die vier logisch möglichen Sprach- und Ausdruckssysteme mitgeteilt. Man unterscheidet 1. Sprachen, in denen alle Ausdrucksvariablen zu einer und derselben semantischen Kategorie gehören; 2. Sprachen, in denen die Anzahl der die Variablen umfassenden Kategorien größer als 1, aber stets endlich ist; 3. Sprachen, in denen die Variablen zu unendlich vielen semantischen Kategorien gehören, wobei aber die Ordnung dieser Variablen eine im vornhinein gegebene natürliche Zahl nicht überschreitet, und schließlich 4. Sprachen, die Variable beliebig hoher Ordnung enthalten. (Vgl. Alfred Tarski, Der Wahrheitsbegriff in den formalisierten Sprachen, Studia Philosophica, Leopoldi 1935, bes. S. 81) Alle höher entwickelten Umgangssprachen, die Begriffe wie »Ich« und »Selbst« enthalten, gehören der vierten Sprachordnung an. Jede dieser Sprachordnungen ist relativ zu den niedereren eine Metasprache. Und man kann über eine Sprache nur in einer ihr übergeordneten Metasprache wissenschaftlich exakt sprechen. Auf dem Niveau des vierten Sprachtypus, der auch Universalsprache genannt wird, kann man über alles sprechen; allerdings mit der höchst beträchtlichen Einschränkung, daß man in der Logik, die diese Sprache beschreibt, Paradoxien und Antinomien in Kauf nehmen muß, wenn man über »Tatbestände« spricht, deren Begriffe erst auf diesem Sprachniveau sich bilden. Solche Begriffe sind z. B. »Ich« oder »Selbstbewußtsein«. Paradoxien aber sind nicht als technische Objekte konstruierbar.

bedeuten, eine Sprache spricht, zu der es keine Metasprache mehr gibt, in der sein technischer Entwurf vom Konstrukteur konzipiert werden könnte. Wenn beide die gleiche Sprache sprächen, dann wären Schöpfer und Geschöpf einander geistig ebenbürtig. Dies ist absurd.

Wie steht es aber mit der technischen Konstruktion von einfachem Bewußtsein? Das bisher Gesagte bezieht sich ausschließlich auf das Selbstbewußtsein, d. h. auf doppelreflektierte Erlebnisphänomene. In der Tat ist die Frage heute noch völlig offen, ob sich einfaches Bewußtsein, also ohne weitere Rückreflexion auf das erlebende Ich, jemals mit technischen Mitteln herstellen ließe. Daß es partielle Bewußtseinszustände ohne Icherlebnisse gibt, wird nirgends ernsthaft bestritten. Wer jemals aus einer Chloroformnarkose aufgewacht ist, kennt jenen Übergangszustand, in dem das Bewußtsein dadurch zum Leben erwacht, daß es beginnt, sich wieder mit Inhalten zu füllen. Der krönende Inhalt aber, die Rückbeziehung auf die eigene Bewußtseinstätigkeit, d. h. des Icherlebnisses, fehlt und will sich nicht erzwingen lassen. Der inverse Vorgang, freilich nicht so markant und eindrücklich wie in den künstlichen Bewußtseinsveränderungen durch die Narkose, läßt sich bei dem natürlichen Prozeß des Einschlafens beobachten. Das Icherlebnis verschwindet zuerst. Die anderen Bewußtseinsinhalte später. Ein Bewußtsein, das noch Inhalt hat, ist *bewußt*. Das heißt, wir haben in diesen Übergangszuständen Bewußtseinszustände ohne ein konkomitierendes Ich.

Ebenso dürfte es richtig sein zu sagen, daß das Kind in seinem frühesten Entwicklungsstadium unmittelbar nach der Geburt zwar Bewußtsein, aber kein Selbstbewußtsein hat. Das Tier schließlich bleibt auf der Stufe des einfachen, nach außen gerichteten Bewußtseins überhaupt stehen und erreicht (vermutlich) niemals den selbstbewußten Erlebnisraum. Soweit läßt sich sagen, daß Bewußtsein sehr wohl ohne Selbstbewußtsein »psychisch« realisiert werden kann. Warum also nicht in einem »mechanical brain«?

An dieser Stelle macht unser im seelischen Determinationsraum der klassischen Ontologie erzogenes Weltgefühl einen anderen und tieferen Einwand: zugegeben, daß Bewußtseinszustände ohne Selbstbewußtsein realisiert werden können. Aber jedes Bewußtsein muß, selbst wenn es nirgends an die Oberfläche tritt, ein Subjekt seiner Akte, eine »Seele« besitzen. Im Tier oder im Kind der ersten Lebensjahre liegt sie nur unter der Erlebnisschwelle, aber sie ist potentialiter immer da. Bewußtsein ist nicht – wie der vulgäre

Materialismus annimmt – eine Funktion eines physischen Agens, also ein Endprodukt aus Stoff und Energie, sondern vielmehr die Eigenschaft eines unbekannten X, das wir in theologischer Terminologie »Seele« nennen.[6]

Diese theologische Auffassung unterschreiben wir hier völlig. In ihr formuliert sich ein existentieller oder metaphysischer Sachverhalt, der kaum ernsthaft bestreitbar ist. Die theologische Formulierung jedoch, so wahr sie auch essentiell sein mag, ist äußerst vage. Sie läßt die faktische Relation, die die »Seele« zum Bewußtsein hat, ganz offen und macht sie den verschiedenen Interpretationen zugänglich. Ein Symptom dafür ist die schwankende Stellung, die das theologische Denken der Frage gegenüber einnimmt, ob Tiere eine unsterbliche Seele haben. Der Grund für die bestehende Unsicherheit in der Beantwortung dieses sehr heiklen Punktes ist die durchaus richtige Einsicht, daß, wenn Tiere kein Selbstbewußtsein haben, die Relation ihrer hypothetischen »Seele« zu ihrem Bewußtsein eine ganz andere sein muß als beim Menschen.

Der Leser sei hier an den Anfang des amüsanten Romans von Anatole France »Die Insel der Pinguine« erinnert. Der sich im Boote der Insel nähernde St. Brandan hält die am Ufer sitzenden Pinguine irrigerweise für die heidnischen Bewohner des Landes und tauft sie summarisch. Dadurch erhalten die Pinguine (christliche) Seelen, und im Jenseits entsteht jetzt das sehr ernste Problem, ob die Pinguine zum Eintritt in den Himmel berechtigt sind oder nicht. »Seele« ist hier offenbar etwas, das im Taufakt »mit-geteilt« werden kann. Wären es statt der Pinguine menschliche Wesen gewesen, dann hätte sich im Taufakt das mystische Verhältnis zwischen Taufendem und Täufling in anderer Weise arrangiert. In diesem Fall wäre die Seele nicht auf das getaufte Individuum übertragen worden, sondern die im Individuum bereits wohnende Seele wäre nur christianisiert worden. Die stillschweigende Voraussetzung dieser Episode ist: Menschen haben Selbstbewußtsein, d. h. ihre Seele wohnt bereits in ihnen, Tiere haben keins, also ist ihr Bewußtsein, was Information anbetrifft, ferngesteuert. Der Steuerungsimpuls ihres Bewußtseins kommt aus der Umwelt.

---

[6] Norbert Wiener formuliert diesen Sachverhalt in seinem epochemachenden Buch »Cybernetics« (New York, S. 155) in der folgenden für einen Ingenieur typischen Weise: »Information is information, not matter or energy.« (Information – d. h. Bewußtseinsinhalte – ist Information und nicht Materie oder Energie.) Information oder auch Sinn ist eben die empirische Weise, in der sich uns jenes geheimnisvolle X offenbart.

Umwelt aber ist relativ zum Individuum bzw. seinem Bewußtsein Transzendenz.

Das Tier hat nach dieser Auffassung ebenso eine transzendente »Seele« wie der Mensch; nur muß »Transzendenz« in diesem Fall anders definiert werden. Die menschliche Seele ruht unerreichbar im »Innern«; sie ist, nach einem adäquaten Sprachgebrauch, introszendent. Die tierische Seele ist extroszendent. Sie liegt im »Außen«. In beiden Fällen liegt das, was wir als Subjekt des Bewußtseins zu hypostasieren gezwungen sind, nicht auf der Existenz- und Aktionsebene des Bewußtseins selbst.

Solange diese Auffassung von den verschiedenen Transzendenzmöglichkeiten des Subjekts gegenüber seinem Bewußtsein nicht zwingend widerlegt ist (und eine solche Widerlegung existiert bis heute nirgends), kann die theoretische Möglichkeit nicht von der Hand gewiesen werden, daß es prinzipiell möglich ist, Bewußtsein in einem »mechanical brain« durch konstruktive Methoden hervorzurufen. Ein solches Bewußtsein eines Robotgehirns würde auch eine »Transzendenz« besitzen. Aber diese Transzendenz wäre nicht die Introszendenz des menschlichen Bewußtseins (der Robot hat kein Ich »im Innern«), sondern eine zweite Form der Extroszendenz wie beim tierischen Bewußtsein. Nur ist im Tier die Umwelt das Lokale dieser Transzendenz, während für den Robot dieselbe – im Bewußtsein seines Konstrukteurs liegt. Der vollendete Robot hätte ein »Ich«. Dasselbe aber wäre zurückverlegt in das stellvertretende Ich seines Schöpfers!

Es braucht wohl kaum ausdrücklich darauf hingewiesen werden, daß mit den heute zur Verfügung stehenden technischen Mitteln solche Ziele auch nicht im entferntesten verwirklicht werden können. Was in hundert Jahren technisch möglich sein wird, kann momentan niemand sagen. Die heute gebauten Modelle logischer und mathematischer Komputiermaschinen wie ENIAC, EDVAG, UNIVAC und andere jagen sich in einem solch rasenden Tempo, daß, wie ein auf diesem Forschungsgebiet tätiger amerikanischer Gelehrter kürzlich bemerkte, eine derartige Maschine, sobald sie fertiggebaut ist, auch schon als veraltet angesehen werden muß. Es läßt sich deshalb in diesem Kommentar vom technischen Standpunkt aus kaum etwas sagen, was nicht beim Druck dieser Zeilen längst überholt sein wird.

Anders aber liegen die Dinge, soweit die allgemeine logische Theorie dieser Maschinen in Betracht kommt. Hier lassen sich Feststellungen machen, die allgemein und unabhängig von den

Die »zweite« Maschine 171

technischen Mitteln, sie zu realisieren, richtig sind und deshalb nicht überholt werden können. Eine solche Feststellung ist, daß keinerlei logisch-theoretische Gründe dagegen sprechen, daß Bewußtsein (*nicht* Selbstbewußtsein) technisch konstruierbar ist, wenn die Bewußtseinsprozesse eines solchen Mechanismus Fernsteuerung implizieren. Die logischen Gründe für eine solche Behauptung fußen auf der Tatsache, daß sich eine wissenschaftlich zureichende und genügend exakte Definition von »Bewußtsein« auf der Ebene der dritten Sprachordnung geben läßt. Der Konstrukteur hat dann für seine Arbeit den vierten und letzten Sprachtypus als seine »Metasprache« zur Verfügung. Damit wird die Sprache dritter Ordnung relativ zur vierten zu einer reinen Objektsprache. Das bedeutet, daß man bei der Definition von »Bewußtsein« nur Objektbegriffe wie »Materie«, »Energie« und »Information« zu verwenden braucht und daß Subjektbegriffe[7] wie »Erlebnis«, »Ich«, »Du«, »Seele« usw. überflüssig geworden sind.

Mit anderen Worten: es bestehen keine prinzipiellen Schwierigkeiten, die Produktion von Bewußtsein als einen rein »mechanischen« Prozeß eines entsprechenden Instruments – des Gehirns oder des »mechanical brain« – aufzufassen. Damit aber ist wenigstens die theoretische Möglichkeit der Konstruktion einer solchen, uns heute völlig phantastisch anmutenden Maschine gegeben. Wohlgemerkt, ein solcher Apparat würde alle Bedingungen für das Zustandekommen von Bewußtsein erfüllen – nicht aber diejenigen für Selbstbewußtsein. Sein Bewußtsein könnte also nur in Analogie zu dem eines Tieres oder Kindes im frühesten Lebensstadium gesetzt werden. Andererseits aber würde das Bewußtsein eines »mechanical brain« von dem eines Tieres oder Kindes sich insofern unterscheiden, als es trotz seiner dumpfen Bewußtseinsstufe ohne weiteres schwierigen Problemen der Differential- und Integralrechnung gewachsen wäre. –

Es bleibt in dieser Darstellung des kybernetischen Robotproblems nur noch übrig, kurz zu bemerken, wie weit die Technik der modernen Kalkulatoren auf diesem Weg bereits vorgeschritten ist. Hier ist folgendes festzustellen: alle bisher konstruierten Maschinen folgen einer Logik, die dem allerersten Sprachtypus angehört. Dies ist die Logik, die den Relationen toter Objekte zueinander entnommen ist. Folglich sind diese Maschinen auch so

---

[7] Das heißt Begriffe, die auf ein hypothetisches Subjekt hinweisen und dieses für ihre Erklärung benötigen.

tot wie ein Stein. Es sind aber in diese Maschinen bereits einige technische Details hineinkonstruiert worden, die der nächst höheren Sprach- und Logikstufe angehören. Das heißt, die modernsten Maschinen besitzen bereits die mechanischen Vorbedingungen für Gedächtnis (und diese Anlage teilt sich ganz wie in der menschlichen Psyche in ein permanentes und ein temporäres Gedächtnis), für Lernfähigkeit und für »Gestalt«-wahrnehmung.[8] Sie besitzen ferner in beschränktem Maß Entscheidungsfähigkeit (Auswahl arithmetischer Routinen) und können komplizierten Instruktionen, die ihnen in »Maschinensprache« gegeben werden, folgen. Schließlich besitzen sie die bemerkenswerte mechanische Fähigkeit, abstrakte Begriffe in sinnvolle Handlungsroutinen umzusetzen. Zu diesen allgemeinen Funktionen, die jedes Bewußtsein kennzeichnen, treten sehr spezifische logische Fähigkeiten, deren Vollzug mechanisch reproduzierbar ist. Eine von Theodore Kalin und William Burkhart gebaute Maschine, die nicht größer als ein Fernsehapparat ist, prüft die Richtigkeit von logischen Schlüssen, die sich aus Aussagengruppen ergeben. Ein weiteres Modell befindet sich in Bau, das Probleme aus Spezialgebieten des logischen Funktionenkalküls lösen kann und das in beschränktem Maß zu Existenzurteilen[9] fähig ist.

Allgemein wird auch von konservativen Kybernetikern zugegeben, daß es theoretisch möglich ist, jede Bewußtseinsfunktion mechanisch zu wiederholen. Denn wenn die Funktionsweise *eines* Bewußtseinselementes mechanisch interpretierbar ist, dann muß das gleiche auch von allen anderen gelten. Nur eine Fähigkeit, so wird einstimmig betont, wird man niemals konstruktiv duplizieren können! Es ist die schöpferische Tätigkeit des menschlichen Bewußtseins. Wozu wir hier bemerken wollen, daß spirituelle Produktivität vermutlich überhaupt keine Bewußtseinsfunktion

---

[8] Dies ist eine Fähigkeit, die wir z. B. brauchen, wenn wir die schwerleserliche Handschrift eines Briefes entziffern wollen. Wir bemühen uns dann, in dem willkürlichen Duktus der Handschrift die Idealgestalten der Buchstaben wiederzuerkennen. Das erste Modell einer Maschine, die die Fähigkeit der Gestaltwahrnehmung hat, ist kürzlich von David Shepard (Falls Church, Va.) konstruiert worden.
[9] Ein Existenzurteil ist ein Satz, der folgende Form hat: »Es gibt ... « Übrigens schließt die Fähigkeit zum Existenzurteil nach der Formel $\sim(Ex)[\sim f(x)] \circ (x)f(x)$ die Fähigkeit zum All-Urteil ein: »Alle ... « Hier unterscheidet sich der »mechanical brain« vom tierischen Bewußtsein. Es scheint, daß Tiere nur die Fähigkeit zum Existenzurteil haben, aber beim Vollzug von Allurteilen, wie Experimente zeigen, gewöhnlich versagen.

ist und ausschließlich dem Bereich des ohnehin nicht reproduzierbaren Selbstbewußtseins angehört.

Abgesehen davon aber ist eine kybernetische Entdeckung gemacht worden, die den projektierten »mechanical brains« einen sehr »menschlichen« Anstrich gibt. Dr. John R. Pierce, ein in den Bell Laboratorien arbeitender Forscher, hat kürzlich nachgewiesen, daß jedes denkende Bewußtsein ein Zufallselement[10] enthält. Es wird dann mit außerordentlichem Scharfsinn gezeigt, daß zu erfolgreichem Denken gehört, daß ein Bewußtsein (oder »mechanical brain«) langsam lernen muß und daß es weiterhin die Fähigkeit besitzen muß, früher Gelerntes entweder zu ignorieren oder zu vergessen. Darüber hinaus hat Pierce eine Konstruktion entworfen, die das Problem praktisch löst und zeigt, wie man in ein Robotgehirn diese Eigenschaften einbauen kann. Die praktische Durchführung ist übrigens so einfach, daß jeder halbwegs begabte Elektrotechniker die dazugehörigen Diagramme lesen kann.

Warum nun, wird der Laie fragen, kann man heute noch kein Bewußtsein konstruieren, wenn einzelne Bewußtseinsfunktionen bereits mechanisch reduplizierbar sind? Die Antwort ist: man würde auch selbst dann noch kein solches Bewußtsein konstruiert haben, wenn man *alle* überhaupt existierenden Funktionen eines lebendigen Bewußtseins in tadellos arbeitenden Mechanismen wiederholt hätte. Das hat Plato schon gewußt, wenn er im Dialog Theätet darauf hinweist, daß dadurch, daß im Trojanischen Pferd in der Gestalt der griechischen Helden alle Bewußtseinsfunktionen eingeschlossen waren, das Pferd selber noch längst kein Bewußtsein erhielt.

Bewußtseinsfunktionen, mechanisch oder nicht mechanisch, erzeugen kein Bewußtsein, solange zwei weitere entscheidende Dinge fehlen: Erstens die operative Einheit der Funktionen und zweitens die »transzendente« Steuerung dieser Einheit. Diese beiden zusätzlichen Funktionen sind leicht erklärbar.

Wir besitzen heute Maschinen, die logische Operationen vollziehen, und andere Maschinen, die arithmetische Probleme lösen und algebraische Fragen und Aufgaben aus dem Gebiet der Infinitesimalrechnung beantworten. In beiden Fällen rechnen und arbeiten wir mit den verschiedenen Maschinen. Wir sind aber vorläufig nicht imstande, beide Maschinen so miteinander zu »koppeln«, daß die Logikmaschine uns vertritt und an unserer Stelle

---

[10] »Random element«.

mit dem arithmetischen Mechanismus arbeitet. In dem Moment, wo eine solche »Koppelung« glückte, wäre die erste Bedingung für ein mechanisches Bewußtsein, nämlich die operative Einheit aller seiner Funktionen gegeben. Was aber auch dann noch fehlte, wäre die »transzendente« Steuerung dieser gekoppelten Systeme.

Dieser Steuerungsmechanismus müßte wieder eine Logik sein, aber eine, die einen höheren logischen Typus repräsentiert als unsere »normale« klassisch-aristotelische Logik, die mit der arithmetischen Maschine gekoppelt ist. Eine solche Logik eines höheren Typus ist keineswegs eine bloße Phantasie und ein metaphysischer Traum eines wildgewordenen Philosophen. Bruchstücke solcher Logiken, die unsere »normale« Logik als engen Spezialfall enthalten, existieren schon jetzt. Man nennt sie mehrwertige Logiken, und die theoretischen Mittel, sie weiter zu entwickeln, sind längst vorhanden.

Auch über die Arbeitsweise dieser »transzendenten« Steuerung unserer normalen Logik samt ihrer Inhalte läßt sich bereits einiges sagen.

Der transzendente Steuerungsmechanismus reflektiert Information auf sich selbst durch einen sogenannten Rückkoppelungskreis (feedback-system). Das klingt wieder schwieriger, als es in Wirklichkeit ist. Es heißt nichts weiter, als daß die folgenden mechanischen Schritte vollzogen werden. Erstens: der gekoppelte Mechanismus produziert Informationen. Zweitens: dieselben werden auf geeignete Weise an den Steuerungsmechanismus weitergeleitet. Da diese Steuerung aber selber eine Logik mit neuen Gesetzen ist, so verändert sie die an sie gelieferte Information (so wie sich für uns der Anblick der Welt verändert, wenn wir eine farbige Brille aufsetzen) und gibt dann drittens: ihren veränderten Gesichtspunkt als Steuerungsimpuls an das untergeordnete System zurück.

Damit sind alle Bedingungen für die Konstitution von Bewußtsein erfüllt. Wir besitzen dann ein System, das die materiellen Bewußtseinsmechanismen liefert. Ein zweites, das ihre operative Einheit herstellt, und ihnen übergeordnet ein drittes, das das gegenseitige Verhältnis des ersten und zweiten Systems reflektiert und das Resultat dieser Reflexion als Information in das Verhältnis von eins und zwei zurückkehren läßt. Diese Rückkehr der Information aber, die durch ein logisch überlegenes (und in das potentielle Bewußtsein nicht eingeschlossenes) System hindurchgegangen ist, ist derjenige Prozeß, der *aktuelles* Bewußtsein erzeugt. Jedenfalls hat sich noch niemand unter Bewußtsein etwas anderes vorstellen können als Information (Erlebnissinn), die sich in einer sinnhaft modifizierten Weise auf sich selber bezieht und dadurch von sich selber weiß.

Kant sagt in seinem berühmten Satz in der *Kritik der reinen Vernunft*: »Das: Ich *denke* muß alle meine Vorstellungen begleiten *können* ...« Das Icherlebnis (Selbstbewußtsein) braucht also keineswegs die Bewußtseinsakte faktisch zu begleiten, aber es muß potentiell hinter ihnen stehen. Wie verhält es sich damit im Fall eines »mechanical brain«, dessen prinzipielle Beschränkungen wir eben aufgezeigt haben? Allgemein muß dazu bemerkt werden: Was hier für den Menschen gilt, gilt für ein Robotgehirn erst recht, wenn es Bewußtsein besitzen will. Nur ist das Ich im Fall des Robot aus dem Mechanismus in den Konstrukteur zurückverlegt. Er repräsentiert das »Ich« des Mechanismus. Ein sehr wesentliches Element der kybernetischen Theorie ist nämlich, daß die Konstruktionsideen des Ingenieurs, der den »mechanical brain« entwirft, mit dem Robotgehirn zusammen zwar kein physisches, wohl aber ein logisches System bilden. Mit anderen Worten: Um erfolgreich einen »mechanical brain« zu entwerfen, muß sich das Bewußtsein des Konstrukteurs in einem Regelkreis (feed-back-system) von der Ordnung »B« an das Robot-System »A« direkt anschließen. Und diese Systeme »A«, »B«, »C« ... setzen sich in Richtung auf die Transzendenz des Ichs in einer unendlichen Serie fort. Nicht nur dem Robot ist sein »Ich« transzendent und unerreichbar; das gleiche gilt auch für die Seele des Konstrukteurs.

Hier ist der naturalistische Einwand zu erwarten: Wie kann ein Robot durch die Vermittlung des Ichs des Konstrukteurs denken! Denn das letztere ist nicht sein eigenes, sondern ein fremdes Ich. Darauf kann nur geantwortet werden: Wenn nicht die Metaphysik aller Völker und Zeiten gelogen hat, dann sind alle Iche, ontologisch betrachtet, identisch. Niemand kann angeben, was, wenn man das Ich nach einer unendlichen Regression endlich erreicht, der Unterschied zwischen »eigen« und »fremd« eigentlich sein soll. Das ist eine Unterscheidung, die sich passender auf Zahnbürsten anwenden läßt. Wem aber metaphysische Argumente keinen Eindruck machen – weil er noch nicht gelernt hat, Metaphysik von Mythologie zu unterscheiden –, braucht an Iche, Seelen oder Subjekte und ihre metaphysische Identität überhaupt nicht zu glauben. Es ist eine ganz empirische Erfahrung, daß alle Subjektivität »bodenlos« ist. Das heißt, es liegt hinter jedem erreichten Bewußtseinszustand immer noch ein tieferer, nicht erreichter. Und jedes überhaupt mögliche Bewußtsein bescheidet sich dabei, auf diesem Weg ins Innere an einer Stelle haltzumachen. Der Halt ist willkürlich, aber das liegt im Wesen der Sache und kann nicht geändert werden.

Diese »Bodenlosigkeit« aber ist in dem von uns skizzierten Robotgehirn, *relativ zu der dort erreichbaren Bewußtseinsstufe*, bereits etabliert. Sowohl die Subsysteme (I) und (II) wie der Rückmeldungsmechanismus liegen erlebnismäßig »hinter« dem Robotbewußtsein. Wir wissen, daß das Robotbewußtsein nicht bodenlos ist und schnell seinen Boden in den Grenzen des Systems III erreicht. Aber der Robot kann das nie wissen. Die spezifizierte Konstruktion seines Bewußtseins schließt eine solche Erkenntnis für immer aus. Und es darf nicht vergessen werden, daß der Mensch hier von der gleichen Art ist. Wir sprechen zwar von dem infiniten Regreß der Subjektivität in sich selbst. Das kann aber, wenn wir uns um Präzision in dem Ausdrucksgehalt unserer Aussagen bemühen, nichts anderes heißen, als daß unser Bewußtsein so organisiert ist, daß wir nie seinen Boden erreichen können. Einen Boden, der vielleicht schon unmittelbar jenseits der gerade erreichten Reflexionsschwelle liegt. Machen wir eine weitere Reflexionsanstrengung, so weicht der Boden genau um einen Schritt zurück. Unser Bewußtseinssystem wäre in diesem Falle endlich, und doch könnten wir sein Innerstes, d. h. seinen Boden, nie erreichen. Überdies besitzt das Robotbewußtsein eine echte Verbindung mit der Realität, die über die Grenzen seines Systems III hinausgeht. Nur tritt dieselbe nicht in Erscheinung, wenn man sie vom entworfenen Mechanismus her aufzuspüren versucht. Sie wird nur vom Konstrukteur der Maschine her sichtbar. Und damit sind wir an den Ausgangspunkt unserer Betrachtung zurückgekehrt.

Wir gingen von der metaphysischen Bedeutung der menschlichen Technik aus und bemerkten auf den einleitenden Seiten dieses Kommentars, daß der Mensch in der Maschine sich einen zweiten »Leib« schafft, in den er seinen physischen Arbeitsschematismus hineinprojiziert hat. Warum aber geschieht das? Die Antwort darauf ist vage bei Denkern wie Hobbes, Vico und Fichte antizipiert, in scharfer Formulierung mit dem Bewußtsein aller Konsequenzen aber erst in der amerikanischen Philosophie des Pragmatismus gegeben worden. Der Mensch versteht nur das, was er macht. Alle Bewegung eines freibeweglichen Organismus ist essentiell ein Verstehensprozeß. Aus diesem Grunde besitzt schon das Tier Verstehens-Kategorien, da es sich willkürlich bewegen, also han-

Die »zweite« Maschine

deln kann. Aber die Handlungen, die ein freibewegliches Wesen ausschließlich mit seinem Körper ausführt, liefern nur Verstehenskategorien für die Außenwelt, die diesen umgibt. Der Körper selbst und das in ihm wohnende »Leben« bleibt in einer einfachen Bein- und Rumpfbewegung unverstanden. Diese Bewegungen sind »instinktiv«, d. h. sie reflektieren nicht auf sich selber. E. T. A. Hoffmanns »Kater Murr«, der über sich selbst reflektiert, existiert in der Tierwelt nicht.

Wenn der Mensch sich selbst – und um damit irgendwo einen Anfang zu machen – seinen Körper als freibewegliche Existenz innerhalb der Umwelt verstehen will, bleibt ihm nichts anderes übrig, als diesen Körper als Maschine zu wiederholen. Wir wissen zwar auch ohne Technik, *daß* wir laufen, aber *wie* wir laufen, verstehen wir erst dann adäquat, wenn uns der Mechanismus von Gelenk und Hebel kein Geheimnis mehr vorenthält.[11] Nun dehnt sich aber der Handlungsbereich jedes freibeweglichen Wesens weit über den Aktionsradius rein körperlicher Handlungen aus. Fichte hat zuerst – auf deduktivem Wege – überzeugend nachgewiesen, daß Bewußtsein als eine Tätigkeit des Menschen verstanden werden müsse, wenn man es überhaupt verstehen will. Damit ergibt sich als selbstverständliche Forderung: Will der Mensch sein eigenes Bewußtsein und dessen Prozeß verstehen, so bleibt ihm nichts anderes übrig, als dasselbe als Handlung, d. h. in einem technischen Herstellungsverfahren in der Außenwelt zu wiederholen. Mit Introspektion ist hier nichts zu machen.

Nun weiß jeder, der etwas vom Arbeitsrhythmus des Körpers und von Maschinentechnik versteht, daß nicht die ganze Bewegungsschematik des lebendigen Tieres oder Menschen auf die Maschine übertragen wird. Es ist immer nur ein äußerst geringer Bruchteil. Am Prinzipiellen der Sache aber ändert sich dadurch nichts: es werden Ereignisfolgen, wie sie die »Natur« aus sich niemals allein entwerfen könnte, aus der handelnden Subjektivität partiell abgelöst und auf den objektiven Seinszusammenhang transferiert, um dort eine autonome Existenz zu führen. Das gilt für alle vergangene Technik. Diese Interpretation aber trifft ebenso auf eine zukünftige nicht-klassische Robottechnik zu. Der metaphysische Hintergrund des technischen Bemühens bleibt derselbe, und die Konstruktion eines »mechanical brain« ist nicht

---

[11] Es ist kein Zufall, daß das Radschlagen im Turnunterricht eine halbreflektierte Körperübung ist. Tiere spielen zwar, aber sie turnen nicht.

rätselhafter oder unmöglicher als die Konstruktion eines Karrens mit Rädern. Letztere würde dem adamitischen und noachitischen Menschen, wenn man versucht hätte, ihm zu erklären, daß man das Voreinandersetzen der Füße mechanisch in eine rotierende Bewegung von unendlicher Kontinuität umsetzen könne, als ein Wunder erschienen sein, dessen Erfüllung sich notwendig die Götter vorbehalten hätten.

Eine wissenschaftliche Formulierung der Aufgabe, wie sie in den kybernetischen Theorien erfolgt, beabsichtigt nun nichts anderes, als was der Mensch getan hat, als er seinen ersten Wagen baute, nämlich die Abspaltung eines partiellen Ausschnittes aus dem Handlungsbereich des Bewußtseins und Übertragung dieses Ausschnittes auf isoliert objektive Seinszusammenhänge. Es handelt sich also gar nicht darum, eine »Seele« zu konstruieren. Wer den letzteren Vorschlag wirklich machen wollte, gehörte unter ärztliche Beobachtung. Wohl aber ist es eine ernsthafte wissenschaftliche Frage, ob es möglich ist, partielle Bewußtseinsräume vom tierischen bzw. menschlichen Organismus abzuspalten und auf einen (trans-klassischen) Mechanismus zu übertragen.

Die Frage wird heute in Amerika zögernd bejaht (Edmund C. Berkeley), da unter pragmatistischen Gesichtspunkten an einer solchen technischen Prozedur nichts wunderbarer ist, als wenn man einen sinnvollen Arbeitsrhythmus (wie ihn die Natur nie allein hervorbrächte) vom menschlichen Körper ablöst und auf Räder und Hebel überträgt. In gleicher Weise spaltet der Konstrukteur eines »mechanical brain« einen partiellen Funktionsbereich seines Bewußtseins ab und überträgt dessen Arbeitsrhythmus auf elektrische Relais und nukleare Vorgänge in der Außenwelt. Unser klassisches Gefühl sträubt sich heute noch gegen diesen Parallelismus, weil wir uns zu dem Einwand getrieben fühlen: ein »mechanical brain« muß bewußtlos bleiben, da der Konstrukteur doch nichts von *seinem* Seelenleben abspalten kann.

Dem muß erwidert werden, daß der Dualismus von Leib und Seele in der hier skizzierten Betrachtungsweise völlig gegenstandslos ist. An dieser Stelle kommt die deutsche philosophische Anthropologie den kybernetischen Theorien zu Hilfe. In seinem tiefgründigen Werk »Der Mensch« (Bonn 1950) hat Arnold Gehlen ganz überzeugend demonstriert, daß die menschliche Wirklichkeit – unter Einschluß des Bewußtseins! – in einem Begriffssystem beschrieben werden kann, das den Unterschied von Leib und Seele nicht mehr kennt. Voraussetzung dafür allerdings ist, daß man von der Grundvoraussetzung ausgeht, daß der Mensch seine Wirklichkeit nur als Handelnder erfährt und – versteht. Die Gesetzlichkeit eines solchen universalen Handlungsvollzuges, der unser Bewußtsein einschließt, ist in der Tat das Grundthema der kybernetischen Forschung.[12]

Das Problem, wie Bewußtsein entsteht, erhält in dieser kybernetischen Denkweise eine neue Formulierung. Gehlen sagt dazu: Bewußtsein »bedeutet einen Umsetzungsvorgang (uns übrigens undurchsichtiger Art) an den Kontaktstellen eines Organismus mit der Welt«.[13] Diese Auffassung kann als technisches Problem sehr präzis formuliert werden: Es gilt ein geschlossenes System (Äquivalent zu Organismus) zu konstruieren, das regulierte Kontaktstellen mit der Außenwelt besitzt. Jeder solche Kontakt muß als Information verarbeitet werden können. Und das geschlossene System muß ein Informationssystem von in sich reflektiertem Charakter sein. – Die Reflexion der Information auf sich selbst (der eigentliche Bewußtseinsvorgang) kann dadurch hergestellt werden, daß man die Information durch zwei verschiedene logische Systeme gehen läßt, wobei das zweite System die Bedeutung, die das Informationsmaterial im ersten logischen System gehabt hat, in bestimmter Weise verändert und diesen veränderten Sinn an die erste Logik zurückgibt. Dieser geschlossene Reflektionskreis tritt dann aufs neue mit den Informationsdaten in Kontakt. Und dies ist der Punkt, wo – der Theorie gemäß – Bewußtsein entstehen sollte. Unter den Kontakten, die von der rückkehrenden Reflexion erreicht werden, ist nämlich ein vor allen andern ausgezeichneter. Wir wollen ihn den Initialkontakt nennen. Zum Informationsbestand der Maschine gehören nämlich einige »metaphysische« Daten: erstens die Information, *daß* der Konstrukteur den »mechanical brain« geschaffen hat und *wie* er ihn geschaffen hat, und weiter: *daß* er ihn in Bewegung gesetzt hat und *wie* er ihn in Bewegung gesetzt hat. Ohne die Verarbeitung dieser Information wäre der »mechanical brain« nie in der Lage, einen Analogprozeß zu menschlichem Bewußtsein zu produzieren.

Diese heute noch so unmöglich anmutende Produktion ist ja im Grunde nichts anderes als ein einfacher Transmutationsprozeß »seelischer« Energien. In der Schöpfung und Ingangsetzung eines

---

[12] Vgl. dazu Helmut Schelsky, Zum Begriff der tierischen Subjektivität. Studium Generale (1950) III, 2/3, S. 102–116.
[13] A. a. O., S. 279.

»mechanical brain« setzt der Konstrukteur *sein* Bewußtsein in Handlung um. Eine Handlung aber ist kein Bewußtsein mehr, obwohl sie von Bewußtseinsakten begleitet sein kann. Ein »mechanical brain« nun ist seiner Idee nach ein äußerst verwickelter Mechanismus, der diesen Prozeß der Umsetzung bewußter Reflexion in nicht bewußte Handlung partiell wieder rückgängig macht. Wir sagen ausdrücklich »partiell«, denn zur Handlung gehört auch das Handlungsresultat, d. h. das fertiggestellte Robotgehirn, das ja durch diesen Prozeß nicht berührt werden darf. Abgesehen vom Handlungsresultat aber ist auch die Handlung selbst in der Maschine (als Information) enthalten, und es ist nicht einzusehen, warum der Mensch, wenn er einmal sein Bewußtsein in Handlungen transformiert hat, nicht vermittels eines Hilfsmechanismus (»mechanical brain«) diesen Prozeß dann reversieren und Handlungen in Bewußtsein zurückverwandeln kann.

Es geschieht also gar nichts Mythisches im Robotgehirn, und dasselbe hat auch gar kein »eigenes« Bewußtsein. Wenn die hier geschilderten Ideen sich wirklich durchführen lassen, so würde das nichts anderes bedeuten, als daß es dem Menschen gelungen ist, Bewußtseinsvorgänge partiellen Charakters von seinem Organismus abzulösen und auf ein anderes Medium zu übertragen. Ein Mechanismus *erzeugt* kein Bewußtsein, auch nicht, wenn sein Arbeitsrhythmus transklassisch ist. Eine ganz andere und völlig offene Frage aber ist, ob es ihm nicht möglich wäre, Bewußtseinsakte, die man in ihm in Handlungsformen deponiert hat, wieder in ihren ursprünglichen Zustand zurückzuführen. Bewußtsein ist keine stoffliche Quantität, die erzeugt oder vernichtet werden kann, sondern eine metaphysische Variante von Existenz, die, wie das Verhältnis von Denken und Wollen zeigt, sich willig aus einem existenziellen »Aggregatzustand« in einen anderen überführen läßt. In dem hier vorliegenden Fall würde der Mensch durch seine *eigene*, in der Maschine nur investierte Handlung einen Teil seiner Handlungskapazität in Intelligenz zurückverwandeln.

Bibliographie

(In Auswahl)

Anisimov, S. F.: Man and Machine (Chelovek i Mashina: Filosofskiye Problemy Kibernetiki; Moscow, 1956; pp. 3–56) JPRS 1990-h

Ashby, W. Ross: The Nervous System as a Physical Machine ... Mind, 56; 44–59, 1947

– : Design for a Brain. Electr. Eng. 20; 379–383, 1948

– : Can a Mechanical Chessplayer Outplay its Designer? Brit. Inl. Phil. Science 3; 44–47, 1952

– : Design for a Brain. New York 1952

– : An Introduction to Cybernetics, New York 1956. Design for an Intelligence Amplifier, Automata Studies, Princeton Univ. Press 1956. What is an Intelligent Machine?, Western Joint Computer Conference, May 1961, Los Angeles

– : The Set Theory of Mechanism and Homeostasis. Technical Report Nr. 7 (1962). El. Eng. Res. Lab. Univ. of Illinois

Aster, Ernst von: Geschichte der Philosophie, Leipzig 1935

Balkin, V. D.: Cybernetics and the Humanitarian Sciences (in: Kiberneticu na Sluzhbu Kommunizmu, vol. I, Moscow/Leningrad 1961, pp. 1–312) JPRS 14.592, pp. 256–279

Berg, A. I.: Some Problems in Cybernetics (in: Voprosy Filosofii, Nr. 5, 1960; pp. 51–62) JPRS 3953

– : Cybernetics at the Service of Communism (in: Kiberneticu na Sluzhbu Kommunizmu. Vol. I, Moscow/Leningrad 1961, pp. 1–312) JPRS 14.592, pp. 2–39

Berkeley, Ed. C.: Giant Brains; or, Machines that think. New York 1949

Berkeley, Ed. C., Wainright, Lawrence: Computers. Their Operation and Application. New York 1956

Bloch, Ernst: Subjekt-Objekt, Berlin 1951

Bodamer, Joachim: Der Mensch ohne Ich; Herder Bücherei Bd. 21, Freiburg, Basel, Wien 1958

Cohn, Pau: Der Leib als »Seele«, Hannover 1931
Couffignal, L.: Les Machines à penser. Paris 1952 (Deutsche Übersetzung herausgegeben und mit einem Vorwort versehen von Max Bense, Stuttgart 1955)
– : Cybernetics (Circular Causal and Feedback Mechanisms in Biological and Social Systems) Ed. H. v. Foerster. Transact. Sixth Conf. 1949 ff. Sitzungsber. der ersten fünf Tagungen nicht im Druck.
Dand, Edward E. Jr. : Ears For Computers. Sci. Amer., 192,2; 92–98, 1956
DeLand, E. C.: Soviet Computer technology (Conversations with Soviet Computer Experts at two International Conferences) The RAND Corporation RM 2919/18-PR (1963)
Foerster, Heinz v.: Das Gedächtnis, Wien 1948
– : On Self-Organizing Systems and Their Environments. Self-Organizing Systems, ed. M. C. Yovits and S. Cameron, London 1960
– : Some Aspects in the Design of Biological Computers. II. Congres Internat. de Cybernètique, Namur, 1958, pp. 240–255
– : Basic Concepts of Homeostasis. Brookhaven Sympos. In Biology No. 10 (1957) pp. 216–242
– : Communication amongst Automata. The Amer. Journal of Psychiatry 118,10, 1962, pp. 865–871
– : Bio-Logic In: Biological Prototypes and Synthetic Systems I, 1962, pp. 1–12
Fogel, Lawrence J.: Biotechnology, Prentice Hall 1963
Gavrilov, G. P.: Some Conditions for Completeness in Countable-Valued Logic, in: Doklady Akademii Nauk SSSR (Reports of the Academy of Sciences USSR) vol CXXVIII, 1; S. 172–175. JPRS 2667
Gehlen, Arnold: Der Mensch, Bonn 1950
Guilbaud, G. T.: What is Cybernetics? New York 1960
Günther, Gotthard: Can Mechanical Brains Have Consciousness? New York 1953
– : Seele und Maschine. Augenblick III; 1–16, 1955
– : Cybernetic Ontology and Transjunctional Operations; in Self-Organizing Systems 1962 (Ed. Yovits, Jacobi, Goldstein), Washington 1962, S. 313–392
– : Die aristotelische Logik des Seins und die nicht-aristotelische Logik der Reflexion. Ztschr. f. philos. Forsch. XII, 3 (1958), S. 360–407.

– : Metaphysik, Logik und die Theorie der Reflexion. Arch. Philos. VII, 1/2 (1957), S. 1–44
– : The Tradition of Logic and The Concept of a Trans-Classical Rationality. Algemeen Nederlands Tijdshrift Voor Wijsbegeerte En Psychologie, LIV, 4 (1962) S. 194–200
– : Logische Voraussetzungen und philosophische Sprache in den Sozialwissenschaften. Soziale Welt, 12, 4 (1962) pp. 298–304
– : Die gebrochene Rationalität. Augenblick III, 3 (1958) pp. 1–26
– : Analog-Prinzip, Digitalmaschine und Mehrwertigkeit, Grundlagenstudien 1, 2 (1960) pp. 41–50
– : Schöpfung, Reflexion und Geschichte, Merkur XIV, 7 (1960) pp. 628–650
– : Ein Vorbericht über die generalisierte Stellenwerttheorie der mehrwertigen Logik, Grundlagenstudien I, 4 (1960) pp. 99–104
Hartley, R. V. L.: The Transmission Unit. Electr. Commun., 3; 34–42, 1924
– : Transmission of Information. Bell Syst. Tech. Journ., 7; 535–563, 1928
Hegels Werke: in den Ausgaben von Meiner und Glockner
Heim, Karl: Das Weltbild der Zukunft; Berlin 1904
Hook, Sidney (Ed.): Dimensions of Mind; Collier Books 1960, New York
Kapp, R. O.: Mind, Life and Body; London 1951
Kitow, A. L.: Cyberneties and Control of the National Economy (in: Kiberneticu na Sluzhbu Kommunizmu, vol. I, Moscow/Leningrad 1961, pp. 1–312) JPRS 14.592, pp. 280–300
Klaus, Georg: Besprechung von G. Günther, Idee und Grundriß einer nicht-aristotelischen Logik. Deutsche Literaturzeitung 83, 9 (1962), pp. 110–114
Kolman, A.: Philosophy and Cybernetics (Nova Myal I (1962) pp. 48–57) JPRS 13.642 – CSO 6502-N
Krause, F. E. A.: Ju-Tao-Fo, München 1924
Kremyanskiy, V. I.: Certain Peculiarities of Organisms as a »System« from the Point of View of Physics, Cybernetics and Biology (Voprosii Filosofii 8 (1958) pp. 97–107) JPRS 1356-N
Krieger, F. J.: Soviet Philosophy, Science and Cybernetics. The RAND Corporation, Memorandum RM-3619-PR (1963)
Lange, Oskar: Totality, Development and Dialectics (Calosc, Rozwoj i Dialektyka w Swietle Cybernetyki, Warsaw 1960, pp. 1–72) JPRS 14. 858, August 1962

Levien, Roger, Holland, Wade B. und Paul, Alexander D.: Soviet Cybernetics Technology – Problems in Cybernetics. The RAND Corporation, Memorandum RM-2919/19-PR (1963)

MacKay: D. M.: The Electronic Brain and its Philosophical Implications. The Christian Graduate, Sept. 1949

– : Entropy, Time and Information. Proc. Symposium London; 162–165, 1950

– : Calculating Machines and Human Thought. Nature, 167, 432–434, 1951

– : Mentality in Machines. Proc. Arist. Soc. 1952

– : Towards An Information-Flow Model of Human Behavior. Brit. Journ. Psychology 47 (1956)

– : The Place of Meaning in The Theory of Information. III. London Symp. on Inform. Theory; Academic Press, London 1956

– : The Use of Behavioural Language to Refer to Mechanical Processes, British Journal f. the Philos. of Science XIII, 50 (1962) pp. 89–103

– : The Epistemological Problem for Automata, in: Automata Studies, Princeton 1956, pp. 235–251

– : The Science of Communication – A Bridge between Disciplines. Inaugural Lecture, University College of North Staffordshire, Keele, 1961

– : Mindlike Behaviour in Artefacts. British Journal for the Philosophy of Science, 11, 6, pp. 105–121, In Search of Basic Symbols, (in Cybernetics, Transact. of the VIII. Conf. of Josiah Macy, jr. Foundation, Ed. H. v. Foerster, M. Mead, H. L. Teuber, 1951), pp. 181–233.

– : The Place of »Meaning« in the Theory of Information, in: Information Theory. Symposium at the Royal Institution, London 1955, pp. 215–225

– : On the Logical Indeterminacy of a Free Choice, in: Mind 69 (1960) pp. 31–40

Mays, W.: Can Machines Think? Philosophy, 27, 1952

McCulloch, W. S.: The Brain as a Computing Machine. Electr. Eng., 68; 492–497, 1949

– : Finality and Form, Springfield 1952

McCulloch, W. S.: Towards some Circuitry of Ethical Robots; Act. Biotheoret. XI, S. 147; 1955.

– : Mysterium Iniquitatis of Sinful Man Aspiring into the Place of God; Scientific Monthly, 80, 1; S. 35–39, 1955

Marvin Minsky: A Selected Descriptor-Indexed Bibliography to the Literature on Artificial Intelligence. IRE Trans. on Human Factors in Electronics, HFE-2, 1; 1961, S. 39–55

Neumann, John v.: The General and Logical Theory of Automata, Hixon Symposium; 1–32, 1951

– : Probabilistic Logic. Cal Tech. Rep. 1952

– : The Computer and The Brain, Yale Univ. Press 1958

– : Probabilistic Logics and The Synthesis of Reliable Organisms From Unreliable Components. Automata Studies, Princeton Univ. Press 1956

– : The General and Logical Theory of Automata, in »The World of Mathematics« (J.R. Neuman), New York 1956, S. 2070–2098

Novik, I. B.: Some Methodological Problems of Cybernetics (in: Kiberneticu na Sluzhbu Kommunizmu vol. I, Moscow/Leningrad 1961, pp. 1–312) JPRS 14.592, pp. 40–68

– : Cybernetics and Mutual Ties Between The Sciences (Vestnik Akademii Nauk SSSR, 4 (1963) pp. 54–61) in: Current Digest of the Soviet Press, vol. XV, 22; pp. 8–13. Eine zweite Übersetzung dieses Artikels in JPRS 19.373.

Pask, Gordon: Interaction Between a Group of Subjects and an Adaptive Automation to Produce a Self Organizing System für Decision Making; in »Self-Organizing Systems 1962« (Ed. Yovits, Jacobi, Goldstein), Washington 1962, S. 283–311

– : The Logic and Behaviour of Self Organizing Systems as illustrated by the Interaction between Man and Adaptive Machines. Int. Sympos. of Inf. Theory Brussels 1962. Publ.: Systems Research LTD. Richmond, Surrey

– : A Discussion of the Cybernetics of Learning Behaviour. Publ.: System Research LTD. Richmond, Surrey (Ohne Jahreszahl)

– : Physical and Linguistic Evolution in Self-Organizing Systems. Publ.: System Research LTD, Richmond, Surrey (Ohne Jahreszahl)

– : The Cybernetics of Evolutionary Processes and of Self-Organizing Systems. Publ. System Research LTD, Richmond, Surrey (Ohne Jahreszahl)

Pask, G. & Foerster, H. v.: A Predictive Model for Self-Organizing Systems. In: Cybernetica, III (1960) pp. 258–300 wad IV (1961) pp. 20–55

Panov, D. Yu. & Oshanin, A.: Man in Automatic Control Systems, (in: Kiberneticu na Sluzhbu Kommunizmu vol. I, Moscow/Leningrad 1961, pp. 1–312) JPRS 14.592, pp. 293–255

Pavlov, Todor: Automats, Life and Consciousness (Nauchnyye doklady Vysshey shkoly filosofskiye nauki, Moscow I (1963) pp. 49–57) JPRS 19.231

Phister, M.: Logical Design of Digital Computers, New York 1958

Portmann, Adolf: Biopoesis und Biotechnik, Merkur XVI, 2; 1962

Rovenskiy, Z., Uyemov A. u. Ye.: Machine and Thought (Mashina i Mysl'gospolitizdat (1960) pp. 1–143) FTD – MT – 62–68

– : Sammelband: Philosophical Problems of Cybernetics. Published: House of Socio-Economic Literature, Moscow 1961, pp. 1–392. Dieser Band enthält Abhandlungen von S. M. Shalyutin, E. Kol'man, B. S. Ukraintsev, A. I. Berg, A. V. Khramoy, V. A. Il'in, V. N. Kolbanovskiy, P. K. Anokhin, Yu. P. Frolov, V. N. Tipukhin, A. A. Fel'dbaum und zwei Kongreßberichte von V. A. Tin und L.Ya. Aksenov. JPRS 11.503

Schelsky, Helmut: Zum Begriff der tierischen Subjektivität. Studium Generale (1950) III, 2/3

Schmitz, Herman: Besprechung von G. Günther, Idee und Grundriß einer nicht-aristotelischen Logik, in: Philos. Rundschau IX, 4, (1962) pp. 283–304

Scholz, Heinrich: Mathesis Universalis, Basel 1961

Schrödinger, E.: What is Life? New York 1945

Shannon, Claude E.: Communication in the Presence of Noise. Proc. I.R.E. 37; 10–21, 1949

– : Communication Theory of Secrecy Systems. Bell Syst. Tech. Journ., 28; 656–715, 1949

– : Some Topics in Information Theory. Int. Congr. Math., 1950; 11; 262–263

– : The Lattice Theory of Information. Proc. London Symposium, 105–107, 1950

– : Recent Developments in Communication Theory. Electr., 23, 4; 80–83, 1950; u. Techn. Mitt. P.T.T., Bern, 28; 337–342, 1950 (in Deutsch)

– : A Chess-playing Machine. Sci. Amer., 182,2; 48–51, 1950

– : Prediction and Entropy of Printed English. Bell Syst. Tech. Journ., 3; 50–64,1951

Shannon, C. E., Weaver, W. : The Mathematical Theory of Communication. Univ. Illinois Press 1949

Sherrington, C. E.: The Brain and its Mechanism. Cambr. Univ. Press 1933

Sluckin, W.: Minds and Machines. (Penguin) 1953

Snyakin, P. G., Yesakov, A. I.: Problems of Perception and the Phe-

nomenon of »Attunement« of the Sense Organs (Voprosy Filosofii II (1963) pp. 61–69) JPRS 19.762
Sokolowskiy, Yu. L.: Cybernetics of The Present and Future (Kibernetika Mastoyashchego i Budushchego, Kharkow 1959) JPRS 1960
Sonnemann, Ulrich: Das Land der unbegrenzten Zumutbarkeiten, Hamburg 1963
Steinbuch, Karl: Automat und Mensch, Bln., Gött., Hdlbg. 1961
Straus, Otto: Indische Philosophie, München 1925
Swanson, Rowena: Cybernetic Implications in Air Force-Sponsored Research (Directorate of Information Sciences, AFOSR) 1963
Tarski, A.: Der Wahrheitsbegriff in den formalisierten Sprachen. Studia Philosophica, Leopoli 1935
Turing, A.: Computing Machines and Intelligence. Mind 59; 433–460, 1950
– : Can a Machine Think? in »The World of Mathematics« (J.R. Neuman), New York 1956, S. 2099–2123
Vorländer, K. : Geschichte der Philosophie, Leipzig 1919
Ware, Willis H., Holland, Wade B.: Soviet Cybernetics Technology; I Soviet Cybernetics, (1959–1962) The RAND Corporation, Memorandum RM-3675-PR (1963).
Weaver, Warren: The Mathematics of Communication. Sci. Amer., 181; 1–10, 1949
– : The Mathematics of Computation. Sci. Amer. 181; 11–15, 1949
Weizsäcker, C. F. v.: Die Geschichte der Natur, Göttingen 1948
Wiener, Norbert: Comprehensive Review of Prediction Theory. Int. Congress Math. 1950; 308–321
– : Cybernetics. New York 1948
– : The Human Use of Human Beings. Boston 1950
(Deutsche Übersetzung unter dem Titel: Mensch und Menschmaschine 1952.)
– : A New Concept of Communication Engineering. Electr. 22,1; 74–76, 1949
– : I am a Mathematician. New York 1956
Wieser, Wolfgang: Organismen, Strukturen, Maschinen; Fischer Bücherei, Frankfurt a. M. 1959
Windelband, W.: Geschichte der Philosophie, Tübingen 1928
Zinovyev, A. A.: Philosophical Problems of Multivalued Logic; JPRS 1961

Liste der Abkürzungen

Bell Syst. Tech. Journ.	Bell System Technical Journal
Brit. Journ. Phil. Sci.	British Journal for The Philosophy of Science
Electr. Eng.	Electrical Engineering
Electr.	Electronics
Int. Congr. Math.	International Congress of Mathematicians
I.R.E	Institute of Radio Engineers
JPRS	Joint Publications Research Service
Sci. Amer.	Scientific American
FTD-MT	Translation Services Branch, Foreign Technology Division (Machine Translation) WP-AFB, Ohio.

Lebenslauf Gotthard Günther

Gotthard Günther wird am 15.6.1900 in Arnsdorf (Schlesien) als Sohn eines Pastors geboren.

Er studiert neben Philosophie auch Indologie, klassisches Chinesisch, Sanskrit und vergleichende Religionswissenschaften. Seine Dissertation bei Eduard Spranger ist ein Kapitel aus seinem 1933 veröffentlichten Buch *Grundzüge einer neuen Theorie des Denkens in Hegels Logik*.[1]

Er macht eine Ausbildung zum Skilehrer und Segelflieger und legt die A-, B- und C-Prüfung sowie das Internationale Leistungsabzeichen für Segelflug ab, um schließlich 1952 in den USA sogar in den Besitz des Kunstflug- und Motorflugscheins zu gelangen.

1935–1937 Assistent bei Arnold Gehlen in Leipzig. Er ist verheiratet mit der Jüdin Marie Hendel, die 1933 ein Berufsverbot als Lehrerin erhält und nach Italien emigriert.

1937 Günther folgt seiner Frau zunächst nach Italien und emigriert mit ihr 1938 nach Südafrika, wo er als Dozent für Philosophie an der Universität Kapstadt-Stellenbosch tätig ist.

1940 Beide übersiedeln von Südafrika aus in die USA, wo Günther versucht, Anschluss an die neueren Forschungen auf dem Gebiet der mathematischen Logik zu gewinnen. Von 1942 bis 1944 hält Günther Vorlesungen und Seminare (12 Stunden wöchentlich!) am Colby-College in Maine.

1944 Günther erhält ein Forschungsstipendium der US-Army und arbeitet an der Widener Library der Harvard Universität. In dieser Zeit hält er Vorlesungen am Cambridge Adult Center for Education. Privat begegnet er Ernst Bloch, der in seiner unmittelbaren Nachbarschaft wohnt, mit dem ihn seit dieser Zeit eine persönliche Freundschaft verbindet.

1945 Beginn seiner Arbeiten an der Kalkültechnik sowie der

---

[1] Grundzüge einer neuen Theorie des Denkens in Hegels Logik, Felix Meiner Verlag, Hamburg ^{1}1933, ^{2}1978.

reflexionstheoretischen Interpretationen mehrstelliger Logiken.

1948 Günther nimmt die amerikanische Staatsbürgerschaft an. Er lernt J. W. Campbell kennen, der ihn auf die Bedeutung der amerikanischen Science-Fiction-Literatur aufmerksam macht.

1952 Günther gibt im Karl Rauch Verlag (Düsseldorf) eine vierbändige Reihe (*Rauchs Weltraum-Bücher*) amerikanischer SF-Literatur heraus (Autoren u. a.: J. Asimov, J. W. Campbell, L. Padgett, J. Williamson). In diesem Jahr erhält er auf Vorschlag von Kurt Gödel einen Forschungsauftrag der Bollingen Foundation.

1953 Erste Veröffentlichungen in den USA über logisch-metaphysische Themen.

1955 Gastvorlesung an der Universität Hamburg, auf Initiative von H. Schelsky und C. F. von Weizsäcker, um Günthers Wiederanschluss an das deutsche akademische Leben zu erreichen.

1957 Publikation einiger maßgeblicher Arbeiten Gotthard Günthers: *Das Bewußtsein der Maschinen – Eine Metaphysik der Kybernetik*;[2] *Metaphysik, Logik und die Theorie der Reflexion*;[3] *Idee und Grundriß einer nicht-Aristotelischen Logik*.[4]

1960 Günther lernt Warren St. McCulloch kennen, eine Bekanntschaft, die für seine weiteren Forschungsarbeiten von entscheidender Bedeutung wird, da sie nicht nur eine Freundschaft zu dem Begründer der Neuroinformatik, sondern auch den Beginn von Günthers Arbeit am Biological Computer Laboratory (BCL) zur Folge hat.

1961–1972 Forschungsprofessur am Biological Computer Laboratory der University of Illinois, Zusammenarbeit mit Warren McCulloch und Heinz von Foerster. In dieser Zeit stößt Günther im Zuge der Erforschung reflexiver mehrstelliger, d. h. polykontexturaler Logik-Systeme auf das Problem der

---

[2] Das Bewußtsein der Maschinen. Eine Metaphysik der Kybernetik, Agis Verlag, Krefeld, Baden Baden ([1]1957, [2]1963).
[3] Beiträge zur Grundlegung einer operationsfähigen Dialektik (Erster Band 1976, Zweiter Band 1979, Dritter Band 1980), Felix Meiner Verlag, Hamburg.
[4] Idee und Grundriß einer nicht-Aristotelischen Logik, Felix Meiner Verlag, Hamburg ([1]1959, [2]1978, [3]1991).

morpho- und der kenogrammatischen Strukturen, die der Öffentlichkeit in Arbeiten wie *Cybernetic Ontology and Transjunctional Operations*[3]; *Das metaphysische Problem einer Formalisierung der transzendental-dialektischen Logik;*[3] *Logik, Zeit, Emanation und Evolution*[3] oder *Natural Numbers in Trans-Classic Systems*[3] vorgestellt werden.

Seine Emeritierung im Jahr 1972 beendet Günthers Tätigkeit am BCL, eine Tätigkeit, die er für die fruchtbarste seines Lebens hält. Er übersiedelt nach Hamburg und hält an der dortigen Universität Vorlesungen über Philosophie.

1975 Günthers Selbstbiographie *Selbstdarstellung im Spiegel Amerikas*[5] erscheint, in der er ein Resümee seiner Arbeit vorstellt. Seine Bemühungen um eine mehrstellige reflexive Logik und Arithmetik kulminieren in seiner ›Theorie der Polykontexturalität‹, einer Theorie, die er den monokontexturalen Logik-Systemen und der klassischen Arithmetik entgegenstellt.

1979 Auf dem Hegel-Kongress in Belgrad begründet Günther eine allgemeine Theorie der Negativsprachen unter dem Titel *Identität, Gegenidentität und Negativsprache*, die den herkömmlichen gegenstandsbezogenen, positiven Wissenschaftssprachen komplementär entgegengestellt wird.

Am 29. November 1984 stirbt Gotthard Günther in Hamburg. Sein wissenschaftlicher Nachlass befindet sich in der Staatsbibliothek Berlin – Preußischer Kulturbesitz sowie im Gotthard-Günther-Archiv an der Universität Salzburg.

Gotthard Günther im Internet: http://www.vordenker.de

---

[5] G. Günther, *Selbstdarstellung im Spiegel Amerikas*, in: Philosophie in Selbstdarstellung II, hrsg. von L. J. Pongratz, Felix Meiner Verlag, Hamburg, 1975.

# Zu Gotthard Günthers
»Das Bewußtsein der Maschinen«.
Ein Nachwort

»Ja tvoi sluga / Ja tvoi rabotnik«[1]
Kraftwerk, *Wir sind die Roboter*, aus: Die Mensch-Machine, 1978

Die Geschichte der Kybernetik beginnt mit den sogenannten Macy-Konferenzen, die zehnmal zwischen 1946 und 1953 in den USA stattfanden, zunächst dem Thema »Circular Causal and Feedback Mechanisms in Biological and Social Systems« gewidmet. Ab 1949 nannten sie sich – im Anschluss an Norbert Wieners Forschungen – nur noch »Cybernetics«. Die Konferenzen wurden von der Josiah Macy, Jr. Foundation finanziert, einer der medizinischen Forschungsförderung nachgehenden Stiftung, und von dem Neurophysiologen und Psychiater Warren McCulloch organisiert.[2]

Die Kybernetik sollte eine universale, interdisziplinäre Wissenschaft sein, die durch Rückkoppelung (feedback) auf sich selbst beziehende Systeme erfasst. Das bezog sich auf so heterogene Bereiche wie das Gehirn, die Mondlandung, die Pädagogik, den Computer, die Gesellschaft oder auch das Kochen. Ihr Anspruch kann nicht hoch genug eingeschätzt werden. Der Anthropologe Gregory Bateson, ebenfalls Teilnehmer an jenen Konferenzen, bemerkte einmal durchaus zweideutig: »Ich glaube, die Kybernetik ist der größte Bissen aus der Frucht vom Baum der Erkenntnis, den die Menschheit in den letzten zweitausend Jahren zu sich genom-

---

[1] »Ich bin dein Sklave / Ich bin dein Roboter«
[2] Vgl. Claus Pias: Zeit der Kybernetik. Eine Einführung. In: Cybernetics – Kybernetik. The Macy-Conferences 1946–1953. Bd. 1. Transactions/Protokolle. Essays und Dokumente. Hrsg. von Claus Pias. Diaphanes: Zürich 2003, S. 9–41.

men hat.«³ Zweideutig, denn das Essen vom Baum der Erkenntnis bedeutete die Verbannung aus dem Paradies.

Kybernetik kommt begrifflich vom griechischen κυβερνάω, Steuermann sein, steuern. Platon verwendet den κυβερνήτης, den Steuermann, häufiger, um zu erklären, was technisches Wissen bedeutet. Einmal aber spricht er auch vom wahren Steuermann (Politeia, 488d) und vergleicht ihn – was die Herrschaft in der Stadt betrifft – mit dem wahren Philosophen. Und genau das scheint von Anfang an auch den Zauber der Kybernetik ausgemacht zu haben. Es ging in ihr nicht nur um theoretische Fragen, sondern um die maximal effiziente Übertragung theoretischer Erkenntnisse auf technische Systeme, genauer: auf technische Geräte und ihre Anwendung. Batesons Bemerkung geht in diese Richtung: Die Kybernetik war ein Wissen, das die Welt verändern sollte.

Der Philosoph Gotthard Günther, der 1933 über Hegel promoviert hatte und 1940 im Umweg über Südafrika in die USA kam (vgl. Lebenslauf, S. 189 f.), hatte mit den Macy-Konferenzen und der Kybernetik zunächst nichts zu tun. Von Hegel ausgehend arbeitete er seit 1945 an der Entwicklung einer nicht mehr zwei-, sondern mehrwertigen Logik, die er reflexionstheoretisch – also im Ausgang von dem zum ersten Mal vielleicht von Kant, dann aber bestimmt von Johann Gottlieb Fichte erläuterten, sich reflexiv entfaltenden Selbstbewusstseins – zu begründen versuchte. Günther ging davon aus, dass die seit Platon und Aristoteles zweiwertig gefasste Logik das eigentliche Problem des Denkens – also nicht nur der europäischen Philosophie, sondern ebenso des indischen und chinesischen Denkens – schlechthin war.

Zugleich aber scheint Günther einem ausdrücklichen Interesse an technischen Phänomenen nachgegangen zu sein. 1952 absolvierte er in den USA die nötigen Prüfungen für einen Kunstflug- und Motorflugschein, nachdem er zuvor schon Segelflieger gewesen war. Anfang der fünfziger Jahre hatte er auch John W. Campbell kennengelernt, einen Science-Fiction-Autor und -Herausgeber, der u. a. die Kurzgeschichte »Who Goes There?« verfasste; eine Geschichte, die zweimal, 1982 als »The Thing« von John Carpenter, verfilmt wurde. Günthers Faszination für das Science-Fiction-Genre ging so weit, dass er 1952 im Düsseldorfer Karl

---

[3] Gregory Bateson: Ökologie des Geistes. Anthropologische, psychologische, biologische und epistemologische Perspektiven. Suhrkamp: Frankfurt am Main 1981, S. 612.

Rauch Verlag, der 1950 die erste deutsche Übersetzung von Saint-Exupérys »Der kleine Prinz« herausbrachte, als Editor die vierbändige Sammlung »Rauchs Weltraum-Bücher« publizierte. Campbell steuerte einen Band dazu bei, aber auch Isaac Asimovs »Ich, der Robot« erschien zum ersten Mal in dieser Reihe auf Deutsch.

Mit diesem Doppel-Interesse als Logiker und Science-Fiction-Fan scheint Günther auf die Schriften von Norbert Wiener gestoßen zu sein. Der hatte während des Krieges an einem sogenannten AA-Prädikator (antiaircraft predicator), einem Flakgeschütz, gearbeitet, das im Kontext eines rückkoppelnden Systems die Flugbahn von feindlichen Flugzeugen zu berechnen vermochte. Ende der vierziger, Anfang der fünfziger Jahre beginnen Wieners Texte dann einem breiteren Publikum bekannt zu werden.[4] Der Mathematiker und Philosoph hatte in seinen epochemachenden Werken »Kybernetik. Regelung und Nachrichtenübertragung im Lebewesen und in der Maschine« von 1948 und »Mensch und Menschmaschine. Kybernetik und Gesellschaft« von 1952[5] darüber nachgedacht, inwiefern biologische und technische Systeme sich gleichen und kompatibel sind. Das unterstreicht der in den Titeln präsente Begriff der »Maschine«. *Das* Paradigma dieser Maschine war der Computer.

Wiener entwickelte seine Vorstellung vom Computer ausgehend von den Forschungen Warren McCullochs und Walter Pitts. Der Neurophysiologe und der Mathematiker hatten sich seit 1943 mit dem binären Verhalten von Nervenzellen und ihrer Vernetzung beschäftigt; binär ist dieses Verhalten, weil es sich entweder in Ruhe befindet oder Impulse aussendet (firing). Daran orientierte sich Wieners Vorstellung von einem Computer, dessen sich selbst steuernde Schaltungen elektrisch funktionieren mussten. Am Ende dieses Gedankens steht eine Maschine, die unabhängig vom Menschen operiert. Ich möchte allerdings darauf hinweisen, dass die tatsächliche Entwicklung von Computern, also zum Bei-

---

[4] Wieners wichtiges Buch »The Human Use of Human Beings. Cybernetics and Society« erscheint 1950 und 1952 unter dem Titel »Mensch und Menschmaschine. Kybernetik und Gesellschaft« im Alfred Metzner Verlag, Frankfurt am Main.
[5] Es ist bemerkenswert, dass Wieners wichtige Texte »Cybernetics or Control and Communication in the Animal and the Machine« (1948) und »The Human Use of Human Beings. Cybernetics and Society« (1950) innerhalb so kurzer Zeit ins Deutsche übersetzt wurden.

spiel des 1946 an der Universität von Pennsylvania in Philadelphia gebauten »Electronical Numerical Integrator and Computer« (ENIAC), jenseits der steilen Diskussionen um die neue Wissenschaft der Kybernetik stattfand.

Ohne Zweifel war Günther von Wieners Arbeit begeistert – so sehr, dass er 1957 in Deutschland mit einem Buch in Erscheinung trat, das schon im Titel an Wiener erinnerte: »Das Bewußtsein der Maschinen. Eine Metaphysik der Kybernetik«. Allerdings markiert der Titel auch sogleich ein Unternehmen, das Günther als sein eigenes betonte: Er wollte der Bedeutung der Kybernetik im Zusammenhang der Geschichte der Philosophie nachdenken. Und er war bereit, ihr einen epochalen Charakter einzuschreiben.

Dabei ging er von seinen eigenen philosophischen Arbeiten aus, die sich an der Schnittstelle von Logik und Idealismus-Forschung (vor allem Hegel, aber auch Fichte und Schelling) profilieren sollten. Günther hielt es für falsch, Metaphysik allein auf begrifflicher Ebene treiben zu wollen. Er fand die symbolisch-mathematische Logik unverzichtbar. Damit nimmt er im immer noch aktuellen Streit zwischen kontinentaler und analytischer Philosophie übrigens eine Zwischenstellung ein: von der ersten unterscheidet er sich durch den logischen Charakter seines Denkens, von der zweiten durch sein Festhalten an der Metaphysik.

Diese sei bisher von einer zweiwertigen Logik (und zweiwertigen Ontologie von Sein und Nichts) bestimmt gewesen. Wir unterscheiden zwischen Wahr und Falsch und kennen dazu kein Drittes (Satz vom ausgeschlossenen Dritten). Mit der Kybernetik sah Günther diese Logik an ihre Grenzen kommen: »Dieses zweiwertige Schema aber, auf dem, wie noch einmal ausdrücklich betont werden soll, unsere ganze bisherige Tradition, die Struktur unserer Kultur, die Klassifikation unserer Wissenschaften und der volle Umfang der abendländischen Technik beruhen, ist im Begriff zusammenzubrechen. Die kybernetischen Theorien lassen sich in dieses dichotomische Bild der Wirklichkeit nirgends mehr einordnen.« (S. 27) Mit anderen Worten: Mit der Kybernetik trete der Mensch in ein neues Zeitalter ein.

Warum aber, grob gefragt, mache die Kybernetik Schluss mit der zweiwertigen Logik? Weil für die erstere die »Unterscheidung von einfacher Subjektivität und antithetischer Objektivität zu grob und zu primitiv« (S. 19) sei. Es gebe einen »Bereich von Phänomenen«, »der sich weder auf der physisch-materiellen noch auf der subjektiv-spirituellen Seite unterbringen lasse«. Und diesen »nicht einzuordnende(n) Restbestand« bezeichne die Kybernetik als »Information«, worunter »auch der Kommunikationsprozeß, durch den dieselbe übermittelt« werde, zu verstehen sein. Hatte Wiener schon festgestellt, dass Information »keine Materie oder Energie« sei, betont Günther, dass sie ebensowenig »in das Gebiet der geistigen Phänomene gehöre«. In der Tat entwickelt die von Wiener verwendete Tautologie »Information is information« gleichsam eine Irritation, in der nicht mehr zu sagen ist, ob Information ein nicht-sinnliches oder sinnliches Phänomen ist. Der ontologische Zustand der Information ist schwer auszumachen.

Den epochalen Auftritt der Kybernetik kann Günther auch in eine andere, leicht apokalyptische Tonart modulieren, wenn es heißt, dass die »heute uns noch phantastisch anmutende Architektur der Kybernetik sich auf dem verwüsteten Felde unserer jüngst vergangenen Geschichte« (S. 40) erhebe. Sie sei selbst »vorerst nur ein negativer Ausdruck des Zukünftigen, das sich in ihr ankündigt«. Ihre Existenz zeige »lediglich an, daß eine historische Gestalt des Menschen einer tödlichen Auflösung verfallen und bereits im endgültigen Abscheiden begriffen« sei. Wiener hatte in seinen »Cybernetics« dagegen betont: »We can only hand it [Cybernetics] over into the world that exists about us, and this is the world of Belsen and Hiroshima« (S. 28). Er war sich darüber im Klaren, dass Geschichte nicht so einfach vergeht ...

In diesem Zusammenhang hat Günther auch keine Scheu, die theologische Dimension der Kybernetik anzusprechen. Wenn der Mensch eine Analogie Gottes, der »Robot« eine Analogie des Menschen sei, dann sei der Robot eine Analogie Gottes über den Umweg des Menschen. Das sei der Tatsache geschuldet, dass die Kybernetik »auf dem Boden der klassischen Logik« »barer Wahnsinn«, ja, »Gotteslästerung« (S. 55) sei. Das sei so, weil die zweiwertige Logik sich von einer dem Menschen unzugänglichen einwertigen Logik Gottes her verstehe (Gott entscheidet sich nicht zwischen Wahr und Falsch). Die nicht-zweiwertige Logik der Kybernetik scheint dem zu ähneln. Auch in diesen theologischen Kontext der Kybernetik drang Wiener vor, allerdings erst in den sechziger Jahren.[6]

Was aber bedeutet der Titel des vorliegenden Buches? Behauptet

---

[6] Norbert Wiener: God & Golem, Inc.: A Comment on Certain Points Where Cybernetics Impinges on Religion. MIT Press: Cambridge, Mass. 1964.

er, dass es Maschinen geben könne, die Bewusstsein haben – was ja nach wie vor eine zentrale Frage der K.I.-Forschung ist? Es sei schwierig, »wenn nicht unmöglich«, »einer Maschine im Vergleich mit der subjektiven Subjektivität Bewußtsein zuzuschreiben«. Das liege auch daran, dass es einem Selbstbewusstsein mit seiner Innerlichkeit prinzipiell schwer falle, ein Bewusstsein außer sich festzustellen. »Objektive Subjektivität« werde uns »auch im Du nie echt gegenständlich gegeben« (S. 117). Insofern müssten wir einräumen, dass, wenn wir das »Verhalten einer Maschine« beobachten, »deren Organisations- und Reflexionsleistungen – so stipulieren wir hier – den entsprechenden Leistungen des menschlichen Körpers ebenbürtig« seien, es »ebenso schwer sein dürfte, die Verhaltensstruktur des Artefacts anders als bewußt zu interpretieren«. Günther streift das Problem, das Alan Turing 1950 mit einem Test, den er »imitation game« nannte, lösen wollte: feststellen zu können, ob eine Maschine nicht nur intelligent sei, sondern auch noch über Bewusstsein verfüge.

So besetzt dieses Buch, das, wie in bestimmten Auslassungen über den Ost-West-Gegensatz im Kalten Krieg, gewiss auch ein wenig veraltet ist, eine philosophische Position, die einerseits den großen Auftritt der Kybernetik auch im Deutschland der fünfziger und sechziger Jahre vergegenwärtigen kann, andererseits auf Probleme anspielt, deren Aktualität für uns heute nicht zu verkennen ist.

Inwiefern die sechziger Jahre, die der Kybernetik jene epochemachende Bedeutung einräumten, noch und gerade heute Aktualität beanspruchen, bezeugt eine Äußerung von Helmar Frank, der in seinem Text »Kybernetik und Philosophie« aus dem Jahr 1966 davon spricht, dass die »Geisteswissenschaft« »am Ende unseres Jahrhunderts« »zu einer Systematik von Informationen und informationellen Prozessen ›entspiritualisiert‹«[7] werde. Wenn auch inzwischen die Leitwissenschaft der Kybernetik durch die spätere Informatik abgelöst wurde, scheint sich eine Entgeistung unserer Bildungsauffassungen auch darin niederzuschlagen, dass schon Grundschulkinder ohne die Kompetenz, einen Computer bedienen zu können, nicht mehr unterrichtet werden können. Ob dabei diese technische Kompetenz vielleicht nicht doch noch wichtiger ist als das, was mit ihr angeeignet werden soll, ist kaum noch zu sagen.

---

[7] Helmar Frank: Kybernetik und Philosophie. Materialien und Grundriß zu einer Philosophie der Kybernetik. Duncker & Humblot: Berlin 1966, S. 103.

Außer Gotthard Günther haben noch drei andere Philosophen im Deutschland jener Zeit die Kybernetik und ihren enormen Anspruch mehr oder weniger zur Kenntnis genommen, ohne allerdings sich so tief auf sie einzulassen wie Günther selbst. Einer von ihnen, nämlich Max Bense, wird von Günther am Beginn seines Buches zitiert. Bense hatte in seiner Einführung in ein Buch des französischen Kybernetikers Louis Couffignal festgestellt, dass »nicht die Erfindung der Atombombe« »das entscheidende technische Ereignis unserer Epoche« sei, »sondern die Konstruktion der großen mathematischen Maschinen, die man, vielleicht mit einiger Übertreibung, gelegentlich auch Denkmaschinen genannt« habe.[8]

Der zweite Philosoph, der eher von außen und aus weiterer Entfernung die Kybernetik beobachtete, war Theodor W. Adorno. Der stellte in einem populären Vortrag von 1969 fest, dass die »kybernetischen Maschinen« – Adorno meint die Computer – »den Menschen die Nichtigkeit des formalisierten, seiner Sachgehalte entäußerten Denkens vor Augen« stellten, »indem sie manches von dem, woran die Methode subjektiver Vernunft ihren Stolz hatte, besser vermögen als die denkenden Subjekte«.[9] Anders als Günther nimmt Adorno die Andersartigkeit der »kybernetischen Maschinen« nicht wahr, will in ihnen lediglich einen Abklatsch der Vernunft erkennen. Die Maschinen präsentierten die Gefahr, dass man sich ihnen »als ihr unvollkommeneres Abbild« annähern oder, wie er in der Tonaufnahme dieses Vortrags sagt, »gleichschalten« wolle.

Der dritte Philosoph, von dem Günther nicht wusste, dass er sich mit der Kybernetik und Informatik beschäftigte, war Martin Heidegger, in dem Günther zu Recht einen Antagonisten seines eigenen Denkens sah. Heidegger hatte nicht nur die Texte Norbert Wieners wahrgenommen, sondern auch einen Kybernetiker wie Herbert Stachowiak.[10] Günther ähnlich anerkannte Heidegger die große Bedeutung der Kybernetik, die er in sein eigenes Denken zu integrieren vermochte: »Die seinsgeschichtliche Sage vom Ge-

---

[8] Max Bense in seiner Einführung der deutschen Übersetzung von Louis Couffignal: Les Machines à penser. Paris 1952.
[9] Theodor W. Adorno: Anmerkungen zum philosophischen Denken. In: Ders.: Kulturkritik und Gesellschaft II. Suhrkamp Verlag: Frankfurt am Main 2003, S. 599.
[10] Vgl. Martin Heidegger: Zollikoner Seminare. GA 89. Hrsg. von Peter Trawny. Vittorio Klostermann: Frankfurt am Main 2018, S. 407f., 516–519, 536f., 613.

-Stell dürfte indes angesichts der aufkommenden Herrschaft der *Kybernetik* deutlicher werden und in ihrer Tragweite einsichtiger, insofern das Ge-Stell das jetzige Zeitalter im Ganzen bestimmt, das sich anschickt, sich der Macht der Kybernetik auszuliefern.«[11] Die Kybernetik stellte für Heidegger ein Phänomen dar, das seinen Gedanken, die letzte »Schickung des Seins« sei und bleibe für lange Zeit das »Ge-Stell«, bestätigte.

Die größte wissenschaftliche Karriere machte die Kybernetik vermutlich in der Soziologie, in einer Disziplin, die seit W. Ross Ashbys kybernetischen Forschungen aus den fünfziger Jahren »Soziokybernetik« genannt werden kann. Im deutschsprachigen Raum wurde eine kybernetische Perspektive auf die Gesellschaft besonders fruchtbar von Niklas Luhmann übernommen, der 1966 mit einer u. a. von Helmut Schelsky betreuten Dissertation über »Recht und Automation in der öffentlichen Verwaltung. Eine verwaltungswissenschaftliche Untersuchung« promovierte. Luhmann ist es auch, der sich in seiner Arbeit an nicht wenigen Stellen explizit auf Günther bezieht.

Doch es gibt noch einen anderen Aspekt, von dem zu berichten ist. Günthers Interesse an von ihm sogenannten »»mechanical brains«« hätte es ohne Science-Fiction nicht gegeben. Kein Wunder, dass die Kybernetik auf dieses Genre zurückwirkte. 1968 kam »2001: A Space Odyssey« von Stanley Kubrick in die Kinos, nach einer Erzählung von Arthur C. Clarke, neben Asimov und Campbell eine weitere Größe der Science-Fiction-Literatur. In diesem Film spielt der Computer HAL 9000 eine wichtige Rolle. Es handelt sich um eine nicht anthropomorphe Maschine, die aber ganz und gar menschlich, nämlich undurchsichtig und boshaft vorgeht. Die Frage nach der möglichen Menschlichkeit der Maschine oder auch der Maschinenhaftigkeit des Menschen (Cyborg) wurde dann bis heute in allen möglichen pop-kulturellen Genres auf vielerlei Weise durchgespielt. Günther hatte recht: Wie Science-Fiction Wirklichkeit werden kann, wenn der erste Computer in seinen Aktionen vom Menschen nicht mehr zu unterscheiden sein wird, ist eine Frage, die die Geschichte der Menschheit betrifft.

Düsseldorf, 18. März 2021　　　　　　　　　　　　Peter Trawny

---

[11] Martin Heidegger. Vorläufiges I–IV (Schwarze Hefte 1963–1970). GA 102. Hrsg. von Peter Trawny. Vittorio Klostermann: Frankfurt am Main 2021.